지범요기조람집
持犯要記助覽集

동국대학교 불교기록문화유산아카이브사업단(ABC)
본서는 문화체육관광부 지원으로 동국대학교 불교학술원에서 간행하였습니다.

한글본 한국불교전서 신라 24
지범요기조람집

2019년 7월 15일 초판 1쇄 인쇄
2019년 7월 25일 초판 1쇄 발행

지은이 원효·진원
옮긴이 한명숙
펴낸이 윤성이
펴낸곳 동국대학교출판부

주소 04620 서울시 중구 필동로 1길 30
전화 02-2260-3483~4
팩스 02-2268-7851
Homepage http://dgpress.dongguk.edu
E-mail book@dongguk.edu
출판등록 제2-163(1973. 6. 28)
편집디자인 다름
인쇄처 네오프린텍(주)

© 2019, 동국대학교(불교학술원)

ISBN 978-89-7801-955-2 93220

값 19,000원

이 책의 무단 전재나 복제 행위는 저작권법 제98조에 따라 처벌받게 됩니다.

한글본 한국불교전서 신라 24

지범요기조람집
持犯要記助覽集

원효元曉 · 진원眞圓
한명숙 옮김

동국대학교출판부

지범요기조람집持犯要記助覽集 해제

한 명 숙
동국대학교 불교학술원 조교수

1. 개요

『지범요기조람집』(이하『조람집』으로 약칭)은 신라 스님 원효元曉(617~686)가 지은 『보살계본지범요기』(이하『요기』로 약칭)에 대한 일본 스님 진원眞圓의 연구서이다.『요기』는 8세기경 일본에 전해져 꾸준히 활발하게 유통되고 연구되어 왔는데,[1]『조람집』에는 진원이 1282년부터『요기』를 강의하면서 본서에 대한 다양한 연구서를 참조하며 본문을 이해하려고 노력한 과정이 그대로 담겨 있다. 오직『요기』본문을 충실하게 이해하려는 데 집중하여 자신의 개인적 견해를 적극적으로 나타내 보인 것은 거의 없다. 따라서 이 책을 통해 진언율종 소속 스님으로서 진원의 독자적 견해를 찾기

---

[1] 그 근거는 다음과 같다. 첫째, 다양한 필사본이 전해진다. 둘째, 원림圓林(1174?)의『菩薩戒義疏』, 응연凝然(1240~1321)의『梵網戒本疏日珠鈔』, 정천定泉(1273~1312)의『梵網經古迹記補忘抄』, 영심英心(1289~?)의『菩薩戒問答洞義抄』등에 인용문이 보인다. 셋째, 명혜明惠(1173~1232)가 1221년『요기』를 강의했다는 기록이 보인다.(김상현,『원효연구』「Ⅲ.『보살계본지범요기조람집』의 검토」, 민족사, 2000)

는 어려운 것으로 보인다. 그러나 『조람집』은 축약적으로 서술된 『요기』의 본문에 대해, 그 출처를 낱낱이 밝히고 논란의 여지가 있는 부분은 여러 학자의 견해를 충실히 제시함으로써, 본서를 분명하고 객관적으로 이해할 수 있는 길을 열어 준다. 『요기』에 대한 주석서로는 진언종의 뇌유賴瑜(1226~1304)가 지은 『약초略抄』 1권과 화엄종의 응연凝然(1240~1321)이 지은 『약술略述』 1권이 있었던 것으로 알려져 있지만 현재 전해지지 않는다. 따라서 『조람집』은 현존하는 유일한 『요기』 주석서라는 점에서 더욱 소중한 자료라고 할 수 있다.

2. 저자

진원의 생몰 연대 및 그 자세한 행적은 알 수 없다. 다만 본서의 뒷부분에 실린 진원 자신의 후기後記에서 "홍안 5년(1282) 『보살계본지범요기』의 강의를 시작하였다."라고 한 것에 의거하여, 이 무렵에 생존했다는 것을 확인할 수 있을 뿐이다. 본서의 뒷부분에 진원 자신이 서술한 것과 『본조고승전本朝高僧傳』·『율원승보전律苑僧寶傳』에 따르면, 대화大和의 반야사般若寺에 주석하였고 자字는 존도尊道이며 진언율종의 개조인 흥정보살興正菩薩 예존叡尊(1201~1290)의 제자이다. 저술로 본서 이외에도 『교계율의현문초敎誡律儀顯文鈔』 1권이 있다.

3. 진원의 『요기』 해석에 나타난 특성

진원의 『요기』 해석에 나타난 특성을 이해하는 것은 본서가 지닌 가치를 규정하는 문제와도 직결된다. 그 특성을 몇 가지 제시하면 다음과 같다.

첫째, 『요기』는 지범持犯의 요체를 개괄적으로 서술한 것이기 때문에 특정 문제에 대한 견해를 간략히 서술하고 구체적인 설명은 생략한 것이 많다. 예를 들어 『요기』에서는 "범망계본의 사십팔경계에는 함께하는 것과 함께하지 않는 것이 같이 있으니 그 모양은 글에 의지하면 알 수 있다."라고 하여 직접 『범망경梵網經』을 찾아볼 것을 권하였다. 이에 비해 『조람집』에서는 "사십팔경계 중 제1·제2·제4·제5는 대승·소승이 공통된 것이고 제3은 공통되지 않은 것이다."라고 하고, 이러한 차이가 생겨난 배경도 상세하게 설명하였다.

둘째, 『요기』의 본문에서 인용한 글의 출처를 낱낱이 밝혔다. 예를 들어 『요기』에서 죄와 복의 성품을 분명히 판별하는 것의 어려움을 밝히기 위해 네 가지 사례를 제시하여, "혹은 속뜻은 실제로 삿되지만 겉으로 드러난 행적은 바른 것처럼 보이는 사람도 있고, 혹은 겉으로 나타난 행위(表業)는 물든 것과 동일하지만 속마음은 순박하고 깨끗한 사람도 있으며, 혹은 행위의 내용이 적은 과보를 추구하는 관점에서는 복덕에 합치하지만 큰 과보를 추구하는 관점에서 보면 환난에 이르는 경우도 있고, 혹은 마음 작용(心行)이 깊고 먼 것에는 수순하지만 얕고 가까운 것에는 어긋나는 경우도 있다."라고 하였는데, 이 중 세 번째 사례에 대해 『대보적경大寶積經』을 인용하여 말하기를, "적은 과보를 추구하는 것은 바로 성문승이고 큰 과보를 추구하는 것은 바로 보살승이어서, 만약 성문승이 후세의 몸을 받지 않을 것을 결의한다면 그것은 성문계에 합치하지만 보살계에는 어긋나는 것이다."라고 하였다.

셋째, 『요기』의 글 가운데 의미를 더 분명히 할 필요가 있는 부분 혹은 논란의 여지가 있는 부분은, 그 자신의 견해를 적극적으로 제시하기보다는 여러 학자의 글을 인용하여 소개하는 형식으로 대체한 경우가 많다. 예를 들어 『요기』에서 "달마계본에서 44가지 경계를 설하였다."라고 한 것에 대해, 둔륜遁倫이 『유가론기瑜伽論記』에서 "지지계본地持戒本(『보살지지

경』)에 따르면 42가지, 유가계본瑜伽戒本에 따르면 43가지이다. 그런데 유가계본의 제8계를 성문승과 함께하는 것과 함께하지 않는 것에 의해 두 가지로 열면 44가지가 된다. 또 제29계를 두 가지로 열면 45가지가 된다."라고 한 것을 자세히 인용하여 44가지가 성립되는 근거를 제시하였다. 또한 이어서 법장法藏도 44가지라고 하였음을 밝혔다.[2] 중국 학자로는 규기窺基[3]·법장·회소懷素[4]·지주智周[5]·서복栖復[6]·양분良賁·윤감允堪[7]·원조元照·여함與咸의 글이, 우리나라 학자로는 원효·의적義寂·원측圓測·둔륜·태현太賢의 글이 인용되었고 간접적으로는 혜경惠景[8]의 글도 인용되었다.[9] 이런 방식의 해석은 특정 주제에 대한 쟁점의 내용을 확인하고 그에 대한 확장적 연구의 길을 열어 준다.

---

[2] 원효의 『요기』가 법장의 『梵網經菩薩戒本疏』에 미친 영향에 대해서는 응연이 『梵網戒本疏日珠鈔』 곳곳에서 지적하였고, 吉津宜英의 「法藏以前の『梵網經』諸註釋書について」(『駒澤大學佛教學部研究紀要』, 第四十七號, 1989)에서도 구체적으로 제시되고 있다.
[3] 김상현은 규기窺基의 『大乘法苑義林章』·『法華玄贊』을 각각 1회 인용하였다고 했지만(김상현, 앞의 책), 역자가 확인한 결과 전자는 총 5회 인용되었다. 이하 인용문의 횟수는 번거로울 것 같아 제시하지 않는다.
[4] 김상현은 『조람집』의 "開宗記"를 정빈定賓의 『四分律開宗記』라고 하였는데(김상현, 앞의 책), 역자가 확인한 결과 이는 회소懷素(634~707)가 지은 것이다. 그러므로 정빈이라고 하는 견해는 수정되어야 한다. 정빈은 『四分律開宗記』에 반대하여 『四分律疏飾宗義記』를 지었다.
[5] 지주智周의 『入道章』은 김상현의 글에서는 인용 서적 목록에 들어가지 않았다.
[6] 김상현은 『조람집』에서 "法華要集"이라고 한 것을 일본 스님 원진圓珍의 『法華要集』이라고 하였는데(김상현, 앞의 책), 역자가 인용문을 확인한 결과 이는 당나라 때 스님 서복栖復의 『法華經玄贊要集』이다. 그러므로 원진의 글이 인용되었다고 하는 견해는 수정되어야 한다.
[7] 김상현은 『조람집』에서 "發眞鈔"라고 한 것을 인악仁岳의 『金剛般若經發眞鈔』라고 하였는데(김상현, 앞의 책), 역자가 인용문을 확인한 결과 이는 송나라 때 율종 스님 윤감允堪(?~1061)의 『淨心誡觀法發眞鈔』이다. 그러므로 인악의 글이 인용되었다고 하는 견해는 수정되어야 한다.
[8] 혜경은 신라 출신으로 당나라에서 활동한 법상종 학자이다. 다양한 『瑜伽師地論』 주석서를 찬술한 것으로 전해지지만 현재 전하는 것은 없다. 따라서 그 인용문이 어떤 책인지 확정할 수 없다.
[9] 이상 열거한 학자와 인용된 저술을 도표로 나타내면 다음과 같다.

4. 『요기』에 나타난 범망계본과 유가계본의 중심성 논란에 대한 진원의 입장

1) 기존의 학설

『요기』와 관련하여 현대 학자들 사이에 원효가 본서를 서술하면서, 그 중심을 유가계본에 두었다는 설, 범망계본에 두었다는 설, 양자를 조화시켰다는 설 등이 제기되었다. 이것은 이미 서술한 것처럼 본서에서 두 가지 계본을 모두 인용하고 있는 것에서 필연적으로 발생하는 의문에 대한 답변이라고 할 수 있다. 이 주제와 관련된 연구 성과를 간략하게 서술하면 다음과 같다.

첫째, 유가계본 중심설[10]인데 그 근거로 제시되는 것은 대체로 다음과 같다. 첫째, 『요기』에서 동일한 계율의 조목이라도, 그것을 행하는 이의 내적 의도에 따라서 범하는 것과 지키는 것이 달리 적용되는 것을 설명한 부분, 곧 "Ⅲ-제2장-1-1)-(2)-② 개별적으로 판별함"에서, 한 가지 계를 중점적으로 다루겠다고 하면서, "첫 번째 계(初戒)인 자찬훼타自讚毀他를 통해 설명하겠다."라고 하였는데, 자찬훼타계는 범망계본에서는 제7

규기	『大乘法苑義林章』・『法華玄贊』	법장	『梵網經菩薩戒本疏』・『起信論義記』	회소	『四分律開宗記』
지주	『法華經玄贊攝釋』・『入道章』	서복	『法華玄贊要集』	양분	『仁王經疏』
윤감	『淨心誡觀法發眞鈔』	원조	『四分律行事超資持記』	여함	『梵網經菩薩戒本疏註』
원효	『梵網經菩薩戒本私記』・『起信論疏』・『中邊分別論疏』・『楞伽宗要』・『十門和諍論』	의적	『菩薩戒義疏』	원측	『解深密經疏』
둔륜	『瑜伽論記』	태현	『起信論內義略探記』・『菩薩戒本宗要』・『梵網經古迹記』		

[10] 이기영, 「元曉의 菩薩戒觀―菩薩戒本持犯要記를 중심으로」(동국대학교, 『논문집』 3·4합집, 1967); 채인환, 『新羅佛敎戒律思想硏究』(國書刊行會, 1977); 김호성, 「『보살계본지범요기』의 성격론에 대한 재검토」(『원효학연구』 9, 2004).

이고 유가계본에서는 제1이기 때문에 그 의도가 유가계본에 있었음을 알 수 있다. 둘째,『요기』"Ⅲ-제2장-1-1)-(2) 개별적으로 차별을 나타냄" 에서, 그 자신이 "달마계본達摩戒本에 의해 그 성상性相의 차별을 밝힌다." 라고 하였는데 이는『요기』의 핵심을 이루는 부분이다.

둘째, 범망계본을 중심으로 하여 범망계본과 유가계본을 종합하였다고 하는 범망계본 중심설[11]이다. 그 근거로 제시되는 것은 다음과 같다. 첫째,『요기』의 경계를 밝히는 부분에서, 먼저 달마계본의 44가지와 다라계본多羅戒本의 48가지와 별해탈계경別解脫戒經의 246가지를 설한 뒤에, 다라계본에 대해서만 소승과 함께하는 것과 함께하지 않는 것이 있다고 하였다. 둘째,『요기』의 중계를 설하는 부분, 곧 "Ⅲ-제2장-1-1)-(1)-② 중계를 총괄적으로 판별함"에서 역시 다라계본의 십중계를 중심으로 삼아 다른 것을 비교하였다.

2) 진원의 입장

이 문제에 대한 진원의 입장은 범망계본 중심설로 규정되는데[12] 그 근거는 대체로 다음과 같다.

첫째,『요기』에서 "경계의 숫자에 달마계본의 44가지와 다라계본의 48가지와 별해탈계경의 246가지가 있다."라고 하고, 바로 이어서 "여기에서 두 번째(다라계본)에는 함께하는 것과 함께하지 않는 것이 있다."[13]라고 한

---

11 木村宣彰,「菩薩戒本持犯要記について」(『印度佛敎學硏究』, 28卷2号, 1980); 최원식, 『신라보살계사상사연구』「元曉의 菩薩戒 인식 경향과 그 특성」(민족사, 1999); 남동신,「원효의 계율사상」(한국사상사학회,『한국사상사학』17, 2001).
12 남동신, 앞의 책.『조람집』에서 진원이『요기』가『梵網經』을 소의경전으로 삼은 것이라고 분명히 말했기 때문에 이것에 의거하여 범망계본 중심설의 타당성이 확고하게 인정된다고 하였다.
13 진원의 주석에 따르면 "함께하는 것"은 이승二乘과 함께하는 것이고, "함께하지 않는

부분에 대한 진원의 해석에 나타난다. 곧 『조람집』에서 "첫 번째인 달마계본도 보살계이기 때문에 함께 제시해야 하는데, 『요기』에서 오직 다라계본만 제시한 이유는 무엇인가?"라는 의문을 제기하고 스스로 답변하기를 "달마계본에 대해서도 역시 함께하는 것과 함께하지 않는 것을 논해야 하지만 지금 『요기』에서 근본 대상으로 삼는 경은 『범망경』이기 때문에 그렇게 한 것이다."라고 하였다. 이는 앞의 제2설의 첫 번째에서 제시한 것과 같은 입장이다.

둘째, 『요기』에서 자찬훼타계를 문자 그대로 이해하는 것과 이치에 의거하여 이해하는 것을 논한 부분, 곧 "Ⅲ-제2장-1-2) 얕게 이해하는 것과 깊게 이해하는 것의 문"에서, 자찬훼타계에 의해 설명하는데, 그 계의 조문으로 범망계본을 그대로 인용한 것[14]에 대한 진원의 해석에 나타난다. 곧 『조람집』에서 "『요기』가 의지한 근본 경전은 오직 『범망경』이고 그 개별적 양상을 풀이하는 것은 『유가사지론瑜伽師地論』을 준거로 삼았음을 알 수 있다."라고 하였다.

3) 『요기』의 구성을 중심으로 한 이해

진원이 거칠게 분과한 것을 참조하면서 필자가 좀 더 세밀하게 분과한 것에 의해 『요기』의 서술 구조를 자세히 살펴보면 원효가 본서를 서술한

것"은 이승과 함께하지 않는 것이다.
[14] 『요기』에서 "다음에 두 번째로 지키는 것과 범하는 것과 관련하여 얕게 이해하는 것과 깊게 이해하는 것을 밝힌 것은 다음과 같다. 앞에서 설한 자찬훼타계를 헤아려서 지키는 것과 범하는 것을 얕게 이해하는 것과 깊게 이해하는 것의 모양을 나타낸다. 『多羅戒本』에서 '모든 중생을 대신하여 비방을 당하여, 나쁜 일은 자신에게 돌리고 좋은 일은 다른 사람에게 주어야 하거늘, 스스로 자기의 덕을 드러내고 다른 사람의 좋은 일을 숨기며 다른 사람으로 하여금 비방을 당하도록 한다면, 이는 보살의 바라이죄波羅夷罪이다.'라고 한 것과 같다."라고 한 것을 참조할 것.

의도가 드러난다.

『요기』의 핵심은 지키는 것과 범하는 것의 요점을 밝히는 것에 있는데, 원효는 이를 크게 세 가지 문으로 설하였다. 첫째는 경계와 중계의 문이고, 둘째는 얕게 이해하는 것과 깊게 이해하는 것의 문이며, 셋째는 궁극적인 관점에서 지키는 것과 범하는 것을 밝히는 문이다. 이 가운데 본 주제와 관련된 것은 앞의 두 문이다.

첫 번째 문[1-1]은 다시 총괄적으로 판별한 것[1-1)-(1)]과 개별적으로 차별을 나타낸 것[1-1)-(2)]의 둘로 나뉜다. 첫 번째 부분에서는 경·논에서 설한 중계와 경계의 현황을 있는 그대로 서술하였는데, 그 과정은 범망계본이 중심축이 되고 나머지는 그것을 기준으로 삼아 설명하는 방식으로 이루어진다. 두 번째 부분에서는 계율의 조목을 실제 상황에 적용할 때, 글자 그대로 적용할 수 없는 다양한 경우, 곧 차별적 사례를 제시하였는데, 유가계본에서 설한 자찬훼타계를 들어서 이러한 문제를 설명하였다.[본 해제 5-제2장-1)-(2)를 참조할 것] 두 번째 문[1-2]에서는 계율을 글자 그대로 얕게 이해하는 것의 문제점을 지적하고 깊게 다양한 관점에서 고찰해야 한다고 주장한다. 그리고 범망계본의 자찬훼타계를 들어서 깊게 이해하는 방법, 곧 네 구절에 의해 판단하는 것을 제시하였다.[본 해제 5-제2장-1)-(2)의 도표를 참조할 것]

전체 구조에 의거할 때, 원효는 범망계본의 자찬훼타계를 글자 그대로 이해하는 것이 갖는 문제점을 자각하고, 그것에 대해 좀 더 깊이 이해하기 위해 내적 의도를 다각적으로 고찰하면서, 죄와 복에 대한 그 자신의 견해를 심도 있게 제시하는 방식으로 본서를 서술하였다. 그가 이해하려고 했던 대상은 범망계본이지만, 그 이해의 내용은 바로 유가계본에서 그 근거를 찾을 수 있다. 범망계본은 경전의 형식으로 이루어졌기 때문에 내적 의도에 의해 달리 해석할 수 있는 여지를 담은 글이 보이지 않는다. 그러나 유가계본은 논서이기 때문에 비록 계율의 조목을 제시했다고 해도,

그 조목에 대해 비교적 자유롭게 여러 각도에서 해석할 수 있는 가능성에 대한 논의를 시도하고 있다. 실제로 첫 번째 문의 두 번째 부분[1-1)-(2)]에서 설한 염오, 전纏, 사상事象 등은 모두 유가계본에 나오는 용어이다.

따라서 『요기』가 두 계본 가운데 어느 것을 더 중요시하였는지를 논의하는 것은 무의미한 일로 생각된다. 원효는 경, 곧 범망계본에서 제시한 계율을 낱낱이 인정하되, 그것을 글자 그대로 이해하는 편협함 때문에 오히려 번뇌에 빠지는 오류를 벗어나서, 불법의 궁극적 목표를 성취할 수 있는 방법론을 제시하고자 하였다. 논, 곧 유가계본은 이러한 그의 목적을 이룰 수 있는 다양한 근거를 제시해 주었다. 그가 범망계본을 다라계본, 유가계본을 달마계본이라고 하는 독자적 개념을 만들어서 사용한 것은 바로 그 중심성에 대한 논의의 무의미함을 보여 주는 증거가 아닐까 싶다. 곧 경과 논의 차별성을 강조하고 이러한 차별성에 대한 인식에 근거하여 원칙적인 것은 다라계본에, 그것에 대한 방편적 이해를 도모할 때는 달마계본에 의거한 것이라고 할 수 있겠다. 이는 논의의 주제에 따른 자연스러운 선택이고 이러한 선택은 선택의 여지가 없는 선택이다. 이러한 선택을 어느 것을 더 중요시하고 덜 중요시하였다는 근거로 삼는 것은 타당하지 않은 것 같다.

5. 『조람집』의 구성과 내용에 대한 이해

맨 앞에 진원 자신이 지은 서문이 실려 있다. 보살계의 위대함을 찬탄하고 구마라집鳩摩羅什에 의해 『범망경』이 중국에 전래된 과정을 서술하였으며, 그 내용이 방대하여 이해하기 어려운데 『요기』가 이를 잘 서술하였다고 찬탄하고 자신이 다시 이 글의 뜻을 드러내기 위해 『조람집』을 짓게 되었다고 하였다. 다음에 『요기』를 크게 세 단락으로 나누어서 해석하였다.

첫 번째 단락은 『보살계본지범요기』라는 제목을 능소能所·통별通別·사람·중국어와 범어의 네 가지 관점에서 풀이하였다. 두 번째 단락은 본서를 지은 원효의 행적을 서술하였는데 대부분의 내용이 『송고승전宋高僧傳』과 일치한다. 세 번째 단락은 본문을 풀이하였는데 다시 크게 세 단락으로 나누었다. 첫째는 종지를 설하기 전에 뜻을 서술한 부분(서분)이고, 둘째는 종지에 의거하여 자세하게 해석한 부분(정종분)이며, 셋째는 글을 맺으면서 보시의 서원을 보인 부분(유통분)이다.

제1장 종지를 설하기 전에 뜻을 서술한 부분

『요기』에서 먼저 보살계의 중요성을 강조하고 지키는 것과 범하는 것의 실상을 판별하는 것의 어려움을 밝히고, 다음에 그 모양을 판별한 것의 요점을 적어서 스스로 잊지 않고 또한 다른 사람에게도 도움을 주기 위해 본서를 지었다고 하였는데, 진원은 이를 전자는 "지범"의 뜻을 서술한 부분이고 후자는 "요기"의 뜻을 서술한 부분이라고 하여 둘로 나누었다.

제2장 종지에 의거하여 자세하게 해석한 부분

『요기』에서는 경계와 중계의 문, 얕게 이해하는 것과 깊게 이해하는 것의 문, 궁극적인 관점에서 지키는 것과 범하는 것을 밝히는 문의 셋으로 나누었는데, 진원은 앞의 두 가지는 세속제에 의거하여 판별한 것이라고 하여 하나로 묶고, 마지막 한 가지는 승의제勝義諦에 의거하여 서술한 것이라고 하여 『요기』의 세 문을 두 가지 문으로 묶었다.

1) 세속제에 의거하여 판별함

인연에 의해 발생하는 계의 존재를 인정하고, 그러한 관점에서 먼저 경·논에서 설한 중계와 경계의 상相을 있는 그대로 설명하고, 다음에는 계율의 조목을 글자 그대로 이해하는 것의 위험성을 제시하고 그 내적 동기를 아울러 고찰함으로써 계율을 지키는 궁극적 목적을 이룰 수 있다고 하여, 계율의 조목을 바르게 이해하는 전형으로 자찬훼타계를 중심으로 네 구절에 의해 고찰하는 방법을 제시하였다.

(1) 경계와 중계의 문

① 총괄적으로 판별함

『요기』에서 대승과 소승을 통틀어 경·율·논에서 설한 경계와 중계의 내용을, 조목의 숫자에 차이가 나는 것, 성문과 보살, 출가중出家衆과 재가중在家衆이 함께하는 조목과 함께하지 않는 조목이 있는 것 등을 주로 사실에 의거하여 밝혔다.

이 부분에 대한 진원의 해석에서 특기할 만한 것을 몇 가지만 제시하면 다음과 같다.

첫째, 『요기』에서 유가계본의 경계를 44가지라고 한 것에 대해, 진원은 그와 다른 견해가 있는 것과 그러한 견해가 발생한 원인을 둔륜의 『유가론기』를 빌려 상세하게 소개하였다.(본 해제 "3. 진원의 『요기』 해석에 나타난 특성"의 세 번째를 참조할 것)

둘째, 『요기』에서 다라계본에 대해 소승과 함께하는 것과 함께하지 않는 것이 있다고 하고 구체적인 내역을 말하지 않았는데, 진원은 낱낱이 그 내역을 밝히고(본 해제 "3. 진원의 『요기』 해석에 나타난 특성"의 첫 번째를 참조할 것) 여기에서 다라계본만 언급한 것은 『요기』에서 이를 근본 경전으로 삼았기 때문이라고 하였다. 이는 범망계본 중심설을 주장하는 학자의 근거가 된다.

셋째, 진원 자신이 『요기』는 보살계본인데 소승 율장인 별해탈계경을 언급한 것에 의문을 제기하고, 유가계본에서 설한 보살의 삼취정계三聚淨戒 중 섭률의계攝律儀戒가 이것과 동일하기 때문에 보살계에도 이를 포함하여 서술하는 것은 문제가 없다고 해설하였다.

넷째, 『요기』 본문에서 별해탈계경에서 중계를 제외한 나머지 246조목을 모두 하나로 묶어 경계라고 한 것에 대해, 본래 성문계는 여섯 가지 취聚로 나뉘는데 성문계를 서술하면서, 이렇게 중계와 경계의 두 가지 취로 서술한 이유는 무엇인지 의문을 제기하고 다음과 같이 답하였다. 『범망경』은 돈기頓機를 위해 설한 계이며 사건이 일어날 때마다 제정한 것이 아니고 본래부터 지켜야 할 것을 제정한 것이기 때문에 오직 두 가지 취를 세웠고, 246조목을 경계로 묶은 것은 이 경의 기준에 의거한 것이다. 만약 『유가사지론』·『보살선계경菩薩善戒經』에 따르면 삼취정계 중 하나인 섭률의계에 칠중계七衆戒가 섭수되는데 이는 여섯 가지 취로 나뉠 수 있다.

다섯째, 『요기』에서 경·율·논에서 설한 중계의 숫자를 나열하고 대승과 소승, 출가자와 재가자가 함께하는 것과 함께하지 않는 것이 있음을 설한 것에 대해, 그 출처를 구체적으로 밝히고 그 내역을 분명히 알 수 있도록 상세하게 해석하였다. 또한 태현과 법장의 『범망경』 주석서를 인용하여 다양한 견해를 확인할 수 있게 하였다.[15]

---

[15] 본서 제1권 각주 125에서 진원의 해석에 의거하여 역자가 만든 도표를 참조할 것. 각 경·논·주석서에 나타난 십중계에 대한 해석을 구체적으로 일목요연하게 확인할 수 있다.

② 개별적으로 차별을 나타냄

　경계와 중계의 조목은 이상과 같지만 그것이 실제 상황에 적용될 때는 글자 그대로 일률적으로 적용할 수 없는 상황이 발생한다. 자찬훼타계는 중계이지만, 잘못된 생각에 빠져 나쁜 짓을 저지르는 사람을 바른 길로 이끌기 위하여, 자신이 의지하는 바른 가르침을 찬탄하고 상대방이 의존하는 잘못된 가르침을 비방한 것이라면, 이것을 무조건 중죄라고 판별할 수 있겠는가? 살생은 중계인데, 연쇄살인마가 눈앞에 있고 모든 사람들이 그를 죽이려고 달려오는데, 그들이 그를 죽이면 무간지옥에 빠질 것이므로, 그들에 대한 연민으로 내가 만약 그를 살해한다면 이것을 무조건 중죄라고 판별할 수 있겠는가? 살생하되, 부끄러운 마음을 일으킨 것과 그렇지 않은 것, 그것이 공덕이 되는 일이라고 여기는 것을 똑같은 비중의 죄를 지은 것으로 판별할 수 있겠는가? 고기를 먹는 것은 경계인데, 모르고 먹은 것과 알고 먹은 것을 똑같은 비중의 죄를 지은 것으로 판별할 수 있겠는가? 『요기』에서는 이렇게 실제 생활에서 계율을 적용하였을 때 일어날 수 있는 다양한 문제를 해결하기 위한 방법을 모색하고 해결책을 제시한다. 동일한 계를 범하였어도 상황에 따라 죄와 복을 달리 적용할 수 있는 보완적 원칙을 서술한다. 이미 서술한 것처럼 이러한 문제를 해결할 수 있는 단서는 유가계본에서만 찾을 수 있다. 따라서 원효는 여기에서는 달마계본에 의거하여 판별한다는 점을 분명히 밝히고 있다.

　ㄱ. 총괄적으로 판별함

　『요기』에서는 『유가사지론』에 의거하여 형식상으로는 동일한 계율을 어긴 것이지만, 그 내적 동기를 고찰할 때 위범의 판단에 차별이 발생하는 양상을 다음과 같이 세분화하였다. 곧 범하지 않은 것(광란의 상태, 무거운 고통에 의해 핍박받은 상태, 아직 계를 받지 않은 상태의 세 가지 연緣에 의거한 것)→염오인 경죄를 범한 것(위범의 네 가지 인因 중 무지와 방일에 의거한 것)→염오가 아닌 경죄를 범한 것(위범의 네 가지 인因 중 번뇌의 치성함과 경만에 의거한 것)→하품의 전과 사상에 의거한 중죄를 범한 것→중품의 전과 사상에 의거한 중죄를 범한 것→상품의 전과 사상에 의거한 중죄를 범한 것이다.

이 부분에 대한 진원의 해석에서 특기할 만한 것을 몇 가지 제시하면 다음과 같다.

첫째, "세 가지 연에 의거한 것이라면 범하지 않은 것으로 판별할 수 있다."라고 한 것에 대해서, 이 세 가지 연은 『유가사지론』에 의거한 것인데, 의적과 태현은 여기에 두 가지 연, 곧 "계를 받지 않은 것에 그치지 않고 전생에 계를 받은 것을 기억하지 못하는 것과 중생을 이롭게 하려는 마음이 있는 것이다."를 더하여 다섯 가지 연을 제시하였다고 하여, 이견을 소개함으로써 확장적 이해의 가능성을 열었다.

둘째, 『요기』의 본문에 의거하면 "네 가지 인"과 "염오인 것과 염오가 아닌 것"은 경계에만 해당하고 "하품·중품·상품의 전과 사상"은 중계에만 해당하는 것으로 이해될 가능성이 많다. 『조람집』에서는 이에 대한 문제를 제기하고, 글에 의거하면 앞에서 이해한 것과 같지만 체에 의거하면 경계와 중계에 해당하는 것이 각각 호환이 가능한 것이라고 보아야 한다고 주장하고, 『유가사지론』에서 그 근거가 되는 글을 제시하였다. 예를 들어 "염오인 것과 염오가 아닌 것"과 "하품·중품·상품의 전과 사상"에 대해서, 『유가사지론』「보살지菩薩地」의 글은 글자 그대로 이해한 것을 지지하는 근거가 되고, 『유가사지론』「섭사분攝事分」의 글은 체에 의해 이해한 것을 지지하는 근거가 된다.

ㄴ. 개별적으로 판별함

ㄱ) 죄의 차별적 양상을 자찬훼타계에 적용함

『요기』에서는 실제로 달마계본의 첫 번째 중죄인 자찬훼타계를 들어서, 죄의 차별적 양상을 네 가지로 제시하였다. 첫째, 상대방이 신심을 일으키게 하려고 자찬훼타한 것은 복덕이다. 둘째, 방일과 무기심에 의해 자찬훼타한 것은 염오가 아닌 경죄이다. 셋째, 애착과 분노에 의해 자찬훼타한 것은 염오인 경죄이다. 넷째, 이양利養과 공경을 탐하여 자찬훼타한 것은 중죄이다. 다음에 네 번째인 중죄를 다시 전纏과 사상事象의 성격에 따라 셋으로 나누었다. 먼저 전의 세 품이란, 하품은 전이 사납지 않아서 참·괴를 일으키는 것이고, 중품은 전이 사나워 참·괴를 일으키지는 않지만 그렇다고 공덕으로 여기지도 않는 것이며, 상품은 참·괴를 일으키지도 않고 공덕이 되는 것이라고 여기는 것이다. 다음에 사상의 세 품이란, 하품은 한 사람을 비방하는 것이고 중품은 한 무리를 비방하는 것이며 상품은 많은 무리를 비방하는 것이다.

이 부분에 대한 진원의 해석에서 특기할 만한 것을 몇 가지 제시하면 다음과 같다.

첫째, 『요기』에서 특히 자찬훼타계를 제시한 이유를, 중계 가운데 소승 및 재가중과 함께하지 않는 최초의 계이고,[16] 모든 악의 근본이 되는 것이며, 가장 논란이 많이 일어나는 계이기 때문이라고 하였다.

둘째, "이양과 공경을 탐하여 자찬훼타한 것"에 대해서, "이양과 공경

---

[16] 『梵網經』 십중계 중 앞의 네 가지는 소승과 함께하는 것이고 그다음의 두 가지는 재가중에게만 해당되는 것이며, 나머지 네 가지는 소승과 함께하지 않고 재가중과도 함께하지 않는 것인데, 이 네 가지 중 첫 번째(십중계 중에는 일곱 번째)가 자찬훼타라는 말이다. 본서 제1권 각주 125를 참조할 것.

두 가지를 모두 갖추어야 중죄가 성립되는 것인가?"라는 문제를 제기하고, 법장의 글을 인용하여 답하기를 "두 가지 중 하나만 있어도 중죄이고, 문도에게 공경받고자 하는 마음에 의거하여 그렇게 한 것도 중죄이다."라고 하였다.

셋째, "자찬훼타"에서 "찬탄과 비방이 모두 갖추어져야 중죄인가?"라는 문제를 제기하고 여타 학자의 견해를 소개하여 "법장은 두 가지 중 하나만 행해도 중죄라 하였고, 의적과 태현은 두 가지가 모두 갖추어져야 중죄가 성립되니 별도로 행했으면 각각 경죄라고 하였다."라고 하고 그 자신의 입장은 밝히지 않았다. 다만 진원은 "하나만 행한 것은 48경죄의 조목에 없는데 이것을 경죄라고 할 수 있는가?"라는 문제를 제기하고, 스스로 중계의 조목일지라도 중죄의 연을 결여하였으면 모두 경죄라 할 수 있다고 답하였다.

ㄴ) 상품의 전과 사상에 의해 중죄를 짓는 것을 세 쌍으로 밝힘

계를 범하는 문제를 가벼운 것에서 무거운 것까지 세분하여 서술하고, 그 마지막 지점에서 원효가 내린 결론은, 바로 불교의 구성원으로서 불법 내부에서 불법을 어지럽히는 무리들이야말로 지금까지 제시한 계율의 차별적 양상을 고려할 때 가장 무거운 죄를 짓는 이들이라는 것이었다. 이 가운데 특히 불교 내부의 사람들이 외형적인 계율에 집착하면서 자신의 이양을 탐내고, 계율이 지향하는 참된 목적, 인간의 내면에 있는 선을 증장시키는 것, 자리이타自利利他의 보살도를 실현하는 길을 외면하는 것을 비판하는 대목에서는, '진실로 누가 파계자이고 누가 지계자인가?'라고 하는 원효의 항변이 들리는 것 같다.『요기』에서는 이렇게 가장 큰 죄, 곧 상품의 전과 사상에 의해 중죄를 범한 것의 사례를 세 쌍으로 나누어 설명하였는데, 본서의 전체 분량에 견주어 볼 때 꽤 많은 부분을 차지하는

것도 원효가 본서를 쓴 의도를 짐작할 수 있게 하는 대목이다.

  ㉠ 첫 번째 쌍 : 심학에 의거한 탐욕과 교만

  『요기』에서는 선정을 닦다가, 중도에 스스로 무엇인가 알았다는 생각에 빠지고, 또 삿된 귀신의 장난으로 잘못된 이해를 얻었을 때, 명예와 이익과 공경을 얻고자 하여 그렇게 삿된 지식에 의거하여 다른 사람들에게 그것을 알리면서 자신을 성인처럼 여기게 하는 것은, 이것으로 인해 대중이 다른 스님들을 비방하고 자신을 찬양하게 하는 결과를 낳고 이는 결국 불법을 파괴하는 것이기 때문에, 상품의 중죄라고 하였다. 진원은 선정의 상태에서 삿된 귀신에 의해 일어나는 장애를 『대승기신론大乘起信論』을 통해 상세하게 밝혔고, 『대보적경大寶積經』에서 "아라한과를 얻지 못하고도 얻었다고 주장하는 것과 자찬훼타하는 것을 사문의 도적이라 한다."라고 한 것을 인용하여 본문을 좀 더 분명히 이해할 수 있게 하였다. 『요기』에서는 깊은 산에서 얻을 것이 있다는 마음으로 선정을 닦다가, 마구니가 그를 동요시키기 위해 찬탄하는 소리를 듣고, 자신이 높다는 교만한 마음을 일으켜서, 인간 세상에 머물며 중생을 교화하는 스님들을 비난한다면, 탐욕에 의거한 것보다 더욱 죄가 무거우니, 보살의 전다라旃陀羅(백정)라고 하였다. 『조람집』에서는 이 글을 좀 더 분명히 이해할 수 있도록 『대품반야경大品般若經』 해당처를 제시하였다.

  ㉡ 두 번째 쌍 : 계학에 의거하여 삿된 계에 머무는 것과 바른 계에 머무는 것

  『요기』에서는 스스로 뽐내는 마음에 부처님께서 제정한 계에서 더 나아가, 금욕적인 형태로 계를 지키면서, 어리석은 사람이 자신을 공경하기를 바라며, 자신과 같이 계를 지키지 않는 이들을 억압하는 것은, 진리를

손상하고 사람들을 혼란스럽게 하기 때문에, 상품의 중죄에 해당한다고 하였다. 『조람집』에서는 이러한 부류의 사람을 구체적으로 다음과 같이 제시하였다. 첫째는 외도의 계율을 수지하는 것이고, 둘째는 조달調達이 주장한 다섯 가지 법[17]을 지키는 것이다. 『요기』에서는 세상이 혼란스러워서 계를 지키는 것이 여의치 않은 시대에, 홀로 부처님께서 제정한 계를 지키면서, 교만한 마음을 일으켜 불법을 익히는 것에 주력하고 계를 오롯이 지킬 여력은 없어서 느슨하게 지키는 사람을 비방하는 것은, 궁극적으로 부처님께서 계를 제정한 본래의 취지에 어긋나는 행위를 한 것이므로, 중죄를 짓는 것이라고 하였다. 『조람집』에서는 이러한 견해를 지지하는 근거로서 『대보적경』을 제시하였다. 『요기』에서는 염오인 마음이 없이 바른 계를 지킨다면 중죄를 짓는 것은 아니지만, 그렇다고 해서 그렇게 판단하는 것으로 그치기에는 석연치 않은 면이 있다고 하여, 좀 더 면밀히 고찰하여 "염오인 마음이 없이 홀로 청정하게 계를 지킨다고 해도, 세상 사람들이 그로 인해 다른 스님들은 모두 복전이 아닌 것으로 여겨 이양과 존중을 자신에게만 돌아오게 한다면, 이는 성문승에는 어긋나지 않지만 보살승에는 어긋나는 것이다. 만약 홀로 청정하게 계를 지켜 세상 사람들

---

17 조달調達은 곧 제바달다提婆達多를 가리키는데, 그가 제시한 다섯 가지 법은 다음과 같다. 첫째는 죽을 때까지 걸식으로 살아가는 것이고, 둘째는 분소의糞掃衣를 입는 것이며, 셋째는 소酥(연유)와 소금을 먹지 않는 것이고, 넷째는 고기와 생선을 먹지 않는 것이며, 다섯째는 노지露地에서 지내는 것이다. 현실적인 상황, 수행의 효율성 등을 고려하지 않고 지나치게 엄격하게 계율을 지키는 것은 또 하나의 극단에 빠지는 것이기 때문에 부처님께서는 이러한 주장을 받아들이지 않았다. 예를 들면 율장에서는 시주의 요청에 의해 그 집에 가서 공양을 받는 것을 허락하는데 이는 시주의 선의善意를 장애하지 않으려는 의도가 내재되어 있다. 부처님께서는 다만 승단이 무분별하게 공양을 받아서 혼란에 빠지는 것을 막기 위한 다양한 제도적 장치를 마련하여 그 폐해를 최소화하는 방법을 제시할 뿐이다. 예를 들어 『梵網經』 사십팔경계 중 제28 불별청승계不別請僧戒(스님을 별청, 곧 시주가 특정 스님을 지목하여 초청해서 공양하는 것을 금한 계)는 승단이 고루 나누어야 할 이익을 특정인이 홀로 점유하는 것을 방지하기 위해 제정된 것이다.

이 믿는 이가 늘어나고 여러 스님을 모두 평등하게 공양하게 한다면, 이는 복이 되는 것이다. 그런데 사실 이것은 해와 달을 머리에 이고 다니며 어둠이 사라지지 않기를 바라는 것과 같아서, 위대한 성인이 아니라면 이룰 수 없는 것이다."라고 하였다.

ⓒ 세 번째 쌍 : 혜학에 의거한 증익집과 손감집

『조람집』에서는 무성無性의 『섭대승론석攝大乘論釋』과 원효의 『중변분별론소中邊分別論疏』를 인용하여 "무無인 것을 유有라고 계탁하는 것을 증익이라 하고, 유인 것을 무라고 계탁하는 것을 손감이라 한다."라고 정의하였다. 또 아집과 법집에 의거할 때 증익집은 두 가지에 통하고 손감집은 후자에만 해당하며, 팔식에 의거할 때 제6식은 증익집과 손감집을 일으키고 제7식은 오직 증익집만 일으키며, 삼성三性에 의거할 때 무성의 『섭대승론석』에 따르면 변계소집성遍計所執性은 본래 존재하지 않는 것이어서 더 덜어 낼 것이 없기 때문에 오직 증익집만 있고 의타기성依他起性은 체體가 있는 것이어서 더 보탤 것이 없기 때문에 증익집이 없고 체가 있어도 허망하게 있는 것이어서 더 덜어 낼 것이 없기 때문에 손감집도 없으며 원성실성圓成實性은 진실한 존재이기 때문에 더 보탤 것이 없어서 증익집은 없고 손감집만 있을 뿐이며, 수행의 계위에 의거할 때 손감집은 견도위見道位에서 끊어지고 증익집은 십지에서도 여전히 현행한다고 하여, 두 가지 집착에 대한 다양한 해석을 제시하였다.

첫째, 증익집은 『요기』에 따르면 성품은 삿되지만 총명한 이가, 모든 논을 두루 익혔지만 모든 법이 언설을 여의었다는 것을 알지 못하여, 부처님께서 설한 법에 대해 말 그대로 자성과 차별이 있다고 집착하고, 명예와 이익을 얻기 위해, 자신이 모든 부처님의 뜻과 말씀을 얻었고, 자신이 이해한 것과 달리 말하면 모두 잘못된 것이라고 주장하는 것이다.

둘째, 손감집은 『요기』에 따르면 성품이 편협하고 졸렬하여 선지식을 가까이하지 않고 두루 익히지 않으며, 오직 비밀스러운 이치를 직접적으로 드러내지 않은 경론을 익혀, 그 말에만 집착하여 체가 진실로 존재하는 것은 아니지만 그렇다고 변계소집성의 무와 같이 전혀 없다고 할 수는 없는 의타기성의 유를 전혀 없다고 비방하면서, 마침내 "삼성과 이제二諦가 가설이고 이것과 다른 견해는 모두 희론이다."라고 하면서, 다른 사람이 이치에 맞게 가르쳐 주는 것을 전혀 받아들이지 않는 것이다. 『조람집』에서는 비밀스러운 이치를 직접적으로 드러내지 않은 경론이란 『반야경般若經』·『중론中論』·『백론百論』 등의 무상無相을 설한 경론이라고 하였다. 또 "비밀스러운 뜻"에 대해 『대승광백론석론大乘廣百論釋論』에서 "이 모든 경은 오직 변계소집자성을 무너뜨리기 위해 (공을 설하였을 뿐) 일체가 없음(無)을 말하지는 않았다. 일체가 없음을 말했다고 한다면 바로 잘못된 견해를 이룬다. 여래께서 곳곳에서 세 가지 자성을 설하였는데 모두 변계소집성은 공이고 의타기성과 원성실성은 유라고 하였다. 그러므로 공의 가르침에는 별도로 의취意趣가 있음을 알 수 있다. 말 그대로 받아들여서 제법을 제거하여 없다고 할 수는 없다. 말 그대로 의미(義)를 취하면 대승을 비방하는 것이라 한다."라고 한 것을 인용하였다. 또한 "삼성"의 뜻은 『성유식론成唯識論』을 통해, "이제"의 뜻은 『대승법원의림장大乘法苑義林章』을 통해 구체적으로 제시하였다.

『요기』에서는 다시 손감집을, 그것에 의해 일어나는 어리석음에 따라 두 가지로 나누었다.

『요기』에 따르면 첫 번째 어리석음은 부처님께서 유에 대한 집착을 제거하기 위해 공이라는 약을 처방하였는데, 이 공에 집착하여 공견이라는 중병을 일으키고 증상만을 일으켜 자신의 견해가 뛰어나다고 여기는 것이고, 이는 근본무명根本無明이라고 하였다. 『조람집』에서는 전적으로 『대승기신론』과 그에 대한 원효·법장·태현의 주석서를 인용하여 "근본무명"의 뜻을 풀이하는 데 주력하였다. 먼저 "번뇌애煩惱碍와 지애智碍의 두 가지 장애가 있다. 첫째, 번뇌애는 여섯 가지 염심染心[18]이다."라고 하고 여섯 가지 염심을 상세하게 밝혔다. 여기까지는 원효와 법장의 글을 인용하였다. 다음은 태현의 『기신론내의약탐기起信論內義略探記』를 인용하여 염심의 발생 원인, 무명과의 상응 여부를 설하고 "능의能依인 염심은 번뇌장이고 소의所依인 근본무명은 지장이다."라고 한 것을 인용하였다. 다음에 두 번째인 지애는 여섯 가지 염심의 소의인 근본무명이라 하고, 원효의 『이장의二障義』를 인용하여 "근본무명은 극단적으로 미세하고 어두워서 진명眞明과 거의 같으니, 마치 사미가 화상과 가까이에 앉는 것과 같다."라고 풀이하였다.

『요기』에 따르면 두 번째 어리석음은 적은 지식에 의거하여 얻은 공견에 빠져서 자신이 옳다고 여기면서 더 많은 지식을 지닌 다른 사람의 견해를 전혀 받아들이지 않는 것이고, 이는 "일체의 다른 사람의 뜻이 모두 부처님의 뜻이다."라고 하는 불교의 근본 입장에 어긋난다. 『조람집』에서는 『능가종요楞伽宗要』에서 "부처님의 가르침은 한맛이어서 어떤 다툼도 조화시키지 않음이 없고 어떤 뜻도 통하지 않음이 없다."라고 한 것을 인용하여, 중생의 근기에 따라 삼승三乘의 차별을 설하지만 모든 가르침은 부처님에게서 나온 것이기에 실제로 차별이 없는 것이라고 하였다. 적은 지식에 의거한 견해도 부처님의 가르침이니 궁극적 이치에 도달할 수 있지만, 그 길이 차단되는 것은 그것에 대해 집착하는 자신의 마음에 있는 것이니, 그러한 집착에서 벗어날 것을 강조한 것이다.

『요기』에서는 마지막으로 손감집과 관련된 논의에서 논란의 여지가 있는 문제를 다루었다.

---

18 첫째는 집상응염執相應染, 둘째는 부단상응염不斷相應染, 셋째는 분별지상응염分別智相應染이고, 넷째는 현색불상응염現色不相應染, 다섯째는 능견심불상응염能見心不相應染, 여섯째는 근본업불상응염根本業不相應染이다.

첫 번째 문답은 다음과 같다. 『요기』에서는 "유에 집착하면 증익집이고 무에 취착하면 손감집인데, 나는 유와 무를 모두 버렸다. 그런데도 비판의 대상이 될 수 있는가?"라고 질문하고, "그대가 말하는 비유비무가 악취공惡取空에 떨어져서 인연에 의한 유를 없애고 그것으로 인해 변계소집의 무도 없애 버리게 되어, 결국 가장 극단적인 손감이지만 알아차리지 못한 것이라면 도에서 먼 것이다. 만약 진실로 삼성에 대한 이해에 근거한 것, 곧 의타기성의 유이니 무가 아니고, 변계소집의 무이니 유가 아닌 것이라고 하는 것이라면 옳다. 그런데 그 중도에 집착하여 그것만 옳고 다른 것은 틀리다고 한다면 그것은 청정한 지혜가 아니다."라고 답하였다.

두 번째 문답은 다음과 같다. 『요기』에서는 "자신이 불법을 잘못 이해하여 마음의 병에 걸렸는지를 판별하려면 어떤 경전에 의거해야 하는가?"라는 질문을 설정한다. 이것은 앞에서 반야부 경전에서 설한 공을 문자를 넘어선 측면까지 이해했는지 아닌지가 비유에 대한 이해의 옳음과 그릇됨을 규정한다고 하였는데, 그렇다면 그것을 바르게 이해했는지 알 수 있는 근거는 어디에 있는 것인지를 물은 것이다.

『요기』에서는 전적으로 유가학파의 근본 경론인 『해심밀경解深密經』과 『유가사지론』을 인용하여 답하였다. 먼저 『해심밀경』에서 "질박하고 정직한 이는 불법을 듣고 말 그대로 이해하여 '모든 법은 결정코 자성이 없고 생겨나지도 않고 소멸하지도 않으며 결정코 본래 고요하며 자성이 열반이다.'라고 하고, 이로 인해 일체법에 대해 무견과 무상견을 일으켜, 모든 상을 무상無相이라 부정하고 삼성을 부정한다. 의타기상과 원성실상이 있기 때문에 변계소집상이 있는 것인데, 이 두 가지를 부정하면 변계소집상도 부정하는 것이기 때문이다."라고 하였다. 『조람집』에서는 "무견"과 "무상견"에 대해 원측의 『해심밀경소』를 인용하여 말하기를, "두 가지 해석이 있다. 첫 번째는 무견은 의타기와 원성실을 부정하는 것이고 무상견은 변계소집을 부정하는 것이다. 두 번째는 무견과 무상견은 차례대로 『대법경경大法鏡經』에서 설한 상견과 손감시설견·손감분별견·손감진실견이다. 이것을 『대승아비달마잡집론大乘阿毗達磨雜集論』에서 전자는 무성無性의 상相에 집착하는 것이고 후자는 무성의 상에 집착하는 것에 의거하여 세 가지 성을 부정하는 것이라고 하였다."라고 하였다.

『요기』에서는 『해심밀경』에 이어 『유가사지론』을 인용하여 잘못된 견해가 무엇인지를 밝혔다. 곧 "어떤 사람은 아직 비밀스러운 의취를 분명하게 나타내지 않는 반야부 경전의 가르침을 듣고 여실하게 이해하지 못하여 일체는 가설된 것일 뿐이다."라고 한다. 이로써 그렇게 가설된 것이 의지하는 근거인 실유實有하는 유사唯事(의타기성)를 비유非有라고 부정하고, 이것으로 인해 그것에 의해 가설되는 것도 또한 그 존재 근거를 상실하여 무가 되어 버린다. 이로써 모든 것은 가설된 것이라고 하는 그의 주장도 성립 근거를 상실한다. 부처님께서는 아견을 일으킬지언정 악취공을 일으키지는 말라고 하였다. "저것으로 말미암기 때문에 공"이라고 해도 또한 믿고 받아들이지 않고, "이것에서 공"이라고 해도 또한 믿고 받아들이지 않으니 이러한 것을 악취공을 일으키는 사람이라고 한다.

『조람집』의 해석을 몇 가지 제시하면 다음과 같다.

첫째, "비밀스러운 의취를 분명하게 나타내지 않았다."라고 한 것은 『반야경』에서 아직 의타기성과 원성실성이 유라는 것을 말하지 않았기 때문이다. 둘째, "여실히 이해하지 못하였다."라는 것은 『반야경』에서는 변계소집성을 공이라고 한 것인데, 일체가 공이라고 집착하기 때문이다. 셋째, "저것으로 말미암기 때문에 공"과 "이것에서 공"에 대해, 『유가사지론약찬瑜伽師地論略纂』에서는 "'저것으로 말미암기 때문에 공'은 변계소집의 무에 의해 공이고 '이것에서 공'은 의타기성과 원성실성에 변계소집이 공이라는 것이다."라고 하였고, 『유가론기瑜伽論記』에서 "'저것으로 말미암기 때문에 공'에서 저것은 변계소집이다. '이것에서 공'에서 이것은, 신태神泰

는 의타기성과 원성실성에 변계소집성이 없기 때문에 공이라 하였고, 원측은 의타기성에 변계소집성이 없기 때문에 공이라 하였다."라고 한 것을 인용하여, 여러 가지 해석을 제시하였을 뿐 자신의 견해는 밝히지 않았다.

(2) 얕게 이해하는 것과 깊게 이해하는 것의 문

『요기』에서는 범망계본의 제7 자찬훼타계에 대해, 이를 지킨 것과 범한 것을 피상적으로 판별하는 것과 본질적으로 판별하는 것의 차이를 밝혔다. 먼저 하근기는 계율을 글자 그대로 이해하여, 자찬훼타는 내용이나 의도와 무관하게 결정코 죄가 되는 것이라고 판단한다. 상근기는 하나의 계율의 조목을 들어도 그것을 네 가지 관점에서 깊이 관찰하여 판단한다. 그리고 네 구절을 구체적으로 제시하였는데 이를 도표로 나타내면 다음과 같다.

	외적 행위	죄·복	내적 의도
첫 번째 구절	1=①+④	복	타인의 치욕을 자신이 감당하고 자신의 영예를 중생에게 주기 위한 의도에서 행한 것
	2=②+③	죄	타인을 치욕당하게 하고 자신이 영예를 얻으려는 의도에서 행한 것
두 번째 구절	1=①+④	죄	−세간의 풍속이 자신을 낮추고 타인을 높이는 사람을 좋아하고, 그 반대인 사람은 싫어하는 것을 알아서 그렇게 행한 것 −타인을 비방하면 나를 비방할 것이고, 칭찬하면 나를 칭찬할 것임을 알아서 그렇게 행한 것
	2=②+③	복	자신이 이해한 것은 도리에 맞고, 타인이 이해한 것은 이치에 어긋나는 것임을 알아서 그렇게 행한 것

세 번째 구절	1+2	1=①+④ ; ① 자신의 소소한 장점=비방/④ 타인의 단점=칭찬	죄	위선적인 사람이 타인의 장점을 깎아내리고(A), 자신의 단점은 은폐하려고 하여(B) 그렇게 한 것 ○ A가 이루어지는 것 : 타인의 단점에 대한 비방을 포기하는 척함으로써(1-④), 타인의 장점을 억압하는 성과를 이룸(2-③). ○ B가 이루어지는 것 : 자신의 소소한 장점에 대한 칭찬을 포기하는 척함으로써(1-①), 자신의 큰 단점을 은폐하는 성과를 이룸(2-②).
		2=②+③ ; ② 자신의 큰 단점=찬양/③ 타인의 장점=억압		
	1+2	1=①+④ ; ① 자신의 악=비방/④ 타인의 선=칭찬	복	정직한 사람이 타인으로 하여금 선악을 바르게 판별하는 안목을 길러 죄를 버리고 복을 닦게 하기 위하여 그렇게 한 것
		2=②+③ ; ② 자신의 선=칭찬/③ 타인의 악=비방		
네 번째 구절	1과 2를 모두 행하지 않음		복	분별심을 떠난 지혜로운 사람의 마음 작용에 의거한 것
	1과 2를 모두 행하지 않음		죄	옳고 그름을 판별하지 못하는 어리석은 사람의 마음 작용에 의거한 것

〈도표에 적힌 번호의 내역. ① 자신=비방, ② 자신=칭찬, ③ 타인=비방, ④ 타인=칭찬, 1=①+④, 2=②+③〉

그 취지는 내적 의도를 죄의 유무를 판단하는 가장 중요한 기준으로 삼아야 한다는 것이다. 예를 들어 남들이 자신을 낮추고 남을 높이면 좋아한다는 것을 알아서, 자신을 비방하고 남을 찬탄한다면, 이것은 계율을 글자 그대로 이해하면 죄가 아니지만, 그 의도에 의거할 때 죄라고 판별해야 한다. 이렇게 네 구절을 통해 고찰할 때, 외적 행위가 같아도 내적 의도를 고찰하면 어떤 것은 죄가 되고 어떤 것은 복이 되는 양상이 명백하게 드러난다.

2) 승의제에 의거하여 서술한 것

(1) 삼륜이 청정함

『요기』가 앞에서는 어떤 식으로든 계율의 조목을 인정하고 그것을 어떤 식으로 이해할 것인지를 모색하였다면, 여기에서는 이러한 판단에 집착하여 극단에 빠지는 것을 경계하여 "계와 죄와 그것을 지키거나 범하는 사람은 모두 얻을 것이 없다. 계를 구해도 자성적 실체가 없으니 있는 것이 아니고, 온갖 연에 의해 일어나니 토끼의 뿔처럼 전혀 없는 것과는 같지 않다. 이렇게 이해해야 궁극적으로 청정하게 계바라밀戒波羅蜜을 성취할 수 있다."라고 하였다.

『조람집』의 해석을 몇 가지 제시하면 다음과 같다. 첫째, "계는 있는 것이 아니다."라고 한 것은 변계소집성에 의거하여 판별한 것이고, "계는 없는 것도 아니다."라고 한 것은 의타기성에 의거하여 판별한 것이라고 풀이하였다. 둘째, 법장의『범망경보살계본소梵網經菩薩戒本疏』에서 "살생의 성품이 공한 것을 알았다면 살생을 해도 죄가 없는 것인가? 공은 죄를 다스리기 위한 장치이다. 공을 알면 살생하지 않으니 만약 살생한다면 그것은 공을 알지 못한 것이고 그러므로 죄이다."라고 한 것을 인용하여, 계와 죄와 사람이 공하다는 가르침에 의해 발생할 수 있는 문제에 대한 답변을 제시하였다.

(2) 계 자체의 상에 대한 그릇된 이해와 바른 이해의 사례

『요기』에서는 그릇된 이해와 그 문제를 다음과 같이 설하였다. "계는 있는 것이 아니다."라고 한 것에 의해 전혀 없는 것이라고 한다면 계를 범하는 일은 없지만 영원히 계를 잃으니, 계의 유사상唯事相을 부정하는 것이기 때문이고, "계는 없는 것도 아니다."라고 한 것에 의해 있다고 계탁한다면 지키는 것이라고 할 수는 있어도, 계의 본래 모습에 어긋나기 때문에 지키는 것이 바로 범하는 것이 된다. 또 바른 이해와 그 성취를 다음과 같이 설하였다. 지켜야 할 것이 있다고 계탁하지 않지만 계의 유사唯事를 없다고 하지 않으니 끝내 계를 잃어버리는 허물을 짓지 않는다. 삼륜을 모두 잊고 두 극단에 떨어지지 않아야 계바라밀을 원만하게 이룬다. 다음에 바른 견해라고 한 것의 근거로서, 『대품반야경大品般若經』에서 "죄와 죄가 아닌 것을 얻을 수 없어야 계바라밀을 구족한 것이다."라고 한 것과 『범망경』에서 "계의 광명이 입에서 나오는 데 연緣이 있는 것이니 인因이 없지 않기 때문이다. 색도 아니고 마음도 아니며 있는 것도 아니고 없는 것도 아니며 인과법이 아니지만 모든 부처님의 본원이며 보살의 근본이다."라고 한 것을 들었으며, 이어서 『범망경』 본문을 자세히 해석하였다. 『조람집』에서 『범망경』 본문에 대한 해석 부분을 주석할 때에는 주로 법장의 해석을 함께 제시하여 대조할 수 있게 하였고, 원효의 『보살계본사기菩薩戒本私記』를 인용하여 좀 더 자세하게 이해할 수 있게 하였다.

제3장 맺으면서 보시의 서원을 보인 부분

『요기』에 두 행의 게송이 실려 있다. 진원은 이전의 학자가 이 게송을 앞의 한 게송은 가르침을 배우는 것이고 뒤의 한 게송은 행을 배우는 것이라고 분과한 것을 소개하고, 좀 더 세분하여 넷으로 나누어야 한다고 하였다. 그가 구분한 네 단락은 다음과 같다. 처음 두 구절은 요의교了義教에 의해 글을 지었음을 밝혔고, 다음의 두 구절은 지키는 것과 범하는 것에 어두운 중생을 위해 이 글을 지었음을 밝혔으며, 다음의 두 구절은 중생이 계를 깊이 이해하여 완성하고 여섯 가지 뜻과 다섯 가지 닦음을 성취하기를 서원하였고, 마지막 두 구절은 중생이 궁극적인 경지에 도달할 수 있기를 서원하였다.

『조람집』의 해석을 몇 가지 제시하면 다음과 같다. 첫째, "요의교"는 『유가사지론』·『해심밀경』의 가르침이라고 하였다. 둘째, "여섯 가지 뜻과 다섯 가지 닦음"을 『섭대승론석』에 의거하여 자세히 설명하였다. 특히 본서는 세친世親(바수반두)이 주석한 것과 무성이 주석한 것이 있고 다시 각각에 현장玄奘이 한역한 것, 진제眞諦가 한역한 것이 있는데, 진원은 이들을 함께 실어서 대조할 수 있게 하였다. 이 책에 따르면 "다섯 가지 닦음"이란 가행 방법을 닦는 것이고, 믿고 즐거워하는 것을 닦는 것이며, 사유를 닦는 것이고, 방편 승지를 닦는 것이며, 다른 사람을 이익 되게 하는 일을 닦는 것이다. "여섯 가지 뜻"이란 광대한 뜻이고, 오랜 시간을 기약하는 뜻이며, 환희의 뜻이고, 은덕이 있는 뜻이며, 큰 의지의 뜻이고, 착하고 좋은 뜻이다.

6. 참고 문헌

김상현, 『원효연구』「Ⅲ. 『보살계본지범요기조람집』의 검토」, 서울 : 민족사, 2000.

김호성, 「『보살계본지범요기』의 성격론에 대한 재검토」, 『원효학연구』 9, 경주 : 원효학연구원, 2004.

남동신, 「원효의 계율사상」, 『한국사상사학』 17, 서울 : 한국사상사학회, 2001.

이기영, 「元曉의 菩薩戒觀-菩薩戒本持犯要記를 중심으로」, 『논문집』 3·4합집, 서울 : 동국대학교, 1967.

채인환, 『新羅佛敎戒律思想硏究』, 東京 : 國書刊行會, 1977.

최원식, 「신라보살계사상사연구」「元曉의 菩薩戒 인식경향과 그 특성」,

서울: 민족사, 1999.

吉津宜英,「法藏以前の『梵網經』諸註釋書について」,『駒澤大學佛敎學部硏究紀要』第四十七號, 1989.

木村宣彰,「菩薩戒本持犯要記について」,『印度佛敎學硏究』28卷2号, 1980.

_____,「多羅戒本と達摩戒本」, 佐佐木敎悟 編,『戒律思想の硏究』, 平樂寺書店, 1981.

차례

지범요기조람집持犯要記助覽集 해제 / 5
일러두기 / 39

지범요기조람집 제1권 持犯要記助覽集 卷一

서문序文 43

Ⅰ. 제목을 풀이함 46

Ⅱ. 지은이를 풀이함 50

Ⅲ. 본문을 풀이함 56
제1장 종지를 설하기 전에 뜻을 서술한 부분 57
  1. 제목인 "지범"의 뜻을 서술함 57
  2. 제목인 "요기"의 뜻을 나타냄 68
    1) 자신의 이익을 밝힘 68
    2) 타인을 이익 되게 하는 것을 밝힘 69
제2장 종지에 의거하여 자세하게 해석한 부분 70
  1. 세속제에 의거하여 판별함 71
    1) 경계와 중계의 문 71
      (1) 경계와 중계를 총괄적으로 판별함 72
        ① 경계를 총괄적으로 판별함 72
          ㄱ. 총괄적으로 설한 것 73
          ㄴ. 개별적으로 분류한 것 75
            ㄱ) 달마계본 : 44경계 76
            ㄴ) 다라계본 : 사십팔경계 80
            ㄷ) 별해탈계경 : 246경계 82

ㄹ) 다라계본 사십팔경계에서 이승과 함께하는 것과 함께하지 않는 것을 밝힘 86
② 중계를 총괄적으로 판별함 89
ㄱ. 총괄적으로 설한 것 : 십중계 89
ㄴ. 개별적으로 분류한 것 96
ㄱ) 소승과 함께하는 중계 96
ㄴ) 소승과 함께하지 않는 중계 96
ㄷ) 재가보살의 여섯 가지 중계 97
③ 맺음 102
(2) 개별적으로 차별을 나타냄 103
① 총괄적으로 판별함 104
ㄱ. 차별적 양상을 총괄적으로 밝힘 104
ㄴ. 차별적 양상을 개별적으로 밝힘 105
ㄱ) 범한 것과 범하지 않은 것 105
(ㄱ) 범한 것 : 네 가지 인因 106
(ㄴ) 범하지 않은 것 : 세 가지 연緣 107
ㄴ) 범한 것의 차별적 양상 109
(ㄱ) 중계 : 연품·중품·상품에 의거한 것 109
(ㄴ) 경계 : 염오인 것과 염오가 아닌 것 109
ㄷ) 염오인 것과 염오가 아닌 것을 밝힘 113
② 개별적으로 판별함 119
ㄱ. 특히 유가계본의 자찬훼타계를 들어 판별한다는 것을 밝힘 119
ㄴ. 자찬훼타계에 네 가지 차별이 있음을 밝힘 120
ㄱ) 첫 번째 구절 : 복덕인 것 123
ㄴ) 두 번째 구절 : 염오가 아닌 경죄를 범한 것 124
ㄷ) 세 번째 구절 : 염오인 경죄를 범한 것 124
ㄹ) 네 번째 구절 : 중죄를 범한 것 125
(ㄱ) 네 번째 구절이 전과 사상의 성격에 따라 세 품으로 나뉘는 것을 밝힘 129
㉠ 총괄적으로 밝힘 129
㉡ 개별적으로 밝힘 132

a. 전에 의해 세 품으로 나뉘는 것을 밝힘 ········ 132
　　b. 사상에 의해 세 품으로 나뉘는 것을 밝힘 ········ 139
(ㄴ) 상품의 전과 상품의 사상에 의해 중죄를 범하는 것을 밝힘 ········ 140
　㉠ 총괄적으로 세 쌍을 밝힘 ········ 140
　㉡ 개별적으로 세 쌍을 밝힘 ········ 144
　　a. 첫 번째 쌍 : 심학(정학)에 의거한 탐욕과 교만 ········ 144
　　　a) 총괄적으로 밝힘 ········ 144
　　　b) 개별적으로 밝힘 ········ 145
　　　　(a) 탐욕에 의거한 것 ········ 145
　　　　(b) 교만에 의거한 것 ········ 148
　　b. 두 번째 쌍 : 계학에 의거하여 삿된 계에 머무는 것과 바른 계에 머무는 것 ········ 151
　　　a) 총괄적으로 밝힘 ········ 151
　　　b) 개별적으로 밝힘 ········ 152
　　　　(a) 삿된 계에 머무는 것 ········ 152
　　　　(b) 바른 계에 머무는 것 ········ 154

지범요기조람집 제2권 持犯要記助覽集 卷二

　　c. 세 번째 쌍 : 혜학에 의거한 증익집과 손감집 ········ 167
　　　a) 총괄적으로 밝힘 ········ 167
　　　b) 개별적으로 밝힘 ········ 170
　　　　(a) 증익에 의거한 것 ········ 170
　　　　(b) 손감에 의거한 것 ········ 172
　　　　　ⓐ 총괄적으로 밝힘 ········ 172
　　　　　ⓑ 개별적으로 밝힘 ········ 182
　　　　　　 i. 손감에 의해 일어나는 첫 번째 어리석음 ········ 182
　　　　　　 ii. 손감에 의해 일어나는 두 번째 어리석음 ········ 202

iii. 문답으로 밝힘 210
　2) 얕게 이해하는 것과 깊게 이해하는 것의 문 242
　　(1) 범망계본 자찬훼타계를 대상으로 판별한다는 것을 밝힘 242
　　(2) 자찬훼타계를 얕게 이해하는 것과 깊게 이해하는 것의 사례를 밝힘 243
　　　① 얕게 이해하는 것 244
　　　② 깊게 이해하는 것 244
　　　　ㄱ. 총괄적으로 밝힘 244
　　　　ㄴ. 개별적으로 밝힘 246
　　　　　ㄱ) 첫 번째 구절 246
　　　　　ㄴ) 두 번째 구절 247
　　　　　ㄷ) 세 번째 구절 248
　　　　　ㄹ) 네 번째 구절 250
　　　　ㄷ. 맺음 252
2. 승의제에 의거하여 서술한 것 253
　1) 앞의 두 문에서는 아직 궁극적인 관점에서 지키는 것과 범하는 것의 뜻을 밝히지 않았음을 나타냄 254
　2) 궁극적인 관점에서 지키는 것과 범하는 것의 뜻을 밝힘 255
　　(1) 삼륜이 청정함을 밝힘 255
　　　① 계가 얻을 만한 상이 없음을 밝힘 255
　　　② 죄와 사람도 얻을 만한 상이 없음을 밝힘 258
　　(2) 계 자체의 상에 대한 그릇된 이해와 바른 이해의 실제 사례를 논함 263
　　　① 그릇된 이해 263
　　　② 바른 이해 264
　　(3) 경에서 그 근거를 밝히고 해석함 265
　　(4) 승의제로서의 계를 실천하는 주체의 계위 문제를 밝힘 272
　3) 맺음 277

제3장 맺으면서 보시의 서원을 보인 부분 278
1. 요의교에 의해 이 글을 지었음을 밝힘 278
2. 지키는 것과 범하는 것에 어두운 중생을 위해 이 글을 지었음을 밝힘 282
3. 중생이 계를 깊이 이해하여 완성하고 여섯 가지 뜻과 다섯 가지 닦음을 성취하기를 서원함 283

4. 중생이 궁극적인 경지에 도달할 수 있기를 서원함 293

후기 / 295

간기 / 296

찾아보기 / 297

일러두기

1 '한글본 한국불교전서'는 문화체육관광부의 지원을 받아 동국대학교 불교학술원에서 수행하고 있는 '불교기록문화유산아카이브(ABC)사업'의 결과물을 출간한 것이다.
2 이 책은 개정증보 『일본대장경日本大藏經』(鈴木學術財團 간행, 1973) 제40권에 수록된 것을 저본으로 하였다. 『조람집』의 주석에 상응하는 『보살계본지범요기』 본문은 역자가 보충하여 수록하였고, 『한국불교전서』 제1권에 수록된 것을 저본으로 하였다.
3 본 역서에서는 『보살계본지범요기』 본문과 저자의 해석을 기 와 집 으로 구분하였다. 본문에서 '問'은 문 으로 '答'은 답 으로 처리하였다.
4 번역문에 이어 원문을 수록하였고 띄어쓰기를 표시하기 위해 온점(。)을 사용하였다.
5 음역어는 현재의 한문 발음대로 표기하였다. S는 범어를 뜻한다.
6 원문의 교감 사항은 번역문의 각주와 별도로 원문 아래 부분에 제시하였다. 편은 저본의 편찬자가 교감한 내용이고, 역은 번역자가 교감한 내용이다.
7 약물은 다음과 같다.
    『 』: 서명
    T : 『대정신수대장경』
    X : 『만속장경』
    H : 『한국불교전서』
    N : 『일본대장경』

지범요기조람집 제1권【서문을 함께 실었음】
持犯要記助覽集 一卷【幷序】

『보살계본지범요기』 신라국 사문 원효 지음
菩薩戒本持犯要記。新羅國沙門。元曉述。*

『지범요기조람집』 진원 지음
持犯要記助覽集。眞圓記。**

---

* ㉜ 저본은 『大正新修大藏經』 45권【승응承應 3년(1654) 간행된 종교대학 소장본임】이다. 갑본은 『續藏經』 제16편 61투 3책이다. ㉠ 『지범요기조람집』(이하 『조람집』으로 약칭)에는 『보살계본지범요기』(이하 『요기』로 약칭) 원문이 일부만 수록되어 있다. 역자가 『조람집』 이해의 편의를 위하여 주석의 해당처에 『韓國佛敎全書』 제1책에 수록된 『보살계본지범요기』의 전문을 수록하였다.
** ㉠ 개정 증보 『日本大藏經』(鈴木學術財團 간행, 1973) 제40권에 수록된 것을 저본으로 하였다.

서문序文

집 무릇 보살계본菩薩戒本이라는 것은 모든 부처님께서 내적으로 증득한 법문이고 법성法性이 항상 그러한 것을 제정한 것이다. 그러므로 본사本師[1]인 사나舍那[2]께서 연화대 위에서 전수하고 화신化身인 석가釋迦께서 보리수 아래에서 외웠다.[3] 그러한즉 오위五位[4]의 살타薩埵(보살)가 이것에

---

1 본사本師 : 노사나불盧舍那佛이 화신인 석가불을 나타내고 그 화신불들에게 계를 전수하였기 때문에 석가불의 입장에서는 노사나불이 본사가 된다.
2 사나舍那 : ⓢ Vairocana의 음역어인 비로자나毘盧遮那의 약칭. 노사나盧舍那 등으로도 음역하고 정만淨滿이라 의역한다. 모든 장애를 다 제거하고 모든 덕을 원만하게 갖추었음을 나타낸다.
3 『梵網經』 권하(T24, 1003c)에서 "나는 이제 노사나이니 바르게 연화대에 앉았네. 둘러싼 천 장의 꽃잎 위에 다시 천 명의 석가를 나타내었네. 한 장의 꽃잎에 백억 개의 국토이고 한 개의 국토마다 한 명의 석가로다. 각각 보리수 밑에 앉아 일시에 불도를 이루었네. 이와 같이 나타낸 천백억 명의 부처님은 노사나가 본래의 몸이라네. 천백억 명의 석가들 각각 티끌처럼 많은 대중을 거느리고 모두 와서 나의 처소에 이르러 내가 불계佛戒를 외우는 것을 들으니 감로문甘露門이 바로 활짝 열렸네. 이때 천백억 명의 부처들 본래의 도량으로 돌아가 각각 보리수 아래 앉아 우리 본사本師께서 설한 계인 십중금계와 사십팔경계를 외웠네.(我今盧舍那。方坐蓮華臺。周帀千華上。復現千釋迦。一華百億國。一國一釋迦。各坐菩提樹。一時成佛道。如是千百億。盧舍那本身。千百億釋迦。各接微塵衆。俱來至我所。聽我誦佛戒。甘露門則開。是時千百億。還至本道場。各坐菩提樹。誦我本師戒。十重四十八。)"라고 한 것을 참조할 것.
4 오위五位 : 보살의 수행 계위를 다섯 가지로 나눈 것. 첫째는 자량위資糧位이니 십주·십행·십회향에 해당한다. 둘째는 가행위加行位이니 십회향의 마지막 마음에서 난煖·정

의거하여 인因을 원만하게 갖추지 않음이 없고 삼세의 불타가 이것에 의거하여 과를 원만하게 이루지 않음이 없다. 또한 어떤 계위에서든 지니지 않을 것이며 또한 어떤 성인이든 배우지 않은 것이겠는가? 위대하도다, 칭송할 만한 말을 찾을 수 없음이여.

> 夫菩薩戒本者。諸佛內證之法門。法性常然之所制也。是故本師舍耶。[1] 於臺上而授。化身釋迦。於樹下而誦。然則五位薩埵。莫不由此因圓。三世佛陀。無不由斯果滿。抑何位而不持。亦何聖而不學。大矣哉。無得而稱者也。
>
> 1) 엄 '耶'는 '那'인 것 같다.

이에 라집라什[5] 법사가 이 계를 수지하여 독송하고, 서역에서 사막을 건너 동쪽 진秦나라 땅에 도착하였으며, 마침내 소요원逍遙園에서 가장 마지막에 자신이 직접 번역하였다.

이 이후에 전수하는 사람이 매우 많았고 해석한 이도 또한 많았지만 다만 글과 뜻이 드넓어서 그 뜻을 얻은 것에서는 벗어나 있었다. 그러나 지금 『보살계본지범요기』라는 책은 글은 간결하고 핵심이 되는 것을 따랐고, 뜻은 우수하고 뛰어난 것을 취하였으며, 삼학三學의 심오한 자취를 탐구하였고 이제二諦의 강령을 제시하였다. 그러므로 요지를 드러내기 위해

頂·인忍·세제일世第一 등의 사선근四善根을 일으키는 것이다. 셋째는 통달위通達位이니 견도위見道位라고도 한다. 초지初地의 보살이 진여를 체득하고 회합하여 지혜에 의해 이치를 비추어 중도를 보기에 이르는 것이다. 넷째는 수습위修習位이니 수도위修道位라고도 한다. 제2지에서 제10지의 보살이 중도를 보아서 장애를 제거하고 다시 근본지根本智를 수습하는 것이다. 다섯째는 구경위究竟位이니 불과佛果를 증득하는 것이다.

5 라집羅什(344~413 또는 350~409) : [S] Kumārajīva의 음역어인 구마라집鳩摩羅什의 약칭. 동수童壽라고 의역한다. 중국 4대 역경가 중 한 명. 구자국龜玆國 출신으로 대승과 소승을 두루 섭렵하고 통달하여 사방에 명망이 퍼졌다. 401년 후진後秦 요흥姚興이 그 명성을 듣고 흠모하여 장안으로 맞아들이고 극진히 대하였다. 이후 그의 전폭적 지원 아래 소요원 등에 머물면서 불전의 번역과 강의에 전념하였다. 그 문하에서 승조僧肇·승엄僧嚴을 비롯한 뛰어난 학자가 배출되었다.

경·논의 글을 모으고, 강해講解를 돕기 위해 보고 들은 뜻을 실어서, 지키는 것(持)과 범하는 것(犯)[6]을 깊이 드러내어 교설과 수행을 모두 완성할 수 있게 하였다. 진제와 속제, 이근과 둔근을 두루 밝혀서 아울러 자량資糧이 될 수 있기를 바랄 뿐이다.

爰羅什法師。持誦此戒。西涉流砂。東到秦地。遂於逍遙園。最後自譯出。自爾已降。傳受甚繁。解釋亦多。但文義廣博。解得其旨者。而今記者。文從簡要。義攝優長。探三學之奧賾。提二諦之綱領焉。由是爲彰要旨。纂經論文。爲助講解。載見聞義。俾深明持犯。而說修兩遂。冀廣朗眞俗利鈍。以兼資者爾。

---

6 지키는 것(持)과 범하는 것(犯) : 지키는 것은 지지止持와 작지作持로 구별할 수 있다. '지지'는 본래 받은 것을 보호하고 몸과 입으로 온갖 악을 짓는 것을 금지하고 막는 것을 '지止'라 하고, 이로써 위범하는 일이 없어서 계체戒體(계를 받음으로써 갖추어지는 방비지악防非止惡의 공능)가 빛나고 청결한 가운데 본래 받은 것에 수순하는 것을 '지持'라 한다. 이때 '지持'는 '지止'에 의거하여 이루어지기 때문에 '지지계'라 한다. '작지'는 받은 계법에 수순하여 선업을 행하는 것이다. 선업을 닦는 행위가 있기 때문에 '작'이라 하고, '지'는 앞에서 설명한 것과 같다. 범하는 것은 지범止犯·작범作犯으로 구분할 수 있다. '지범'은 선법을 닦고 유지하는 것을 그쳐서 계체를 범하는 것이다. 예컨대 어리석음과 태만함 때문에 본래 받은 것과 어긋나게 행동하여 모든 뛰어난 업을 싫어하면서 수학하지 않는 것을 '지'라 하고, 이렇게 함으로써 본래 받은 계와 어긋나는 것을 '범'이라 한다. '작범'은 악업을 행하여 받은 계를 범하는 것을 말한다. 예컨대 몸과 입을 움직여서 이치를 거스르고 그것에 상응하는 행위, 곧 살생 등을 행하는 것을 '작'이라 하고, 이렇게 함으로써 이미 받은 계를 오염시키는 것을 '범'이라 한다. 위범은 '작'에 의거하여 생겨나기 때문에 작범이라 한다. 『四分律刪繁補闕行事鈔』 권중(T40, 91a)을 참조할 것.

I. 제목을 풀이함[7]

제목을 풀이한다. 지금 총괄적으로 나누어 배대하면 간략히 네 가지로 구별된다.

첫째는 주체와 대상(能所)에 의거한 것이다. 앞의 네 글자("보살계본")는 경의 제목이니 종지를 밝혀야 할 것(所宗)이고 뒤의 네 글자("지범요기")는 기記의 제목이니 종지를 밝힌 것(能宗)이다. 또한 경의 제목에서 "보살"은 수지하는 사람(能持人)이고 "계본"은 곧 수지해야 할 법(所持法)이다. 기의 제목 가운데 "기"라는 글자는 기록한 것(能記)이고 "지범요"라는 세 글자는 기록해야 할 것(所記)이다.

둘째는 총괄적인 것과 개별적인 것(通別)에 의거한 것이다. 경의 제목은 총괄적인 것이니 다른 부部(여타 경전)에 모두 통용되기 때문이고, 『요기』의 제목은 개별적인 것이니 지금 이 글에만 국한되기 때문이다. 또한 "보살"은 개별적인 것이니 삼승三乘 가운데 하나이기 때문이고, "계본"은 총괄적인 것이니 대승과 소승에 모두 통용되기 때문이다. "지" 등의 세 글자는 개별적인 것이니 다른 것과 통용되지 않기 때문이고 "기"라는 글자는 총괄적인 것이니 다른 것과 서로 통용될 수 있는 것이기 때문이다.

셋째는 사람에 의거한 것이다. "경"은 부처님께서 말씀하신 것이고

---

[7] 본서는 『요기』의 많은 부분을 해석하기는 했지만 본문을 전부 해석한 것은 아니기 때문에 조직적으로 분과를 행하지는 않았다. 이하 분과하고 제목을 붙인 것은 진원의 주석에 나타난 의취를 우선적으로 고려하고, 다음은 원효의 글에 나타난 의취를 참조하여 역자가 붙인 것임을 밝혀 둔다.

"기"는 바로 조사가 진술한 것이다.

넷째는 중국어와 범어에 의거한 것이다. 앞의 두 글자("보살")는 범어이고 뒤의 것("계본지범요기")은 모두 중국어이다.

간략하게 나누면 이와 같다. 자세한 것은 생각해 보면 알 수 있을 것이다.

> 題號中。今總分對。略爲四別。初約能所。上四字經題。是所宗。下四字記題。是能宗。又經題中。菩薩是能持人。戒本卽所持法。記題中。記字是能持犯要三字爲所。二約通別。經題爲通。貫餘部故。記題爲別。局今文故。又菩薩爲別。三乘一故。戒本是通。涉大小故。持等三字爲別。無所濫故。記字爲通。容相涉故。三約人分。經是佛說。記卽祖師述。四約華梵。上二字梵語。下竝華語。略分如斯。委思可知。

처음에 "보살"이라는 것은 『유가사지론석瑜伽師地論釋』에서 "대각大覺을 희구하고 유정有情을 가엾게 여기는 사람이다. 어느 때 보리菩提를 구하려는 뜻을 내고 굳건하고 용맹스러운 서원을 일으키고 오랜 시간 동안 수행하고 깨달아 영원히 세간을 벗어난다. 대승의 수행을 행하여 대승의 과를 얻기 때문에[8] '보살'이라 한다.[나머지는 별도로 서술한 것과 같다.]"[9]라고 하였다. "계본"이라고 한 것은 『범망경소梵網經疏』[의적義寂[10]이 지었다.]에서 "'계

---

[8] 『大乘莊嚴經論』 권2(T31, 597b)에서 "'대행(대승의 행)'이라는 것은 자신과 다른 사람을 이롭게 하기 위해 행위를 일으키기 때문이다. '대과(대승의 과)'라는 것은 무상보리를 얻게 하기 때문이다.(大行者。爲利自他而發行故。大果者。令得無上菩提故。)"라고 한 것을 참조할 것.
[9] 『瑜伽師地論釋』(T30, 887b). 본서의 다른 이름은 『瑜伽釋論』·『瑜伽論釋』 등이다.
[10] 의적義寂 : 신라 신문왕神文王(재위 681~692) 때 스님. 중국에 유학하여 현장玄奘의 문하에서 수학했지만 귀국 시기는 알 수 없다. 다만 670년 중국에서 귀국한 의상義湘을 690년경에 만나 화엄 사상과 관련된 의문점을 치밀하게 대론對論한 후 결국 의상의 견해를 수용한 행적이 전해진다. 이렇게 뚜렷하게 나타난 의상과의 친연성 때문에 일반적으로 화엄종에 소속된 인물로 파악되어 왔다. 그러나 근자에는 현존하지 않지

본'이라는 것은 지금 이 계경戒經이 계행戒行의 근본이 되는 것을 말한다. 또한 이 계행은 보리의 근본이니, 경에서 '계는 위없는 보리의 근본이니 청정한 계를 원만하게 수지해야 하리.'[11]라고 한 것과 같다. 또한 이것은 간략하게 설한 것으로 광본廣本을 위한 것이다.【이상】"[12]"[13]라고 하였다.

初菩薩者。瑜伽及[1]論云。希求大覺。悲愍有情。或求菩提。志願堅猛。長時修證。永出世間。大行大果。故名菩薩。【餘如別述。】言戒本者。梵網疏【義寂】云。戒本者。今此戒經。爲戒行本也。又此戒行。是菩提本。如經云。戒此[2] 無上菩提本。應當一心[3]持淨戒。又此略說。爲廣本也。【已上】

1) ㉠ '及'은 '釋'인 것 같다. 2) ㉠ 『華嚴經』에 따르면 '此'는 '是'이다. 3) ㉠ 『華嚴經』에 따르면 '一心'은 '具足'이다.

"지범"이라고 한 것은 『사분율행사초자지기四分律行事鈔資持記』에서 "'지'는 가지고 지키는 것이고 '범'은 곧 어기고 범하는 것이다. 모두 본수체本受體[14]를 따라 이러한 이름을 세운 것이다.【이상】"[15]라고 하였다. 본수체에

만 그의 이름으로 전해지는 저술의 명칭과 여타 저술에 인용된 의적의 행적과 사상에 의거하여 법상종法相宗·정토신앙·법화신앙 등과의 관련성도 두루 제기되고 있다.
11 『華嚴經』 권6(T9, 433b). 단, 도선道宣의 『四分律刪補隨機羯磨序』(T40, 492a)에서는 『華嚴經』의 '具足'을 '一心'이라 하였다. 도선의 『四分律刪繁補闕行事鈔』 권1(T40, 5a)에서도 동일한 문장을 인용하고 있는데, 여기에서는 『華嚴經』과 동일하게 '具足'이라 하여 변형이 없다. '一心'을 의적의 의도적 변형으로 보아야 할 것인지 오자로 보아야 할 것인지는 확정할 수 없다. 다만 역자는 『華嚴經』 본문에 의거하여 해석하였다.
12 【이상】: 인용문이 끊어지는 곳을 밝힌 것이다. 이하 별도로 밝히지 않는다.
13 『菩薩戒本疏』 권상(T40, 661a). 『梵網經疏』라고도 한다.
14 본수체本受體: 본래 계를 받을 때 발생한 계체戒體를 가리키는 말. 곧 무작계체無作戒體를 가리킨다. 무작계의 상대어는 작계作戒이다. 작계는 계를 받을 때 법대로 동작하는 몸과 입과 뜻의 세 가지에 나타나는 작업作業을 가리킨다. 무작계는 무표계無表戒라고도 한다. 계를 받을 때 작계한 연緣에 의해 몸속에 생겨나는 업체業體를 가리킨다. 이렇게 생겨난 업체는, 처음 발생하는 연은 몸과 입과 마음의 동작(작계)에 의거한 것이라도, 일단 발생하고 나면 몸과 입과 마음의 조작을 빌리지 않고 항상 상속하기 때문에 '무작'이라 한다. 또한 외적인 형상으로 나타나지 않기 때문에 '무표'라고 한다.

수순하는 것과 어기는 것이 있기 때문에 지범이라는 두 글자의 명칭을 그것을 따라 세웠다. "요"라는 것은 중요한 것을 말하니 그 가장 중요한 것을 알게 하는 것이고 "기"라는 것은 『신기서해新記序解』[16]에서 "'기'라는 것은 적는 것(紀)이다. 중요한 말과 미묘한 말을 기록하여 논의의 여지가 있으나 홀연히 잊어버렸던 것을 갖추어 두는 것이다."라고 하였다.

言持犯者。資持記云。持謂執持。犯卽侵犯。竝從本受。而建斯名。【已上】於本受體。有順違故。持犯二名從立也。要謂機要。知其大要。記者新記序解云。記者紀也。紀錄要言妙詞。以備討論之忽忘也。

작계는 몸과 입과 마음의 동작이 그칠 때 동시에 사라지지만 무작계는 일생 동안 항상 상속하면서 방비지악防非止惡의 공능을 일으키기 때문에 무작계체라고 한다.
15 원조元照(1048~1116), 『四分律行事鈔資持記』 권중(T40, 331b).
16 『신기서해新記序解』: 어떤 책을 가리키는 것인지 확정할 수 없다. 다만 『梵網古跡抄』 권1(D15, 9b)에서 "'기'라는 것은 『盂蘭盆經新記序解』에서 '중요한 말을 담은 미묘한 말씀을 기록하고 토론의 여지가 있지만 홀연히 잊을 우려가 있는 것을 갖추어 두는 것이다.'라고 하였다.(記者。盂蘭盆經新記序解云。記錄要言之妙詞。備討論之忽忘。)"라고 하였는데, 그 내용이 동일하기 때문에 『盂蘭盆經新記序解』를 가리키는 것으로 추정할 수 있다. 그런데 본서의 저자가 누구인지는 확정하기 어렵다. 다만 『盂蘭盆經疏新記』는 종밀宗密이 지은 『盂蘭盆經疏』에 대한 원조元照의 주석이고 『盂蘭盆經疏新記序』는 원조 자신이 지은 서문이며 『盂蘭盆經疏新記序解』는 원조가 지은 서문을 해석한 글임을 알 수 있을 뿐이다. D는 CBETA에 수록된 國家圖書館善本佛典의 약명이다.

II. 지은이를 풀이함

지은이를 풀이한다. 본래 이름을 앞에 적어서 글의 출처를 보이는데 이름과 행적은 서로 관계가 있는 것이기 때문에 별도로 나라를 제시하였다.[17]【어떤 사람은 말하기를, "당나라에서 동해로 300리 지나면 신라국이 있다."라고 하였다.】 그런데 여러 글에 의거하면 거주한 곳이 같지 않다. 어떤 곳에서는 "그 나라의 황룡사黃龍寺에 머물렀다."[18]【『대송고승전大宋高僧傳』 권4에 보인다.】라고 하였고, 어떤 곳에서는 "그 성의 흥륜사興輪寺에 머물렀다."【『능가종요楞伽宗要』[19]에 보인다.】라고 하였다. 지금 지은이를 기록하면서 단지 총괄적 지명인 나라만 앞에 적었는데 바로 대사께서 교화를 행한 지역이다.

撰號中。本爲標名。示文所出。名容相涉。別之以國。【有云。唐國東海。過三百里。有新羅國。】然准諸文。居處不同。或云。居彼國黃龍寺。【見大宋高僧傳第四。】或云。住彼城興輪寺。【楞伽宗要。】今記撰號。但標總國。卽是大師行化之境也。

"사문"이라는 것은 『법화경현찬요집法華經玄贊要集』에서 "(『구사론俱舍

---

17 『菩薩戒本持犯要記』 찬호에 해당하는 부분에서 "원효"라는 이름 앞에 먼저 "신라국"이라고 한 이유를 풀이한 것이다.
18 『宋高僧傳』 권4(T50, 730a).
19 『능가종요楞伽宗要』: 원효가 지은 것으로 전해지는 책. 현존하지 않는다. 『楞伽經宗要』라고도 한다.

論』에서) '앞에서 말한 사문의 성품을 바라문婆羅門의 성품이라고도 하네. (부처님의 가르침을) 범륜梵輪이라고도 하니 참된 범왕梵王(부처님)께서 굴린 것이기 때문이네.'[20]라고 하였다. 사문은 식악息惡이라 의역한다. (『구사론』에서) '모든 무루도無漏道가 바로 사문의 성품이다. 이 도를 품은 이를 사문이라 한다.'[21]라고 하였다.[이상]"[22]라고 하였다. 『사분율행사초자지기서해四分律行事鈔資持記序解』에서 "사문은 범어이다. 의역어는 근식勤息이다. 온갖 선을 부지런히 행하고 모든 악을 그치고 없앤다는 뜻이다.[이하 생략]"[23]라고 하였다.

沙門者。法華要集云。所說沙門性。亦名婆羅門。亦名爲梵翻。[1] 眞梵所轉故。沙門此言息惡。諸無漏道。是沙門性。懷此道者。名曰沙門。【已上】資持序解云。沙門梵語。此云勤息。謂勤行衆善。息滅諸惡。【云云】

1) ㊂『俱舍論』과『法華經玄贊要集』에 따르면 '翻'은 '輪'이다.

"원효"라고 한 것은 『요기』의 저자 이름이다. 법사의 성은 설씨薛氏이고 상주湘州 사람이다. 어린 나이[24]에 기꺼운 마음으로 불법佛法에 입문하였다. 스승을 찾아다니면서 가르침을 받고 여러 곳을 옮겨 다니면서 한 곳에 머물지 않았다. 뜻을 둘러싼 테두리를 용맹스럽게 격파하고 글을 에워싼 진지陣地를 웅대하게 가로질렀다. 뜻을 정밀하게 궁구하여 신묘한 경지에 들어감이 이러한 이는 없었다. 일찍이 의상 법사義湘法師[25]와 함께 법

---

20 『俱舍論』권24(T29, 128b).
21 『俱舍論』권24(T29, 128a).
22 서복서복栖復, 『法華經玄贊要集』 권1(X34, 178a).
23 『行事鈔資持記序解幷五例講義』(X44, 294c).
24 어린 나이 : "관발丱髮"을 풀이한 것이다. '관'은 쌍상투, 곧 머리를 두 가닥으로 땋아서 양쪽에 뿔이 난 모양으로 틀어 올린 상투를 가리킨다. 어린 사내아이들이 하는 것으로, 어린아이와 같은 의미로 쓰인다.
25 의상 법사義湘法師(625~702) : 신라 스님. 우리나라 화엄종의 초조初祖이다. 660년 당

을 구할 것을 약속하였는데, (이는) 현장玄奘에 의해 시작된 자은종慈恩宗의 문파門派[26]를 흠모했기 때문이다.[27]

> 言元曉者。記主諱也。法師姓薛氏。湘州人也。丱髫[1]之年。慧[2]然入法。隨師稟業。遊處無恒。勇擊義圍。雄橫文陳。[3] 精義入神。無如[4]此矣。嘗與義湘法師。踔[5]要求法。慕於玄奘[6]慈恩之門。
>
> 1) ㉠ '髫'는 '髮'인 것 같다. 2) ㉡『宋高僧傳』에 따르면 '慧'는 '惠'이다. 3) ㉡『宋高僧傳』에 따르면 '陳'은 '陣'이다. 4) ㉡『宋高僧傳』에 따르면 '無如'는 '爲若'이다. 5) ㉑ '踔'는 '契'인 것 같다. 6) ㉡『宋高僧傳』에 따르면 '奘'은 '奘'이다.

그러한즉 서해西海를 건너 유학을 가려는 뜻을 함께하여 길을 떠나 본국의 해상 관문인 당주唐州의 경계에 도착하여 큰 배를 구하여 거대한 바다를 건너고자 하였다. 길을 가던 중 갑자기 궂은비가 내려 마침내 길옆에 있던 토감土龕에 몸을 숨겨 의탁하였고 이 때문에 회오리바람과 비로 인한 난관을 피할 수 있었다. 다음 날 아침 자신이 의탁했던 곳을 보았더니 바로 오래된 무덤의 해골 옆이었다. 하늘에서는 여전히 가랑비가 내리고 땅도 또 진창길이어서 조금도 앞으로 나아가기 어려웠다. 그대로 머물며 나아가지 못하고 다시 무덤으로 통하는 길가의 벽에 기대어 있었다. 밤이 깊어 갈 무렵 갑자기 기괴한 모습을 한 귀신이 나타났다. 효공曉

나라에 가서 지엄智儼 문하에서 오랫동안 화엄을 연구하고 670년 귀국하였다. 태백산에 부석사를 창건하여 화엄 근본 도량을 이루었다. 저술로『華嚴一乘法界圖』가 전해진다.

26 현장玄奘에 의해~자은종慈恩宗의 문파門派 : 현장(602~664)은 당나라 때 고승으로 법상종의 창시자이다. 현장과 그 제자 규기窺基(632~682, 자은慈恩이라고도 함)가 모두 자은사慈恩寺에 주석했기 때문에 이 학파를 자은종이라고도 한다. 본문을 "현장과 자은"이라고 풀지 않은 것은 원효(617~686)와 자은의 나이를 고려할 때 자은을 흠모하였다고 보는 것은 무리가 있기 때문이다. 물론 이 글은 후대에 쓰인 것이기 때문에 그 저자가 단순히 법상종을 드러내는 의미에서 "현장과 자은"이라고 했을 개연성도 배제할 수는 없다.

27 여기까지는『宋高僧傳』권4(T50, 730a)에 실린 원효의 전기와 내용이 동일하다.

公이 탄식하여 말하기를, "어젯밤 여기에 머물렀을 때는 토감이라 여기어 잠깐 편안하게 지냈는데, 오늘 밤 머물며 밤을 지새울 때에는 귀신의 마을에 의탁했다 여겼더니 그것을 빌미로 온갖 일이 생겨나는구나. 그러한 즉 마음이 생겨나기 때문에 온갖 법이 생겨나고 마음이 소멸하기 때문에 토감과 무덤이 다르지 않음을 알겠다. 또한 삼계는 오직 마음뿐이고 온갖 법도 오직 식識일 뿐이다. 마음 밖에 법이 없는데 어찌 따로 구할 것이 있겠는가? 나는 당나라에 가지 않겠다."라고 하고, 다시 짐을 꾸려서 본국으로 돌아왔다. 의상은 오직 혼자 외롭게 길을 떠나면서 죽어도 물러나지 않을 것을 맹세하였다.²⁸ 마침내 당나라의 종남산終南山 지상사至相寺에 가서 지엄 선사智儼禪師²⁹의 문하에서 화엄종華嚴宗을 배웠다. 본래 법상종을 배우려고 했으나 인연이 그러하여 화엄종을 전한 것일 뿐이다.

則同志西遊。行至本國海門唐洲¹⁾界畔。計求巨艦。將越滄波。儵於中途。遭其苦雨。遂依道旁土龕之間。隱身寄宿。所以避於飄濕難矣。明旦視之。乃古墳骸骨之旁耳。天猶靈霂。地且泥塗。尺寸難前。逗留不進。又寄埏甓之中。夜之未央。俄有鬼物爲怪。曉公歎曰。前之寓宿。謂土龕而且安。此夜留宵。託鬼鄕而多祟。則知。心生故種種法生。心滅故龕墳不二。又三界唯心。萬法唯識。心外無法。胡用別求。我不入唐。却攜²⁾囊返國。湘乃隻影孤征。誓死無退。遂擧³⁾唐終南山至相寺。智儼禪師門下。習華嚴宗。斯乃本期法相。緣使然故。傳華嚴耳。

1) ㉠『宋高僧傳』에 따르면 '洲'는 '州'이다. 2) ㉠『宋高僧傳』에 따르면 '攜'는 '携'이다. 뜻은 같다. 3) ㉡ '擧'는 '赴'인 것 같다. ㉢ 후자가 맞는 것 같다. 이하『日本大藏經』교감주가 타당할 때에는 별도로 밝히지 않는다.

---

28 여기까지는『宋高僧傳』권4(T50, 729a)에 실린 의상의 전기와 내용이 동일하다.
29 지엄 선사智儼禪師(602~668) : 당나라 때 스님. 화엄종의 제2조이다.

이에 원효 대사는 마침내 가던 길을 멈추고 가지 않았다. 온 나라를 돌아다녔는데 하는 말은 상도常度를 벗어났고 행적을 시현함에 정해진 곳이 없었다. 술집과 기생집을 거사居士와 똑같이 드나들었고 쇠칼(金刀)과 지팡이(鐵錫杖)를 지공誌公[30]이 했던 것처럼 가지고 다녔다. 혹은 소疏를 지어서 『잡화경雜華經』(『화엄경』)을 강의하고 거문고를 타면서 사당(祠宇)에서 연주하기도 하였다. 혹은 민가民家에 묵기도 하고 혹은 산이나 물가에서 좌선坐禪을 하기도 하였다. 마음이 가는 대로 행하고 상황에 따라 흘러가니 전혀 일정한 법식이 없었다. 행적이 보이는 곳에는 일정한 방향이 없었고 사람을 교화하는 틀에는 정해진 것이 없었다. 혹은 여러 곳에서 모습을 나타내고 혹은 육방六方(동방·서방·남방·북방·하방·상방)에서 입멸을 알리기도 하였다.[31] 무릇 그 신이神異한 행적은 이루 다 헤아릴 수 없다. 모두 그의 전기에 실려 있다. 너무 번잡할 것 같아 그만 그치도록 한다.

於此元曉大師。遂息不往。於國遊歷。發言狂[1]悖。示跡無方。酒肆倡家。同居士而入。金刀鐵錫。若誌公而持。或製疏以講雜華。或撫琴以樂祠宇。或閭閻寓宿。或山水坐禪。任意隨機。都無定撿。示跡無恒。化人不定。或數處現形。或六方告滅。凡其神異。不可勝計。悉在本傳。恐繁且止。

1) ㉠ '狀'는 '狂'인 것 같다.

---

30 지공誌公(418~514) : 남조南朝 때 스님. 갖춘 이름은 보지保誌이다. 어려서 출가하여 선업禪業을 닦았다. 일정한 곳에 머물지 않고 이리저리 떠돌아다녔고, 먹고 마시는 것에도 정해진 틀이 없었다. 머리도 자르지 않고 길게 늘어뜨린 채 맨발로 걸어 다녔다. 석장錫杖을 손에 쥐고 그 끝에 수염을 자르는 칼과 거울을 걸고 다녔다. 며칠씩 음식을 먹지 않아도 배고픈 기색이 없었고 사람들을 제도하여 깨우치게 하였으므로 모든 사람들이 그를 섬겼다.
31 여기까지는 중간에 생략된 부분이 있기는 하지만 『宋高僧傳』 권4(T50, 730a)에 실린 원효의 전기와 내용이 동일하다.

또한 장소章疏를 지었다. 대승과 소승의 권축卷軸(두루마리 책)은 그 교설이 많아서 모두 낱낱이 제시할 겨를이 없다. 『화엄경』・『범망경梵網經』・『반야경般若經』・『해심밀경解深密經』 등의 경전과 『유가사지론』・『중변분별론中邊分別論』・『대승기신론大乘起信論』・『광백론廣百論』 등의 논서가 있는데, 이러한 경・논에 대해서, 혹은 소를 지어서 글을 풀이하고, 혹은 벼리를 들고 요점을 서술하여 『의소義疏』라 이름하고 『종요宗要』라 이름하였다.[32] 총괄적으로 뜻을 제시하고 개별적으로 해석하여 조금도 남겨 둔 것이 없었다. 지금 이 『요기』의 글도 곧 그러한 것의 하나이다.

又製作章疏。大小卷軸。其教是多。不遑具擧。華嚴梵網般若深蜜[1]等經。瑜伽中邊起信廣百等論。如此經論。或撰疏釋文。或提綱述要。號義疏矣。號宗要矣。總義別解。無有遺餘。今此記文。即其一也。

---
1) ㉠ '蜜'은 '密'인 것 같다.

"지음(述)"이라고 한 것은 진술했음을 보인 것이다. 『사분율행사초자지기』에서 "'지음'은 자기를 낮추고 다른 사람을 높이며 이전의 학설을 따르는 것이다."[33]라고 하였다.

述者示論也。資持記云。述。謂謙己推他。相循舊轍。

---
32 예컨대 경전과 관련된 저술은 『華嚴經疏幷序』・『梵網經菩薩戒本私記』・『大慧度經宗要』(『般若經』의 요점을 서술한 것)・『解深密經疏』(서문만 전함) 등이 있고, 논서와 관련된 저술은 『中邊分別論疏』・『大乘起信論疏』 등이 전해지고 있다. 이 밖에 『瑜伽師地論』에 대한 주석서나 강요를 지었다는 말은 전하지 않는다. 다만 『菩薩戒本持犯要記』가 『瑜伽師地論』에 수록된 보살계본의 해석을 담고 있기 때문에 그 관련성을 인정할 수는 있다. 또한 『廣百論』과 관련된 것으로는 『廣百論旨歸』・『廣百論撮要』가 있었던 것으로 전해진다.
33 『四分律行事鈔資持記』 권상(T40, 16a).

Ⅲ. 본문을 풀이함

지금 이 『요기』의 글은 크게 셋으로 나뉜다. 첫째는 종지를 설하기 전에 뜻을 서술한 부분(宗前叙意分)이고, 둘째는 "지키는 것과 범하는 것의 요점" 이하이니 종지에 의거하여 자세하게 해석한 부분(依宗廣釋分)이며, 셋째는 끝의 두 행의 게송이니 맺으면서 보시布施의 서원을 보인 부분(結示施願分)이다. 바로 (경의) 서분序分·정종분正宗分·유통분流通分의 세 단락에 해당한다. 오직 경·논에만 그러한 세 단락이 있는 것이 아니라 장章과 소疏에도 또한 이러한 뜻을 지닌 형세가 있기 때문에 지금 그것을 법식으로 삼아서 세 단락으로 나누었다.

今此記文。大爲三分。初宗前叙意分。二持犯之要下。是依宗廣成[1]分。三末後二頌。是結示施願分。卽當序正流通三段。非唯經論有彼三段。章疏亦有此義勢故。今則例彼爲三分也。

---
1) ㉠ '成'은 '釋'인 것 같다.

제1장 종지를 설하기 전에 뜻을 서술한 부분

서분에 두 가지가 있다. 처음은 "지범"의 뜻을 서술하였고 나중은 "요기"의 뜻을 나타내었다. 간략하게 나누면 이와 같다. 글을 보면 알 수 있을 것이다.

序中爲二。初序持犯義。後顯要犯[1]義。略分如斯。臨文可知。

1) ㉠ 뒤의 글에 의거할 때 '犯'은 '記'인 것 같다.

1. 제목인 "지범"의 뜻을 서술함

기 보살계菩薩戒라는 것은 흐름을 돌이켜 근원으로 돌아가도록 하는 큰 나루터이고

菩薩戒者。返流歸源之大津。[1]

1) ㉠ 『조람집』에서는 『요기』 인용문 뒤에 '者'를 붙였다. 본 역서에서 역자가 『요기』의 본문을 모두 집어넣어 『조람집』과 분명히 구별되게 하였기 때문에 이하 모두 생략한다.

집 중생의 본성은 맑게 항상 머물러 있지만 번뇌와 업(惑業)에 의거하여 생사生死가 일어나 움직여서 삼계육도三界六道에 유전함이 끝이 없으니 억겁 동안 오르내리면서 편히 쉴 날이 없다. 이제 보살계는 미혹을 고요

하게 하고 업을 그치게 한다. 자신을 이롭게 하고 다른 사람을 이롭게 하는 행위를 널리 닦으며 삼취계三聚戒[34]를 모두 행한다.[35] 이와 같이 정진하고 수행하면 육도에서 모두 벗어나고 두 가지 생사[36]를 모두 여의며 이에 불과佛果에 이르러 삼신三身[37]이 밝게 드러난다. 이것이 흐름을 돌이켜 근원으로 돌아가는 모습이니 그 공능은 오직 보살계가 지닌 힘에 있을 뿐

---

34 삼취계三聚戒 : 삼취정계三聚淨戒라고도 한다. 대승보살의 계법으로 모두 세 가지로 구성되었다. 첫째는 율의계律儀戒(섭률의계攝律儀戒라고도 함)이니 칠중의 별해탈률의別解脫律儀, 곧 비구계·비구니계·정학계正學戒(式叉摩那戒)·사미계·사미니계·우바새계·우바이계이다. 둘째는 섭선법계攝善法戒이니 율의계를 받은 후에 보리를 증득하기 위해 몸과 입과 마음으로 선한 행위를 실천하는 것이다. 셋째는 요익유정계饒益有情戒(이익중생계利益衆生戒·섭중생계攝衆生戒라고도 함)이니 중생을 이익 되게 하는 열한 가지 행을 실천하는 것이다.

35 원효가『菩薩戒本私記』권상(X38, 276b)에서 "'해'라는 것은 뜨거움(熱)을 성품으로 삼고 '달'이라는 것은 차가움(寒)을 성품으로 삼는다. 해만 있고 달이 없다면 온갖 모종(苗)은 타 버리기 때문에 열매를 맺을 수 없다. 또한 달만 있고 해가 없다면 온갖 모종은 바로 썩어 버리기 때문에 싹을 틔울 수 없다. 계도 또한 이와 같아서 비록 섭률의계와 섭선법계가 있어도 섭중생계가 없으면 오직 자리행만 있고 이타행은 없기 때문에 이승과 같아져서 무상보리의 풍성한 열매(豐果)를 낳을 수 없다. 비록 섭중생계가 있어도 섭률의계와 섭선법계가 없으면 오직 이타행만 있고 자리행은 없기 때문에 도리어 범부와 같아져서 보리의 싹을 틔울 수 없다.(日者以勢【熱】爲性。月者寒爲性。若有日而無月者。萬苗燒燋故。不能生果。亦若有月而無日者。萬苗物腐故。不能生牙【芽】。戒亦如是。若雖有攝律儀戒及攝正【善】法戒。而無攝衆生戒者。唯有自利行。而無利他行故。同於二乘。而不生無上菩提豐果。若雖有攝衆生戒。而無攝律儀及攝善法戒者。唯有利他。而無自利行故。還同於凡夫故。不能生菩提牙【芽】也。)"라고 한 것을 참조할 것.【 】는 역자가 본문을 교감한 것이다.

36 두 가지 생사 : 분단생사分段生死와 변역생사變易生死를 일컫는 말. 분단생사란 계내界內(삼계의 안)에서 윤회하는 범부의 생사를 가리키는 말이다. 자신이 지은 업인業因에 따라 몸집의 크고 작음, 수명의 길고 짧음 등과 같이 한정이 있는 형태의 신체로 생사하는 것을 말한다. 변역생사란 부사의변역생사不思議變易生死라고도 한다. 아라한·벽지불·대력보살大力菩薩 등과 같은 성자가 삼계에서 생사윤회하는 몸인 분단생사하는 몸을 벗어나 삼계 밖에서 미세하고 오묘하여 한정된 모양이나 수명을 갖지 않은 몸을 받아 생사하는 것을 말한다.

37 삼신三身 : 불신佛身을 그 성격에 따라 셋으로 분류한 것. 첫째는 법신法身이니 이법理法 그 자체로서의 불신을 가리킨다. 둘째는 보신報身이니 인위因位에서 행한 한량없는 원행願行의 과보로 온갖 덕을 원만하게 갖춘 불신을 가리킨다. 셋째는 응신應身이니 중생을 교화하기 위해 중생의 근기에 응하여 변화하여 나타낸 불신을 가리킨다.

이다.『대승본생심지관경大乘本生心地觀經』권2에서 "시방에 나타나 계시는 모든 선서善逝[38]께서도 또한 삼취정계三聚淨戒라는 인을 닦아 영원히 생사라는 고통의 수레바퀴를 끊고 삼신보리三身菩提[39]의 과를 증득하셨네.[이하 생략]"[40]라고 하였다. 의적의『범망경소』에서 "세 가지 계에 의거하여 세 가지 불과를 이룬다. 말하자면 율의계는 단덕斷德을 갖춘 법신法身을 이루고 섭선법계攝善法戒는 지덕智德을 갖춘 응신應身을 이루며 섭중생계는 은덕恩德을 갖춘 화신化身을 이룬다.[41]"[42]라고 하였다.

衆生本性。湛然常住。而由惑業。生死起動。三界六道。流轉無窮。億劫昇沈。無有寧息。今菩薩戒。靜惑止業。二利遠運。三聚竝行。如此進修。六道俱出。二死咸離。乃至佛果。三身朗然。是爲返流歸源之相。其功但在菩薩戒力。心地觀經第二云。現在十方諸善逝。且修三聚淨戒因。永斷生死苦輪廻。得證三身菩提果。【云云】寂梵網疏云。由三種戒。成三佛果。謂律儀戒。成斷德法身。攝善法戒。成智德應身。攝衆生戒。成恩德化身。

기 삿된 것을 버리고 바른 것으로 나아가도록 하는 중요한 문이다.

去邪就正之要門也。

---

38 선서善逝 : ⓈSsugata의 의역어. 부처님의 열 가지 명호 중 하나. 수가타修伽陀라고 음역한다. 갖가지 깊은 삼매와 헤아릴 수 없이 많은 지혜로 들어가는 것 혹은 피안의 세계로 잘 떠나가서 더 이상 생사의 바다에 빠지지 않는 것 등의 덕을 나타내는 명호이다.
39 삼신보리三身菩提 : 보리를 불신의 성격에 따라서 셋으로 분류한 것. 곧 법신보리法身菩提·보신보리報身菩提·응신보리應身菩提를 가리킨다.
40 『大乘本生心地觀經』권3(T3, 304b).
41 단덕斷德과 지덕智德과 은덕恩德은 불과佛果를 성취함으로써 얻는 세 가지 덕이다. 단덕은 일체의 번뇌혹업煩惱惑業을 모두 없앤 것을 가리키고, 지덕은 부처님의 입장에서 모든 법을 관찰하는 지혜를 가리키며, 은덕은 중생을 구제하려는 서원의 힘에 의거하여 중생에게 두루 은혜를 베푸는 것을 가리킨다.
42 『菩薩戒本疏』권상(T40, 662a).

집 무릇 "삿된 것"과 "바른 것"의 모습은 여러 가지가 있을 수 있다. 혹은 내도와 외도를 서로 대조하여 밝히는 경우도 있고 혹은 대승과 소승을 서로 조망하여 판별하는 경우도 있다.[43] 의적의 『범망경소』에서 "(『범망경』에서) '도리어 삿된 견해를 담은 이승二乘(소승)과 외도를 배워서야 되겠는가?'[44]라고 한 것은 이학異學[45]을 통틀어서 든 것이다. 대승의 이치에 어긋나기 때문에 모두 '삿된 견해'라고 하였다.【이상】"[46]라고 하였다. 혹은 다시 비록 외도와 소승은 아닐지라도 일반적으로 범부가 의도(意樂)[47]가 순수하지 않으면 이를 삿된 것이라고 한다.[48] 혹은 앞의 세 구절 가운데 그것에 포함되지 않았던 일체의 범계犯戒를 취하여 삿된 것이라고 할 수도 있다. 상응하는 것에 따라 변별할 수 있을 것이다.

凡邪正相。可有重重。或內外相對以明。或大小相望以判。寂梵網疏云。反學邪見二乘外道者。總擧異學。乖大乘故。皆名邪見。【已上】或復雖非外道小乘。汎爾凡夫。意樂損容。[1] 名之爲邪。或上三句中之取不攝一切犯戒。名之爲邪。隨應可辨。

1) ㉔『瑜伽師地論』에 따르면 '容'은 '害'인 것 같다.

---

43 내도(대승과 소승)와 외도를 서로 대조하면 외도를 삿된 견해라 하고, 대승과 소승을 서로 조망하면 소승을 삿된 견해라고 한다는 말이다.
44 『梵網經』 권하(T24, 1006c).
45 이학異學 : 이단의 학문을 통틀어서 일컫는 말. 특정 견해가 바르다는 입장에서 그것과 달리하는 모든 입장을 일컫는 말이다. 예를 들어 대승의 입장에서는 소승과 외도가 모두 이학이고, 불교의 입장에서는 외도가 이학이다.
46 『菩薩戒本疏』 권하(T40, 678b).
47 의도(意樂) : '의요意樂'는 ⑤ āśaya의 의역어. 음역어는 아세야阿世耶이다. 어떤 목적을 성취하려는 의지로, 사思와 욕欲을 본질로 한다. 의사意思·의욕·의향 등과 같은 말이다.
48 『瑜伽師地論』 권53(T30, 591c)에서 비구율의를 받고자 해도 줄 수 없는 여섯 가지 경우를 제시한 것 중 첫 번째에서 "여러 가지 고통스러운 상황에 처하여, 그것으로부터 벗어날 방도를 찾기 위해 출가하고자 하는 것을 의도가 순수하지 못한 것이라 한다."라고 한 것을 참조할 것.

기 그런데 삿된 것과 바른 것의 모습은 왜곡되기 쉽고, 죄와 복의 성품은 분별하기 어렵다.

然邪正之相易濫。罪福之性難分。

집 이것은 이미 앞에서 (보살계에 대한) 찬탄을 나타낸 것 가운데, 그 삿된 것과 바른 것을 취하여 발단으로 삼은 것이다. 그리하여 이것을 열어서 말하여 삿된 것과 바른 것 이외에 다시 죄와 복을 세웠다.[49] 합쳐서 말하면 그 죄와 복이라는 것은 삿된 것과 바른 것에 포섭되니, 앞에서 찬탄을 나타낸 것과 같다. 『보살계본종요菩薩戒本宗要』【태현太賢[50]이 지었다.】에서 "수행자의 근기는 먼지나 모래알보다 많기 때문에, 모든 행위에 낱낱이 천 가지 문으로 응하지만, 먼지처럼 많은 근기가 낱낱의 문을 닦기 때문에, 죄와 복의 성품은 분별하기 어렵고, 한 가지 행위에도 먼지처럼 많은 근기가 응하기 때문에 삿된 것과 바른 것의 모양은 왜곡되기 쉽다.【이상】"[51]라고 하였다. 지금 이미 이것을 열었기 때문에 모양과 성품이 다른 것이다. 열고 합하는 것은 적절한 것을 따르며 반드시 하나의 기준이 있

---

49 『요기』에서 바로 이어서 "죄와 복의 성품은 분별하기 어렵다."라고 한 것을 말한다.
50 태현太賢 : 신라 스님. 호는 청구사문靑丘沙門이고 태현은 휘諱인데 혹은 대현大賢이라고 쓴 경우도 있다. 법상종 학자 원측圓測(613~696)의 제자인 도증道證의 제자로 알려져 있다. 직접적 사승 관계를 보여 주는 문헌은 없고, 도증의 귀국과 태현의 활동 시기의 일치, 태현이 유가종瑜伽宗(법상종)의 개조로 추앙받는 것 등이 그 근거가 된다. 당唐의 도봉道峯이 「太賢法師義記序」에서 그 학식과 덕망을 찬탄하였고, 후대의 일본 학자들이 여러 문헌에서 그를 찬탄한 글이 보인다. 『三國遺事』에서 "남산 용장사에 주석할 때 절 안의 미륵보살이 그가 움직이는 곳을 따라 얼굴을 돌렸다. 753년 가뭄이 들었을 때 『金光明經』을 강설하여 비가 내리게 하였다."라고 한 것은 학승을 넘어선 면모를 갖추었음을 보여 준다. 모두 55부에 달하는 저술이 있었던 것으로 알려져 있다. 현재 『成唯識論學記』・『起信論內義略探記』・『梵網經古迹記』・『菩薩戒本宗要』・『藥師經古迹記』의 5부만 전해진다.
51 『菩薩戒本宗要』(T45, 917c).

는 것은 아니다.

> 此於已前標數之中。取其邪正。以爲發端。然開言之。邪正之外。復立罪福。若合言之。彼罪福者。邪正中攝。如上標歎。宗要【太賢】云。行者之機。過塵沙故。萬行一一。以千門應。塵機修一一故。罪福之性難別。一行應塵之故。邪正之相易濫。【已上】今旣開之。故相性異。開合隨宜。不必一准。

기 어째서 그러한가? 혹은 속뜻은 실제로 삿되지만 겉으로 드러난 행적은 바른 것처럼 보이는 사람도 있고, 혹은 겉으로 나타난 행위(表業)[52]는 물든 것과 동일하지만 속마음은 순박하고 깨끗한 사람도 있으며, 혹은 작업作業이 적은 복덕에는 합치하지만 큰 환난에 이르는 경우도 있고, 혹은 마음 작용(心行)이 깊고 먼 것에는 수순하지만 얕고 가까운 것에는 어긋나는 경우도 있다.

> 何則。或內意實邪。而外迹似正。或表業同染。而中心淳淨。或有作業。合少福。而致大患。或有心行。順深遠。而違淺近。

집 여기에 네 구절이 있는데 "혹은"이라는 글자로 나뉜다. 이러한즉 구절을 따라가면서 삿된 것과 바른 것, 죄와 복의 모양을 모두 밝혔다. 크게 나누면 두 가지이니, 처음의 두 구절은 사람에 의거하여 분별하였고 나중의 두 구절은 작용(行)에 의거하여 분별하였다.

---

52 겉으로 나타난 행위(表業) : '표업'이란 외부로 표출된 행위를 가리킨다. 상대어는 '무표업無表業'으로 표출된 행위가 남긴 영향력을 가리킨다. 표업에는 신표업身表業·어표업語表業(口業)·의표업意表業이 있고 무표업에는 신무표업身無表業·어무표업語無表業·의무표업意無表業이 있다. 소승에서는 신업과 어업에만 표업과 무표업을 인정하고, 대승에서는 신업·어업·의업의 세 가지 업을 통틀어서 표업과 무표업을 인정한다.

此有四句。或字分之。此則歷句具明邪正罪福之相。大分爲二。初二句者。
約人分別。後二句者。約行分別。

처음에 사람에 의거한 것 가운데 두 가지가 있다. 처음의 구절은 속은 삿되지만 겉은 바른 것처럼 보이는 사람이다. 다음의 구절은 겉은 물든 것과 같지만 속은 깨끗한 사람이다. (일반적인 형식에) 의거하면 네 구절이 있어야 하지만 지금 이 글은 (속과 겉이) 서로 교대하는 두 구절[53]만 제시하고 (속과 겉이) 함께하는 두 구절[54]은 생략하였다.

『현우경賢愚經』 권4에서 "사문에는 네 종류가 있어서 좋고 나쁨을 분명하게 알기 어려우니 마치 암라과菴羅果[55]가 날것과 익은 것을 알기 어려운 것과 같다. 어떤 비구는 겉으로 드러난 모습은 점잖고 차분하며 천천히 걷고 충분히 살피지만 속은 탐욕과 분노와 어리석음과 계율을 어기고 그릇된 법을 행하려는 마음으로 가득 차 있으니, 마치 암라과가 겉은 익은 것처럼 보이지만 속은 날것인 것과 같다. 혹은 어떤 비구는 겉으로 나타난 행위는 거칠고 서툴러서 겉으로 드러난 모습이 지녀야 할 규범에는 수순하지 않지만 속은 사문의 덕행과 선정과 지혜로 가득 차 있으니, 마치 암라과가 속은 익었지만 겉은 날것처럼 보이는 것과 같다. 혹은 어떤 비구는 겉으로 드러난 모습도 거칠고 제멋대로이며 계를 어기고 악업을 지으며 속도 탐욕과 분노와 어리석음과 간탐慳貪과 질투로 가득 차 있으니,

---

53 서로 교대하는 두 구절 : 『요기』에서 제시한 두 구절, 곧 "혹은 속뜻은 실제로 삿되지만 겉으로 드러난 행적은 바른 것처럼 보이는 사람도 있고, 혹은 겉으로 나타난 행위(表業)는 물든 것과 동일하지만 속마음은 순박하고 깨끗한 사람도 있으며"라고 한 글에서, 첫 번째 구절과 두 번째 구절이 속과 겉의 내용이 서로 바뀐 것을 가리킨다.
54 함께하는 두 구절 : 속과 겉이 모두 바르고 청정한 것과 속과 겉이 모두 바르지 않고 청정하지 않은 것을 가리킨다. 바로 뒤에서 인용한 『賢愚經』의 네 구절 중 뒤의 두 구절을 참조할 것.
55 암라과菴羅果 : '암라'는 ⑤ āmra의 음역어로 과일나무의 일종이다. 암라과는 이 나무의 열매를 가리키는 말로 망고의 일종이다.

암라과가 속과 겉이 모두 날것인 것과 같다. 어떤 비구는 겉으로 드러난 모습도 점잖고 충분히 살피며 계를 수지하여 스스로 지키며 속도 계신戒身과 정신定身과 혜신慧身과 해신解身[56]을 갖추었으니, 마치 암라과가 속과 겉이 모두 익은 것과 같다.【이상】"[57]라고 하였다.

初約人中爲二。初句內邪外正。次句外染內淨。准應有四句。今文擧二互。而略二俱也。賢愚經第四云。沙門四種。好惡難明。如菴羅果子。[1] 生熟難知。或有比丘。威儀祥[2]序。徐行祥[3]觀。而內具足貪欲恚癡破戒非法。如菴羅果。外熟內生。或有比丘。外行麁疎。不順威儀。[4] 而內具足沙門德行禪定智慧。如菴羅果。內熟外生。或有比丘。威儀祥[5]審持戒自守。而內具足戒定慧解。如菴羅果。內外具熟。或有比丘。威儀麁橫[6]破戒造惡。內具有欲恚癡慳貪嫉。如菴羅果。內外俱生。[7]【已上】

1) ㉠『賢愚經』에 따르면 '子'는 연자衍字이다. 2) ㉠『賢愚經』에 따르면 '祥'은 '庠'이다. 3) ㉠『賢愚經』에 따르면 '祥'은 '諦'이다. 4) ㉠『賢愚經』에 따르면 '威儀'는 '儀

---

56 계신戒身과 정신定身과 혜신慧身과 해신解身 : 최고의 경지에 도달한 성자가 갖춘 덕을 네 가지로 나눈 것. 보통 해신은 해탈신解脫身과 해탈지견신解脫知見身의 둘로 나누어서 모두 다섯 가지를 제시하는데, 이를 오분법신五分法身(無漏五蘊)이라고 한다. 오분법신에 대해서는 일반적으로 두 가지 해석이 있다. 첫 번째는 소승의 해석이다. 아라한이 갖춘 다섯 가지 공덕을 가리킨다. 첫째, 계신戒身이니 무루無漏의 신업과 어업을 갖춘 것이다. 둘째, 정신定身이니 무학의 공空·무원無願·무상無相의 삼매를 갖춘 것이다. 셋째, 혜신慧身이니 무학의 정견正見·정지正知를 갖춘 것이다. 넷째, 해탈신이니 정견과 상응하는 승해勝解(대상이 어떤 것인지를 확인하여 아는 마음 작용)를 지닌 것이다. 다섯째, 해탈지견신이니 무학의 진지盡智와 무생지無生智를 갖춘 것이다. 두 번째는 대승의 해석이다. 부처님이 갖춘 다섯 가지 공덕을 가리킨다. 첫째, 계신이니 부처님의 법신이 청정하여 신업·구업·의업이 모든 잘못을 여읜 것이다. 둘째, 정신이니 부처님의 진심眞心은 체가 고요하고 자성이 흔들리지 않는 것이다. 셋째, 혜신이니 부처님의 진심은 체가 밝아서 어떤 어두움도 없는 것이다. 넷째, 해탈신이니 부처님은 모든 속박에서 벗어나 자체自體에 어떤 얽매임도 없는 것이다. 다섯째, 해탈지견신이니 부처님은 자체에 본래 오염된 것이 없고 이미 모든 번뇌에서 벗어났음을 아는 것이다.

57 『賢愚經』 권5(T4, 380b).

式'이다. 5) ⑨『賢愚經』에 따르면 '祥'은 '庠'이다. 6) ⑨『賢愚經』에 따르면 '橫'은 '獷'이다. 7) ⑨『賢愚經』에 따르면 '或有比丘威儀麁橫破戒造惡內具有欲恚癡慳貪嫉如菴羅果內外俱生'은 '如菴羅果內熟外生' 뒤에 두어야 한다.

나중에 작용에 의거한 것 가운데 또한 두 가지가 있다. 두 번째인 (작용에 의거한 것이고 네 구절 가운데에는) 세 번째인 것은 소승에는 수순하지만 대승에는 어긋나는 것이고, 네 번째인 것은 깊은 것에는 수순하지만 얕은 것에는 어긋나는 것이다. 또한 서로 교대하는 두 구절[58]만 제시하고 함께하는 두 구절[59]은 생략하였다.

『대보적경大寶積經』 권90에서 "그때 세존께서 우바리에게 말씀하셨다. '너는 이제 알아야 한다. 청정계를 배우는 성문과 보살은 발심發心하는 것과 수행하는 것에 차이가 있다. 우바리여, 성문승이라면 청정계를 수지하는 것이지만 보살승이라면 크게 계를 어기는 것인 경우가 있고, 보살승이라면 청정계를 수지하는 것이지만 성문승이라면 크게 계를 어기는 것인 경우가 있다. 어떤 것이 성문승인이라면 비록 청정계를 수지하는 것일지라도 보살승이라면 크게 계를 어기는 것인가? 우바리여, 성문승인은 바로 한순간이라도 다시 후신後身(후생에서의 몸)을 받겠다는 생각을 하지 않기에 이른다면 이것을 성문이 청정계를 수지한 것이라고 한다. 그러나 보살이라면 (이것을) 크게 계를 어기는 것이라고 한다. 어떤 것이 보살이라

---

58 서로 교대하는 두 구절 : 진원의 풀이에 의거하면 소승(얕은 것)과 대승(깊은 것)이 서로 뒤바뀌는 것이다. 『요기』에 따르면 제3, 제4 구절, 곧 "혹은 행위의 내용이 적은 과보를 추구하는 관점에서는 복덕에 합치하지만 큰 과보를 추구하는 관점에서 보면 환난에 이르는 경우도 있고, 혹은 마음 작용(心行)이 깊고 먼 것에는 수순하지만 얕고 가까운 것에는 어긋나는 경우도 있다."라는 것이다. 진원의 풀이에 의거하면 적은 과보를 추구하는 것은 얕고 가까운 것이고 소승이며, 큰 과보를 추구하는 것은 깊고 먼 것이며 대승이라고 할 수 있다. 그리고 이렇게 볼 때 제3구와 제4구는 대승과 소승이 뒤바뀌었을 뿐이다.
59 함께하는 두 구절 : 소승과 대승에 모두 어긋나는 것과 소승과 대승에 모두 수순하는 것을 가리킨다.

면 청정계를 수지하는 것이지만 성문승이라면 크게 계를 어기는 것인가? 보살마하살이 대승을 수행하면서 한량없는 아승기겁阿僧祇劫[60] 동안 후신을 받는 것을 감당하면서, 싫어하고 근심하는 마음을 일으키지 않으면 이것을 보살이 청정계를 수지하는 것이라고 한다. 그러나 성문승이라면 크게 계를 어기는 것이라고 한다.【이하 생략】"[61]라고 하였다. 작용에 의거한 것을 서술한 두 구절은 이것에 준하면 모두 알 수 있다.

소승과 대승에 수순하고 어긋나는 것을 저 경에서 자세히 설하였지만, 일단 하나의 모양과 관련된 것만 기록하고 번잡할 것 같아 모두 싣지는 않는다.

> 後約行中亦二。第二第三順小違大。第四順深違淺。亦擧二互。略二俱也。寶積經第九十云。爾時世尊。告優婆離。汝今當知。聲聞菩薩。學淸淨戒。所發心修[1]行異。優婆離。有聲聞乘。持淸淨戒。於菩薩乘。名大破戒。於菩薩乘。持淸淨戒。於聲聞乘。名大破戒。云何名爲聲聞乘人。雖持淨戒。於菩薩乘。名大破戒。優婆離。聲聞乘人。乃至不應起於一念更受後身。是名聲聞持淸淨戒。然於菩薩。名大破戒。云何菩薩。持淸淨戒。於聲聞乘。名大破戒。菩薩摩訶薩。修行大乘。能於無量阿僧祇劫。堪忍受身。不生厭患。是名菩薩持淸淨戒。於聲聞乘。名大破戒。【云云】約行二句。准此可悉。小大順違。破[2]經廣說。且載一相。恐繁不具。
>
> 1) ㉠『大寶積經』에 따르면 '修' 앞에 '所'가 누락되었다. 2) ㉠ '破'는 '彼'인 것 같다.

[기] 그러므로 오직 더러운 마음만 가득한 도인道人과 오직 자신의 이익

---

60 아승기겁阿僧祇劫 : '아승기'는 ⓢ asaṃkhya의 음역어. 인도에서 통용되던 수의 단위 중 하나. 52수數 중 52번째에 해당하는 수로 무량수無量數·불가산계不可算計·무앙수無央數 등으로 의역한다.
61 『大寶積經』 권90(T11, 516c).

만 추구하는 사문의 경우, (전자는) 오래도록 오직 겉으로만 성인과 유사한 행적을 보일 뿐이어서 참되고 바른 것은 잃어버리고 (후자는) 매번 깊은 계를 어기고 자신의 이익에만 한정된 얕은 행위를 구할 뿐이다.

是以專穢道人。尅私沙門。長專似迹。以亡眞正。每尅深戒。而求淺行。

집 첫 번째 구절은 앞에서 (네 구절 중 첫 번째 구절에서 설한) 속은 삿되지만 겉으로 드러난 행적은 바른 것처럼 보이는 사람이다. 다음 구절은 앞에서 (네 구절 중 세 번째 구절에서 설한) 소승에는 수순하지만 대승에는 어긋나는 것이다.

"오래도록" 이하는 그것으로 인한 손해를 나타내었다. 처음의 두 구절은 오직 더러운 마음만 가득한 도인에 대한 것이고, 다음의 두 구절은 오직 자신의 이익만 추구하는 사문에 대한 것이다. 글의 뜻은 알 수 있을 것이다.

初句上內邪外正之人。次句前順小違大之人。長下顯損。初二句對專穢道人。次二句對尅[1]私沙門。文意可了。

---
1) 옌『요기』에 따르면 '尅'은 '剋'이다. 뜻은 같다.

기 지금 얕은 일을 버리고 깊은 것을 완전히 이루며, 유사한 행적을 버리고 진실한 것을 따르고자 한다.

今將遣淺事而全深。去似迹而逐實。

집 취하는 것과 버리는 것의 모습을 밝혔다. "얕은 일을 버리고"라는 것은 곧 앞에서 설한 오직 자신의 이익만 추구하는 사문의 일을 말한 것이고, "유사한 행적을 버리고"라는 것은 앞에서 설한 오직 더러운 마음만 가득한 도인의 행적을 말한 것이다.

明取捨之相也。遣淺事者。卽前尪私沙門之事。去似迹者。謂前專穢道人之迹也。

이상으로 제목인 "지범"의 뜻을 총괄적으로 밝히는 것을 마친다.

上總題持犯義竟。

2. 제목인 "요기"의 뜻을 나타냄 : 찬술한 뜻을 밝힘[62]

1) 자신의 이익을 밝힘

기 스스로 홀연히 잊어버릴 것을 염려하여 요점을 잡아서 기록하여 판별하였다.

爲自忽忘。撮要記別。

---

62 전자는 앞에서 서술한 분과에 의거한 명칭이고, 후자는 현재의 글에서 행한 분과에 의거한 명칭이다. 뒤의 해석을 참조하면 "요기"라는 말에 찬술한 뜻이 내재되어 있으니 그 취지는 양자가 동일하다.

2) 타인을 이익 되게 하는 것을 밝힘

다행히 뜻을 같이하는 사람이 있다면 자세히 살펴서 판별하기 바란다.

幸同趣者。詳而取決矣。

집 찬술한 뜻을 밝혔다. 처음의 두 구절은 자신의 이익을 밝혔고, "다행히" 이하의 두 구절은 다른 사람을 이익 되게 하는 것을 밝혔다. 이것은 곧 제목인 "요기"의 뜻을 나타낸 것이다.

明撰述之意也。初二句自利。幸下二句利他。此則顯題要記義也。

제2장 종지에 의거하여 자세하게 해석한 부분

기 지키는 것과 범하는 것의 요점에는 간략하게 세 가지 문이 있다. 첫째는 경계와 중계의 문이고, 둘째는 얕게 이해하는 것과 깊게 이해하는 것의 문이며, 셋째는 궁극적인 관점에서 지키는 것과 범하는 것을 밝히는 문이다.

持犯之要。有¹⁾三門。一輕重門。二淺深門。三明究竟持犯門也。

1) ㉮ '有' 앞에 '略'이 있다.(갑본) ㉯ 있는 것이 맞는 것 같다. 이하『韓國佛敎全書』 교감주가 타당할 때에는 역자의 견해를 별도로 밝히지 않는다.

집 이하는 두 번째로 종지에 의거하여 자세하게 해석한 부분이다. 무릇 이『요기』의 뜻은 직접적으로는『범망경』에 의지하고 아울러『유가사지론』에 의지하여 자세하게 지키는 것과 범하는 것을 밝히는 것에 있다. 또한 세 가지 문이 있는 가운데 처음의 두 가지 문은 세속제世俗諦[63]에 의거하여 판별한 것이고, 나중의 한 가지 문은 승의제勝義諦[64]에 의거하여 서술한 것이다. 이것이 정종분正宗分의 뜻이다.

自下第二依宗廣成¹⁾分也。凡此記意。正依梵網。兼憑瑜伽。廣明持犯。又三門中。初二門者。約世俗判。後一門者。依勝義述。是正宗意也。

---

63 세속제世俗諦 : 세속적인 관점에서의 진리. 속제俗諦라고도 한다. 세속이란 언어에 의해 시설된 세계를 가리킨다. 자세한 것은 제2권의 본문에서 제시한 해석을 참조할 것.
64 승의제勝義諦 : 궁극적인 관점에서의 진리. 제일의제第一義諦라고도 한다. 승의란 언어적 표현을 넘어선 진실한 세계를 가리킨다. 자세한 것은 제2권의 본문에서 제시한 해석을 참조할 것.

1) ㉢ '成'은 '釋'인 것 같다.

1. 세속제에 의거하여 판별함 : 경계와 중계의 문, 얕게 이해하는 것과 깊게 이해하는 것의 문

1) 경계와 중계의 문

[기] 첫 번째 문에 두 구절이 있다. 앞에서는 곧 경계와 중계를 총괄적으로 판별하고 뒤에서는 개별적으로 차별을 나타낸다.[65]

初門之內。有其二句。先即總判輕重。後以別顯差別。

[집] 범망계본梵網戒本[66]은 오직 두 가지 취취를 세웠으니 바라이죄波羅夷罪[67]와 경구죄輕垢罪(경죄)이다. 율장律藏의 오편칠취五篇七聚[68]에 의거하여 경

---

65 "개별적으로"라는 것은 특히 자찬훼타계를 대상으로 하는 것을 가리킨다. "차별"이란 이 한 가지 계에 대해서, 상황에 따라 중죄가 성립되기도 하고 성립되지 않기도 하는 것 등의 여러 가지 차별적인 양상이 나타나는 것을 가리킨다.
66 범망계본梵網戒本 : 『梵網經』에서 설한 보살계본菩薩戒本을 가리키는 말이다. 원효의 용어를 따르면 곧 다라계본多羅戒本을 가리킨다. 십중계(십바라이)와 사십팔경계(사십팔경구죄)를 설하였다.
67 바라이죄波羅夷罪 : '바라이'는 [S] pārājika의 음역어. 계율 중에서 가장 무거운 죄. 성문계인 비구의 이백오십계에서는 최초의 네 조목(淫戒·盜戒·殺人戒·大妄語戒)을 가리키고 보살계에서는 십중계를 가리킨다. 이 죄를 지을 경우 머리를 자르면 다시 살아나는 것이 불가능한 것처럼 승가의 구성원으로서 자격을 영원히 박탈당하기 때문에 단두斷頭라고 하고, 번뇌와의 싸움에서 패배하여 정복당하는 것이기 때문에 타승他勝·타승처他勝處 등이라고 하며, 참회에 의해 용서받는 것이 허락되지 않기 때문에 불가회죄不可悔罪라고도 하고, 여의치 않은 곳에 떨어지기 때문에 타불여처墮不如處라고

계와 중계를 구분하면 경(『범망경』)과 동일하지는 않다. 그런데 총괄적으로 판별하면 초편初篇은 중죄이고 이편二篇 이하는 모두 경죄이다. 경은 돈기頓機(돈교의 가르침에 의해 깨달음을 얻는 근기를 지닌 중생)를 위해 베푼 것이기 때문에 넓게 열지 않아도 되지만, 율장은 점기漸機(점교의 가르침에 의해 깨달음을 얻는 근기를 지닌 중생)를 바탕으로 삼기 때문에 미세하게 보여 주는 것이 필요하다.

梵網戒本。唯立二聚。謂波羅夷及輕垢罪。若約律藏五篇七聚。以分輕重。
與經不同。然總判者。初篇是重。二篇已下皆是輕也。經被頓機故不廣開。
律本漸機故須細示矣。

(1) 경계와 중계를 총괄적으로 판별함[69]

① 경계를 총괄적으로 판별함

기 "총괄적으로 판별한다."라고 한 것은 다음과 같다.

도 하며, 승가의 공동생활을 허락하지 않고 추방당하는 벌을 받기 때문에 불공주不共住라고도 한다.
68 오편칠취五篇七聚 : 오편은 범계의 모습(相)을 다섯 가지로 분류한 것으로 오범취五犯聚·오종제계五種制戒 등이라고도 한다. 제1편은 바라이죄, 제2편은 승잔죄僧殘罪(僧伽婆尸沙罪), 제3편은 바일제죄波逸提罪, 제4편은 바라제제사니죄波羅提舍尼罪(向彼悔罪), 제5편은 돌길라죄突吉羅罪(惡作)이다. 칠취는 범계의 모습을 일곱 가지로 분류한 것으로 두 가지 형태가 있다. 첫 번째는 다음과 같다. 제1취는 바라이죄, 제2취는 승잔죄, 제3취는 투란차죄偸蘭遮罪, 제4취는 바일제죄, 제5취는 바라제제사니죄, 제6취는 돌길라죄, 제7취는 악설죄惡說罪이다. 두 번째는 다음과 같다. 제1취는 바라이죄, 제2취는 승잔죄, 제3취는 투란차죄, 제4취는 니살기바일제죄尼薩耆波逸提罪(捨墮), 제5취는 바일제죄, 제6취는 바라제제사니죄, 제7취는 돌길라죄이다. 칠취는 육취로 축약되기도 한다. 곧 도선의 『四分律刪繁補闕行事鈔』 권중(T40, 46c)에서는 그 체가 동일한 것에 의거하여 제6과 제7을 돌길라로 통합하였다.
69 다라계본, 곧 『梵網經』 보살계본과 달마계본, 곧 『瑜伽師地論』 보살계본과 별해탈계경에서 설한 경계와 중계를 포괄하여 밝힌 부분이다.

言總判者。

ㄱ. 총괄적으로 설한 것 : 8만 4천 경계

경구죄 가운데 미세하게 논하고 갈라서 구별하면 숫자가 곧 8만 4천 가지가 있다.

輕重[1] 垢罪中。細論支別。頭類[2] 乃有八萬四千。

1) ㉠ '重'이 없다.(갑본) 2) ㉠ '類'를 '數'라고 하였다.(갑본)

[집] 이 숫자는 『범망경』·『보살영락본업경菩薩瓔珞本業經』 등에 나온다. 그러므로 본경本經[70]에서 "팔만위의품八萬威儀品에서 자세히 밝힐 것이다.[이상]"[71]라고 하였고, 또한 『보살영락본업경』에서도 "8만 가지 위의계威儀戒를 모두 경계라고 한다.[이하 생략]"[72]라고 하였다. 『범망경』의 대품大品[73]에는 「팔만위의품」이 있지만 아직 중국에는 전해지지 않았기 때문에 어떤 모습인지 알 수 없다. 그런데 택산 여함澤山與咸[74] 법사가 『주범망경註梵網經』에서 『희초熙鈔』[75]를 인용하여 말하기를, "이백오십계에 의거하여

---

70 본경本經 : 근본이 되는 경전이라는 뜻. 『요기』에서 경은 『梵網經』을 근본으로 삼고 논은 『瑜伽師地論』을 근본으로 삼는다. 따라서 전자를 본경이라 하고 후자는 본론本論이라고 하였다.
71 『梵網經』 권하(T24, 1005a).
72 『菩薩瓔珞本業經』 권하(T24, 1021b).
73 『범망경』의 대품大品 : 현재 일부분만 전해지는 『梵網經』의 원본이라고 알려진 책을 일컫는 말. 승조僧肇의 『梵網經序』(T24, 997a)에서 "『梵網經』은 본래 120권 61품인데 중국에는 오직 제10 「菩薩心地品」만 번역되어 전해졌다."라고 한 것을 참조할 것.
74 택산 여함澤山與咸 : 송나라 때 스님. 지용 요연智涌了然(1077~1141)의 제자. 계율을 잘 지키는 것으로 명망이 높았고 정토종에도 귀의했으며 지혜와 변재가 매우 뛰어났다. 1163년 입멸하여 다비茶毘(火葬)하였는데 오색이 영롱한 사리가 헤아릴 수 없을 정도로 많이 나왔다고 전해진다.
75 『희초熙鈔』 : 『梵網經』 주석서라는 것만 알 수 있을 뿐이다. 중국과 일본에서 찬술된 후

각각 네 가지 위의威儀(행·주·좌·와)가 있으니 합하여 1천 가지가 되고 삼세三世에 의거하여 굴리면 3천 가지의 위의가 된다. (이를) 신업身業과 구업口業에 속하는 칠지七支[76]에 배대하면 2만 1천 가지가 되고 (이를) 또한 탐욕이 많은 것과 분노가 많은 것과 어리석음이 많은 것과 이 세 가지가 고루 섞인 것의 네 가지에 배대하면 8만 4천 가지가 된다. 여러 글에서 그 큰 수를 들어 단지 '8만 가지의 위의'라고 하였다.【이상】"[77]라고 하였다. 이『희초』에서 설한 것은 오편칠취에서 숫자를 증대해 나아가는 방식에 의거하여 계산한 것이어서 뜻이 매우 타당하지 않으니 여함이 힐난하여 이를 무너뜨렸다.[78] 또 그 해석은 경에서 설한 것과 크게 어긋나니 의지할 만한 글이 전혀 없기 때문에 취하지 않는다. 지금『요기』를 지은 사람의 뜻은 8만 가지의 위의는 단지 경계에 의거하여 계의 모양이 서로 다르니, 각각 그 모양이 있기 때문에 "숫자가 곧 8만 4천 가지가 있다."라고 한 것이다.

此數出梵網瓔珞經等中。故本經云。八萬威儀品當廣明。【已上】又瓔珞經云。八萬威儀戒盡名輕。【云】梵網大品。有八萬威儀品。未傳漢地。不知何相。然與咸師。註梵網中。引熙鈔云。約二百五十戒。各有四威儀。令¹⁾爲一千。指三世轉。爲三千威儀。配身口七支。爲二萬一千。又對三毒等分。則成八萬四千。諸文擧其大數。但云。八萬威儀【已上】此熙鈔說。則以篇聚。約增數計。義甚不可。與咸難破。又彼解釋。大違經說。無文可依。故不取之。今

대의 여러 주석서에서 자주 본서를 인용하고 있는 것으로 보아 그 영향력이 컸다는 것을 짐작할 수 있을 뿐이다.
76 신업身業과 구업口業에 속하는 칠지七支 : 몸으로 짓는 살생殺生·투도偸盜·사음邪淫의 세 가지 악업과 입으로 짓는 망언妄言·기어綺語·악구惡口·양설兩舌의 네 가지 악업을 가리킨다.
77 『梵網菩薩戒經疏註』권중(X38, 99b). 본 경은 『註菩薩戒經』이라고도 한다.
78 『梵網菩薩戒經疏註』권중(X38, 99b)에서 『熙鈔』를 인용하고, 바로 이어서 "『梵網經』은 대승돈계大乘頓戒인데 이것을 소승의 오편칠취를 기반으로 하여 숫자를 증대시켜 8만에 이른 것이라고 보는 것은 잘못된 것이다."라고 한 것을 말한다.

記主意。八萬威儀。但約輕戒。戒相互異。各有其相。故云。頭數乃有八萬四千也。

1) ㉮ '令'은 '合'인 것 같다.

㉄ 위의威儀가 (일반적으로 경계와 중계에) 통한다고 하는데 어째서 경계에 국한시키는 것인가?

㉅ 통합적인 관점에 의거하여 말하면 비록 경계를 넘어선다고 할 수 있어도, 구별하는 관점에서 논하면 위의는 경계에 국한된다. 저곳(『희초』)에서 위의를 분별한 사례와 같다.

問。威儀言通。何局輕戒耶。答。約通而言。雖亘輕言。就別而論。威儀局輕。如彼威儀分別之例。

ㄴ. 개별적으로 분류한 것

㉠ 그 중요한 것을 묶어서 제시하면 별도로 세 종류[79]가 있다.

括擧其要。別有三類。

㉢ 무릇 경계에는 숫자에 자세한 것과 간략한 것이 있다. 자세한 것은 앞에서 설한 것[80]과 같다. 간략한 것은 세 종류가 있으니, 경·율·논에서 설하면서 열거한 모양이 같지 않다. 지금 "중요한 것"이라고 한 것은 중요한 것을 간추리고 간별하여 지키는 것과 범하는 것의 강령綱領으로 삼았기 때문이다.

---

79 세 종류 : 바로 뒤에 서술한 것에 따르면 44가지·48가지·246가지를 가리킨다.
80 8만 4천 가지의 계를 서술한 것을 가리킨다.

凡於輕戒。數有廣略。廣則如上。略有三類。經律論說。列相不同。今言要
者。略要簡要。以爲持犯綱領故也。

ㄱ) 달마계본 : 44경계

기 혹은 44가지이니 달마계본達磨戒本[81]에서 설한 것과 같고,

或四十四。如達磨戒本所說。

집 범어 아비달마阿毗達磨([S] abhidharma)는 대법對法·수법數法 등으로 의
역한다. 지금 제시한 것은 『유가사지론』이니 이것을 아비달마장阿毗達磨
藏(論藏)으로 삼았기 때문이다. 그리하여 그 논에서 경계를 나열한 숫자
에 대해 여러 법사가 다르게 해석하였는데 일정한 기준이 있는 것은 아니
다. 둔륜遁倫[82] 법사『유가론기瑜伽論記』권10에 나온다.]가 말하기를, "구론舊論[83]
에 의거하면 42경계가 있고 신론新論에 의거하면 43경계가 있다. 두 책
을 교감해 보면 구론에는 신론의 아홉 번째 계에서 설한 살생·도둑질 등
의 칠지七支의 성죄性罪[84]가 없는데, 한결같이 함께하지 않기 때문에 숫자

---

81 달마계본達磨戒本 : 『瑜伽師地論』보살계본을 가리키는 말. 원효의 독자적 개념으로,
논論([S] abhidharma, 阿毘達磨)에 속하는 것이기 때문에 달마계본이라 한 것으로 추정
된다. 이는 유가계본瑜伽戒本이라고도 한다. 또한 『梵網經』보살계본은 다라계본多羅
戒本이라고 하였는데 이는 경經([S] sūtra, 修多羅)에 속하는 것이기 때문에 다라계본이
라 한 것으로 추정된다. 이는 범망계본梵網戒本이라고도 한다.
82 둔륜遁倫 : 생몰 연대 미상. 당나라에서 활동한 행적이 보이는 신라 흥륜사 스님. 도륜
道倫이라고도 한다. 『瑜伽師地論』100권에 대한 주석서인 『瑜伽論記』를 지었는데 이
책은 규기窺基·순경順憬·문비文備·신태神泰·원측圓測·원효元曉·혜경惠景 등을
비롯한 여러 법사의 학설을 두루 인용하였다.
83 구론舊論 : 담무참曇無讖이 한역한 『菩薩地持經』(『菩薩地持論』이라고도 함)을 가리킨
다. 신론新論은 『瑜伽師地論』「菩薩地」이다. 양자는 동본이역으로 모두 「戒品」에서 중
계와 경계를 설하였다.

가 42가지이지만 신론에는 이것이 있기 때문에 43가지를 갖추었다. 그(신론) 가운데 또한 여덟 번째 계에서 차죄遮罪[85]를 설하였는데, (여기에 성문과) 함께하는 것과 함께하지 않는 것이 있어서 이것을 별도로 열어 두 가지가 되니 숫자는 44가지가 있다고 해야 한다. 또한 (신론의) 제29계에서 '보살장菩薩藏을 듣고 제불의 신력에 대해 믿고 이해하는 마음을 일으키지 않고 비방하며'라고 한 것에도 두 가지 내용(믿고 이해하는 마음을 일으키지 않는 것과 비방하는 것)이 있으니 별도로 열면[86] 두 가지 (계)가 되어서, 숫자는

---

84 칠지七支의 성죄性罪 : 몸으로 짓는 세 가지 성죄, 곧 살생·도둑질·삿된 음행(邪淫)과 입으로 짓는 네 가지 성죄, 곧 거짓말, 꾸미는 말(綺語), 추악한 말(惡口), 이간질하는 말(兩舌)을 합하여 일컫는 말. 성죄란 환경·시대 등을 초월하여 자성적으로 악인 것을 말한다.
85 차죄遮罪 : 성죄에 수반하여 발생하는 여러 가지 과실 혹은 세속인의 비방을 피하기 위해 부처님께서 제정한 계를 범하는 것을 가리킨다.
86 본래『大正新修大藏經』에 수록된『瑜伽論記』에서는 "毀謗中兩舌"이라고 한 것을『조람집』에서 인용하면서 "毀謗中兩若"이라고 하였는데, 이 구절이 들어간 제29계에는 양설兩舌과 관련된 내용이 나오지 않는다. 따라서『조람집』의 글자가 타당한 것으로 판단하고 이것에 의거하여 풀이하였다. 참고로『瑜伽師地論』권41(T30, 519b)에서 설한 제29계는 다음과 같다. "보살들이 보살의 정계율의에 안주하면서 보살장菩薩藏을 듣고 매우 심오한 곳에 대해, 가장 뛰어나고 매우 심오하며 진실한 법의 이치에 대해, 모든 부처님과 보살이 도달한 헤아리기 어려운 신통력에 대해, 믿고 이해하는 마음을 일으키지 않고 미워하고 등지며 헐뜯고 비방하면서 '이치로 인도할 수 없고 법으로 인도할 수 없으며, 여래의 교설이 아니고 유정을 이익 되게 하고 안락하게 할 수 없다.'라고 한다면, 이것을 범하는 것이고 어긋나고 넘어서는 것이라고 하며 이는 염오인 위범이다. 이와 같이 헐뜯고 비방하는 것은 혹은 자신의 내부에서 일어난 비리작의非理作意[오염된 작의(대상에 주의를 기울이는 마음)]에 의거한 것이거나 혹은 다른 사람의 견해에 수순하거나 하여, 이렇게 설하는 것이다. (보살들이 보살의 정계율의에 안주하면서) 매우 깊고 가장 심오한 것을 듣고도 믿고 이해하는 마음이 일어나지 않는다면, 보살은 그때 억지로라도 믿고 받아들여야 하고 왜곡하지 말아야 하며 이와 같이 배워야 한다. '나는 선하지 않고 맹인과 같이 지혜의 눈이 없어서 여래의 눈으로 보고 베풀어 설한 것을 따르면서도, 모든 여래께서 비밀스러운 뜻을 말씀하신 것에 대해 비방하는 마음을 내었다.' 보살은 이와 같이 자신을 무지無知한 사람의 지위에 놓고 여래를 우러르며 추앙한다. 모든 불법佛法을 나타난 대로 이해하지 않음이 없고 평등하게 따라서 관찰하고 본다. 이와 같이 바르게 행하면 범하지 않는 것이다. 비록 믿고 이해하는 마음이 없다고 해도 비방하는 것은 아니다.(若諸菩薩。安住菩薩淨戒律儀。聞菩薩藏。於甚深處。最勝甚深眞實法義。諸佛菩薩難思神力。……雖無信解。然不誹謗。)"

45가지가 되어야 한다. 그런데 지금은 (둘로 나눌 수 있는) 두 곳을 모두 합했기 때문에 숫자를 43가지라고 하였다.【이상】"[87]라고 하였다. 둔륜 법사

---

[87] 『瑜伽論記』 권10(T42, 538b). 이상 서술한 내용을 도표로 나타내면 다음과 같다.

	『瑜伽師地論』 권41(T30, 516a) 43경계		
1	若諸菩薩安住菩薩淨戒律儀。於日日中。……以勝供具承事供養。		
2	若諸菩薩安住菩薩淨戒律儀。有其大欲。……數起現行。		
3	若諸菩薩安住菩薩淨戒律儀。見諸耆長。……皆無違犯。		
4	若諸菩薩安住菩薩淨戒律儀。他來延請。……皆無違犯。		
5	若諸菩薩安住菩薩淨戒律儀。他持種種可染。……皆無違犯。		
6	若諸菩薩安住菩薩淨戒律儀。他來求法。……皆無違犯。		
7	若諸菩薩安住菩薩淨戒律儀。於諸暴惡犯戒有情。……皆無違犯。		
8	若諸菩薩安住菩薩淨戒律儀。如薄伽梵。……非染違犯。	1) 성문과 함께 배워야 하는 차죄 若諸菩薩安住菩薩淨戒律儀。如薄伽梵。……利他爲勝。 2) 성문과 함께 배우지 말아야 하는 차죄 若諸菩薩安住菩薩淨戒律儀。如薄伽梵。……非染違犯。	『瑜伽師地論』 「戒品」에서 열에서 나누는 것이 가능한 곳 제1
9	若諸菩薩安住菩薩淨戒律儀。善權方便。……生多功德。	1) 살생 : 謂如菩薩。見劫盜賊。……生多功德。 2) 도둑질 : 又如菩薩。見劫盜賊。奪他財物。……生多功德。 3) 삿된 음행 : 又如菩薩。處在居家。……非梵行。 4) 거짓말 : 又如菩薩。爲多有情解脫命難。……生多功德。 5) 이간질하는 말 : 又如菩薩。見諸有情。……生多功德。 6) 추악한 말 : 又如菩薩。見諸有情。……生多功德。 7) 꾸미는 말 : 又如菩薩。見諸有情。……生多功德。	『菩薩地持經』 권5 「戒品」(T30, 913c)에는 없는 부분
10	若諸菩薩安住菩薩淨戒律儀。生起詭詐。……時時現起。		
11	若諸菩薩安住菩薩淨戒律儀。爲掉所動。……皆無違犯。		
12	若諸菩薩安住菩薩淨戒律儀。起如是見。……無雜染法。		
13	若諸菩薩安住菩薩淨戒律儀。於自能發不信重言。……皆無違犯。		
14	若諸菩薩安住菩薩淨戒律儀。見諸有情。……多生憂惱。		

15	若諸菩薩安住菩薩淨戒律儀。他罵報罵。……是染違犯。		
16	若諸菩薩安住菩薩淨戒律儀。於他有情。……皆無違犯。		
17	若諸菩薩安住菩薩淨戒律儀。他所侵犯。……是染違犯。		
18	若諸菩薩安住菩薩淨戒律儀。於他懷忿。……廣說如前。		
19	若諸菩薩安住菩薩淨戒律儀。貪著供事增上力故。……無愛染心管御徒衆。		
20	若諸菩薩安住菩薩淨戒律儀。嬾惰懈怠。……如前應知。		
21	若諸菩薩安住菩薩淨戒律儀。懷愛染心。……是染違犯。		
22	若諸菩薩安住菩薩淨戒律儀。爲令心住。……無所違犯。		
23	若諸菩薩安住菩薩淨戒律儀。起貪欲蓋。……當知亦爾。		
24	若諸菩薩安住菩薩淨戒律儀。貪味靜慮。……是染違犯。		
25	若諸菩薩安住菩薩淨戒律儀。起如是見。……作如是說。		
26	若諸菩薩安住菩薩淨戒律儀。於菩薩藏。未精研究。……非染違犯。		
27	若諸菩薩安住菩薩淨戒律儀。現有佛教。……則無違犯。		
28	若諸菩薩安住菩薩淨戒律儀。越菩薩法。……是染違犯。		
29	若諸菩薩安住菩薩淨戒律儀。聞菩薩藏。……然不誹謗。	若諸菩薩安住菩薩淨戒律儀。聞菩薩藏。……作是說。	『瑜伽師地論』「戒品」에서 열어서 나누는 것이 가능한 곳 제2
		若諸菩薩安住菩薩淨戒律儀。若聞甚深甚深處心不信解。……然不誹謗。	
30	若諸菩薩安住菩薩淨戒律儀。於他人所有染愛心。……倍復增長。		
31	若諸菩薩安住菩薩淨戒律儀。聞說正法論議決擇。……皆無違犯。		
32	若諸菩薩安住菩薩淨戒律儀。於說法師。……是染違犯。		
33	若諸菩薩安住菩薩淨戒律儀。於諸有情所應作事。……皆無違犯。		
34	若諸菩薩安住菩薩淨戒律儀。見諸有情遭重疾病。……當知亦爾。		
35	若諸菩薩安住菩薩淨戒律儀。見諸有情爲求現法。……皆無違犯。		
36	若諸菩薩安住菩薩淨戒律儀。於先有恩諸有情所。……皆無違犯。		
37	若諸菩薩安住菩薩淨戒律儀。見諸有情。……不爲助伴。		
38	若諸菩薩安住菩薩淨戒律儀。有飲食等資生衆具。……皆無違犯。		
39	若諸菩薩安住菩薩淨戒律儀。攝受徒衆。……皆無違犯。		
40	若諸菩薩安住菩薩淨戒律儀。懷嫌恨心。……皆無違犯。		
41	若諸菩薩安住菩薩淨戒律儀。懷嫌恨心。……皆無違犯。		
42	若諸菩薩安住菩薩淨戒律儀。見諸有情應可訶責。……皆無違犯。		
43	若諸菩薩安住菩薩淨戒律儀。具足成就種種神通變現威力。……無有違犯。		

의 뜻은 비록 세 가지를 열었지만 바로 43경계를 근본으로 삼는다. 지금
『요기』를 지은 사람의 뜻은 44가지를 근본으로 삼는다.[법장法藏[88]도 또한 동
일한 입장이다.[89]] 낱낱의 계의 이름은 별도로 열거한 것과 같다.

梵云阿毗達磨。此翻對法數法等也。今所擧者。是瑜伽論。以爲阿毗達磨藏
故。然彼論中。輕戒列數。諸師異解。而不一准。遁倫師【瑜伽記第十】云。若
依舊論有四十二輕戒。新論有四十三。勘當二本。舊論無第九殺盜等七支
性罪。一向不共故。數有四十二。新論則有故。具四十三。於中。若其第八
遮罪。有共不共。別開爲二。應言數有四十四。又若其第二十九。聞菩薩藏。
諸佛神力。不生信解。毁謗中兩。若[1)]別開爲二。應數成四十五。而今兩處皆
合。故云。數有四十三也。【已上】遁倫師意。雖三重開。正以四十三輕爲本。
今記主意。爲四十四。【法藏亦同。】一一戒名。如別所列。

1) ㉥『瑜伽論記』에 따르면 '若'은 '舌'이다. 그런데 전후 문맥상 '若'이 맞는 것 같다.
그 이유는 앞의 해석문에 대한 주석을 참조할 것.

ㄴ) 다라계본 : 사십팔경계

[기] 혹은 48가지이니 다라계본多羅戒本에서 판별한 것과 같으며,

或四十八。如多羅戒本所判。

[집] 범어 수다라修多羅는 경經이라 의역하니,『범망경』의 보살계본菩薩戒
本이 이것("다라계본")이다. 이것의 명상名相과 범하는 것과 범하지 않는 것

---

[88] 법장法藏(643~712) : 당나라 때 스님. 화엄종의 제3조. 화엄교학의 집대성자. 자는 현
수賢首, 호는 국일법사國一法師이다. 지엄智儼에게서 화엄의 교리를 배웠다. 저술로
『華嚴經探玄記』・『華嚴五敎章』・『大乘起信論義記』등이 있다.
[89] 법장의『梵網經菩薩戒本疏』권4(T40, 634b).

의 뜻은 『범망경고적기梵網經古迹記』[90] 등에서 자세하게 분별한 것[91]과 같다.

梵云修多羅。此翻爲經。卽梵網經戒本是也。一云。[1)] 名相犯不犯義。如古迹
等。廣分別之。

1) ㉥ '一云'은 '此'인 것 같다.

㉄ 논에서 열거한 계는 경에서 설한 것과 같고 다름이 어떠한가?

㉓ 둔륜의 『유가론기』에서 "『인왕반야경仁王般若經』에 의거하면 28가지
가 있다[92]고 하였지만 (구체적인) 명상名相은 열거하지 않았다.[93] 『범망경』

---

[90] 『범망경고적기梵網經古迹記』: 신라 스님 태현太賢이 지은 『梵網經』에 대한 주석서. 『梵網經』 상권과 하권을 모두 주석한 현존하는 최초의 주석서이다.
[91] 『梵網經古迹記』 권하(T40, 708c). 본서에서 설한 사십팔경계의 계명은 다음과 같다.

1. 불경사장계 不敬師長戒	2. 음주계飮酒戒	3. 식육계食肉戒	4. 식오신계食五辛戒
5. 불거교참계 不擧敎懺戒	6. 주불청법계 住不請法戒	7. 불능유학계 不能遊學戒	8. 배정향사계 背正向邪戒
9. 불첨병고계 不瞻病苦戒	10. 축살생구계 畜殺生具戒	11. 통국사명계 通國使命戒	12. 뇌타판매계 惱他販賣戒
13. 무근방훼계 無根謗毁戒	14. 방화손생계 放火損生戒	15. 법화위종계 法化違宗戒	16. 탐재석법계 貪財惜法戒
17. 의세악구계 依勢惡求戒	18. 허위작사계 虛僞作師戒	19. 투쟁양두계 鬪諍兩頭戒	20. 불구존망계 不救存亡戒
21. 불인위범계 不忍違犯戒	22. 만인경법계 慢人輕法戒	23. 경멸신학계 輕蔑新學戒	24. 포승순열계 怖勝順劣戒
25. 위주실의계 爲主失儀戒	26. 영빈위식계 領賓違式戒	27. 수타별청계 受他別請戒	28. 자별청승계 自別請僧戒
29. 사명양신계 邪命養身戒	30. 사친해생계 詐親害生戒	31. 불구존액계 不救尊厄戒	32. 횡취타재계 橫取他財戒
33. 허작무의계 虛作無義戒	34. 퇴보리심계 退菩提心戒	35. 불발원계 不發願戒	36. 불생자요계 不生自要戒
37. 고입난처계 故入難處戒	38. 좌무차제계 坐無次第戒	39. 불행이락계 不行利樂戒	40. 섭화누실계 攝化漏失戒
41. 악구제자계 惡求弟子戒	42. 비처설계계 非處說戒戒	43. 고위성금계 故違聖禁戒	44. 부중경률계 不重經律戒
45. 불화유정계 不化有情戒	46. 설법괴의계 說法乖儀戒	47. 비법입제계 非法立制戒	48. 자파내법계 自破內法戒

[92] 『仁王般若經』 권하(T8, 831b)에서 "이 종성이 결정된 사람은 생공生空(人無我)의 지위
에 들어가서 성인의 종성을 지녔기 때문에 반드시 오역죄와 육중계와 28경계를 일으

에는 48가지가 있다고 하고 낱낱이 개별적으로 설하였다.[94] 그런데 이 논에서 밝힌 계상戒相과 대부분 같지 않다.【이상】"[95]라고 하였다. 다른 부분은 많고 같은 부분은 적다. 저들 계본에 글의 양상이 뚜렷하게 나타나 있으니 찾아서 대조해 보면 알 수 있을 것이다.

問。論所列戒。與經所說。同異如何。答。遁倫記云。若依仁王經云。有四[1]十八種。然不列名。梵網經中。有四十八。一一別說。然與此論所明戒相。多是不同。【已上】多異少同。彼彼戒本。文相歷然。尋對可知。

1) ㉠『仁王般若經』에 따르면 '四'는 '二'인 것 같다.

ㄷ) 별해탈계경 : 246경계

가 혹은 246경계이니 별해탈계경別解脫戒經[96]에서 세운 것과 같다.

或有二百四十六輕。如別解脫戒經所立。

키지 않는다.(是定人者。入生空位。聖人性故。必不起五逆六重二十八輕。)"라고 하였다. 본 경의 어디에도 사십팔경계를 말한 곳이 없기 때문에 '四'를 '二'의 오자로 보았다. 본 경에 대한 대부분의 주석서에서 "28경계"를『優婆塞戒經』권3「受戒品」(T24, 1049c)에서 설한 것, 곧 제1 부모와 스승을 공양하지 않는 것에서부터 제28 길에서 병자를 만나고도 아무런 조치를 취하지 않고 가 버리는 것의 28경계라고 풀이하였다.[지의智顗,『仁王護國般若經疏』권5(T33, 282c) ; 길장吉藏,『仁王般若經疏』권하(T33, 349a) ; 원측圓測,『仁王經疏』권하(T33, 415c).]

93 『仁王般若經』에서 단지 28경계라는 말만 하고 그 구체적인 명칭이나 내용은 전혀 언급하지 않은 것을 말한다.
94 『梵網經』권하(T24, 1005a).
95 『瑜伽論記』권10(T42, 538b).
96 별해탈계경別解脫戒經 : 별해탈계를 담은 경전을 일컫는 말. 별해탈계란 별해탈률의 別解脫律儀·바라제목차율의波羅提木叉律儀 등이라고도 하며, 계율의 조문을 모아 놓은 것을 가리킨다. 이 용어는 계율의 개별적인 조문을 수지함으로써 개별적인 악행을 제거하여 해탈을 얻는다는 뜻을 지니고 있다. 예컨대 불살생계不殺生戒를 받는 것에 의해 살생殺生이라는 악행에서 벗어나는 것을 나타내는 것이다.

집 범어 바라제목차波羅提木叉[97]는 별해탈別解脫이라 의역하니, 곧 『사분율四分律』 등의 계본에서 세운 것이다. 저 계본에서 모두 250계상戒相[98]을 설했는데, 처음의 네 가지는 중계重戒[99]이고 승잔죄僧殘罪[100] 이하는 계산하면 246경계가 있다.【승잔죄 이하의 계의 숫자는 여러 율律에서 설한 것이 같지 않다. 우선 『사분율』에 의거하면 『요기』에서 앞에 나타낸 숫자와 합치한다.】 (중계를 제외한 나머지) 여섯 가지 취聚를 서로 견주어서 세우면 (그 속에 다시) 경·중의 두 가지 취의 분별이 있지만 통틀어서 경계에 귀속시켰다.[101] 낱낱의 명상은 『계소戒疏』[102] 등에서 설한 것[103]과 같다.

---

[97] 바라제목차波羅提木叉 : ⓢ prātimokṣa의 음역어. 비구·비구니의 계율의 조문을 모아 놓은 것. 낱낱의 계율의 조문을 학처學處(禁戒)라고 하고, 이 학처를 모은 조문집을 바라제목차라고 한다. 단, 아비달마불교에서는 식차마나式叉摩那(正學女)의 육법계六法戒, 사미와 사미니의 십계, 우바새와 우바이의 오계, 특별한 경우 재가신자가 받는 팔재계八齋戒를 포함한 여덟 가지 계를 통틀어서 바라제목차라고 했다. 예컨대 『구사론俱舍論』 권14(T29, 73b)에서 "팔중이 모두 별해탈률의를 성취하니 비구에서부터 근주近住(정해진 재일 만 하루 동안 일시적으로 출가하여 절에 머물면서 팔계八戒를 수지하는 재가신자)에 이르기까지를 말한다.(八衆。皆成就別解脫律儀。謂從苾芻。乃至近住。)"라고 했기 때문이다. 바라제목차는 별해탈·별별해탈別別解脫·처처해탈處處解脫 등으로 의역하는데 이는 낱낱의 조문에 따라 별도의 해탈을 얻는 것을 의미한다. 예컨대 불망어계不妄語戒는 망어妄語로부터 벗어나게 하고 불살생계不殺生戒는 살생으로부터 벗어나도록 한다.
[98] 250계상戒相 : 『四分律』에서 설한 비구계의 숫자를 통틀어서 일컫는 말. 바라이법 4조, 승가바시사법僧伽婆尸沙法(승잔법) 13조, 부정법不定法 2조, 니살기바일제법尼薩耆波逸提法(捨墮法) 30조, 바일제법(單墮法) 90조, 바라제제사니법 4조, 식차가라니법式叉迦羅尼法(衆學法·應當學·돌길라) 100조, 멸쟁법滅諍法 7조를 가리킨다. 이 밖에 본 율에서 설한 비구니계는 348계이다. 단, 남전율장에 따르면 비구계는 227계이고 비구니계는 311계이다.
[99] 중계重戒 : 바라이波羅夷(ⓢ pārājika)를 가리킨다. 자세한 것은 앞의 주석을 참조할 것.
[100] 승잔죄僧殘罪 : 바라이죄 다음으로 무거운 죄. 6일 동안 비구로서의 권리를 박탈당한 후에 여법하게 행한 것을 20인 이상의 승가에 의해 승인받으면 출죄出罪할 수 있다.
[101] 본래 『四分律』에서는 죄의 경중에 따라서 계를 모두 일곱 가지(七聚)로 분류하지만, 『요기』 본문에서는 단지 중계와 경계의 두 가지로 분류하여 앞의 중계를 제외한 나머지 여섯 가지를 모두 묶어서 경계라고 했다는 말이다.
[102] 『계소戒疏』 : 용어 자체는 계율에 대한 소라는 뜻이지만, 일반적으로 남산율종南山律宗의 개조인 도선道宣(596~667)이 지은 『四分律含注戒本疏』 4권을 가리키는 경우

梵云波羅提木叉。此云別解脫。卽四分律等。戒本所立也。彼戒本中。總說
二百五十戒相。然初四是重。僧殘已下。計有二百四十六輕。【殘下戒數。諸律
不同。且依四分。合記標數】六聚配立。雖有輕重二聚分別。通歸輕也。一一名
相。如戒疏等。

問 『사분율』 등에서 설한 계본은 모두 소승인데 보살계에서 무엇 때문에 이것을 제시하는 것인가?

답 무릇 보살계에는 통틀어서 삼취三聚(삼취계)가 있는데 율의계律義戒(섭률의계) 한 가지는 성문과 다르지 않다. 예를 들면 『유가사지론』 등에서 설한 삼취에서 모든 율의계의 모양이 전적으로 보살의 율의계의 모양인 것과 같다.[104] 그러므로 지금 이것을 제시하였다.

問。四分律等。所說戒本。皆是小乘。菩薩戒中。何故舉之。答。凡菩薩戒。
總有三聚。律義一戒。不異聲聞。如瑜伽等。所說三聚。諸律戒相。全是菩
薩律儀戒相。故今舉之。

問 지금 판별한 것과 같다면 섭률의계에도 또한 여섯 가지 취(六聚)의 차별을 세우지 않아서야 되겠는가?

답 비록 다른 뜻이 있을지라도, 일단 전해지는 것에 따르면, 섭률의계에는 여섯 가지 취의 차별이 있고 섭선법계와 섭중생계는 오직 두 가지 취를 세운다.

가 많다. 이 책은 도선 자신이 지은 『四分律含注戒本』에 대한 주석서이다.
103 『四分律含注戒本疏』는 『四分律含注戒本疏行宗記』(X39, 710a)에 회본 형식으로 수록되어 있다.
104 『瑜伽師地論』 권40(T30, 511a). 삼취계 중 율의계를 풀이하면서 칠중별해탈률의가 바로 보살률의계라고 한 것을 가리킨다.

問。如今判者。攝律儀戒。亦可不立六聚差別耶。答。雖有異義。且據所傳。
攝律儀戒。有六聚別。攝善攝生。唯立二聚也。

問 그렇다면 무엇 때문에 지금 『요기』에서는 승잔죄 이하의 모든 계(바라이죄를 제외한 나머지 모든 것)를 통틀어서 경구죄에 포함된다고 판별하였는가?[105]

답 『범망경』에서 설한 돈계頓戒[106]는 근본제根本制[107]이니 오직 두 가지 취를 세워서 출가자와 재가자가 통틀어서 의지할 수 있게 하였다. 지금 그 경에 의거하여 통틀어서 경중을 판별하였기 때문에 또한 모두 거두어서 경구죄에 귀속시켰다. 『보살선계경菩薩善戒經』・『유가사지론』 등의 뜻에 의거하면 보살의 율의계는 전부 성문과 동일하니 칠중계七衆戒[108]를 그 체로 삼기 때문이다.[109] 그 계상에 따라 계급으로 등분할 수 있으니 참회의

---

105 바로 앞에 제시한 『요기』의 본문에서 비구계 250계 중 네 가지 중계를 제외한 나머지 246계를 모두 경구죄라는 이름으로 묶어 버리고 여섯 가지 취의 차별을 무화한 것에 의문을 제기한 것이다.
106 돈계頓戒 : 돈기頓機를 위해 설한 계라는 뜻. 돈기란 근기가 수승하여 방편의 가르침에 의해 제도하지 않고 궁극적인 이치 혹은 계를 바로 이해하고 받아들일 수 있는 중생을 가리킨다. 상대어는 점기漸機로, 근기가 하열하여 방편의 가르침에 의해 단계적으로 궁극적 이치를 깨우쳐 가는 중생을 가리킨다.
107 근본제根本制 : 어떤 일이 일어난 것을 계기로 하여 그때마다 제정한 것이 아니고 본래부터 지켜야 할 것으로 제정된 계율을 가리키는 말이다. 상대어는 수범수제隨犯隨制이다. 『四分律行事鈔資持記』 권하(T40, 390b)를 참조할 것.
108 칠중계七衆戒 : 칠중이 수지하는 별해탈률의別解脫律儀로 비구계・비구니계・식차마나계・사미계・사미니계・우바새계・우바이계를 말한다.
109 『菩薩善戒經』 권4(T30, 982c)에서 "재가계와 출가계에 세 가지가 있다. 첫째는 계계(율의계)이고 둘째는 수선법계(섭선법계)이며 셋째는 위이중생고행계(요익중생계)이다. 무엇을 계라고 하는가? 말하자면 일곱 가지 계이니, 비구계・비구니계・식차마나계・사미계・사미니계・우바새계・우바이계다. 보살마하살이 보살계를 수지하고자 한다면 먼저 청정한 마음으로 일곱 가지 계를 받아야 한다.(在家出家戒有三種。一者戒。二者受善法戒。三者爲利衆生故行戒。云何名戒。所謂七種戒。比丘比丘尼。式叉摩那。沙彌沙彌尼。優婆塞優婆夷。菩薩摩訶薩。若欲受持菩薩戒者。先當淨心。受七種戒。)"라고 한 것과 『瑜伽師地論』 권40(T30, 511a)에서 삼취정계 중 섭률의계를 설명

궤칙도 그것에 어긋날 수 없다. 그러므로 섭률의계에 여섯 가지 취를 세운다.

問。若爾何故。今記所判。殘下諸戒。通攝輕垢耶。答。梵網頓戒。是根本制。唯立二聚。通被道俗。今依彼經。總判輕重。故且通收。屬輕垢也。若依善戒瑜伽等意。菩薩律儀。全同聲聞。以七衆戒爲其體故。如彼戒相。階級可等。懺悔軌則。不可違彼。故攝律儀。立六聚也。

ㄹ) 다라계본 사십팔경계에서 이승과 함께하는 것과 함께하지 않는 것을 밝힘

기 여기에서 두 번째[110]에는 함께하는 것과 함께하지 않는 것이 있으니,

此第二中。有共不共。

집 곧 앞에서 세 종류를 제시한 것 가운데 범망계본을 가리킨다. 이른 바 "함께하는 것"이라는 것은 이승二乘과 함께하는 것이고, "함께하지 않는 것"이라고 한 것은 그 이승과 함께하지 않기 때문이다. 그 함께하는 문(共門)은 별해탈계경과 전부 동일하고 그 함께하지 않는 문(不共門)은 그것과 전부 다르다.

卽指前擧三類之中。梵網戒本也。所言共者。與二乘共。言不共者。與彼二乘而不共故。其共門者。與別解脫戒經全同。其不共門。與彼全異。

하면서 칠중별해탈율의라고 한 것을 참조할 것.
110 여기에서 두 번째 : 경계의 숫자에 있어서, 자세한 것은 8만 4천 가지이고 간략한 것에는 다시 달마계본의 44가지와 다라계본의 48가지와 별해탈계경의 246가지가 있는데, 이 뒤의 세 가지 가운데 두 번째라는 뜻이다. 곧 『梵網經』의 사십팔경계를 가리킨다.

⑫ 함께하는 것과 함께하지 않는 것에 의거하는 것이라면 (첫 번째인) 달마계본도 또한 함께 제시할 수 있는 것인데, 무엇 때문에 지금 오직 두 번째인 (다라계본에서만) 제시하였는가?

⑬ 힐난한 것과 같은 문제가 있는 것은 사실이다. 단지 그 두 번째가 지금 (글에서) 근본 대상으로 삼는 경이기 때문에 별도로 판별하였을 뿐이다.

> 問。若依共與不共者。達磨戒本。亦同可擧。何故。今唯擧第二耶。答。實如來難。但其第二。是今本經。故別判也。

⑦ 함께하는 것과 함께하지 않는 것의 모양은 글에 의거하면 알 수 있다.

> 共不共相。依文可解。

⑧ 범망계본의 사십팔경계는 계상을 나열한 글을 보면 그 일이 명백하기 때문에 지금 그것을 가리켜 보였다. 말하자면 48가지 가운데, 제1·제2·제4·제5[111]는 대승과 소승에 공통된 것이다. 제1과 제5는 계본戒本[112]에는 비록 없지만 건도揵度[113]에서 제정하였다. 또한 제4계는 승계僧

---

111 제1·제2·제4·제5 : 제1은 어른을 공경하는 것이고, 제2는 술을 마시지 않는 것이며, 제4는 오신채五辛菜(다섯 가지 매운 채소)를 먹지 않는 것이고, 제5는 죄를 들어서 참회하도록 가르치는 것이다. 앞의 주석에서 서술한 『梵網經古迹記』의 사십팔경계를 참조할 것.
112 계본戒本 : 율장律藏에서 바라이·승잔 등의 계율의 조목을 설한 부분을 가리키는 말이다. 예컨대 팔리 율장은 경분별經分別·건도揵度(揵度)·부록의 세 부분으로 구성되어 있는데, 경분별에서는 계본을 설하였고 건도에서는 자자自恣·의衣·약藥 등과 같이 승가와 관련된 여러 가지 문제를 처리하는 규정을 주제별로 묶어 놓았으며, 부록에서는 앞에서 설한 것을 보충하여 설명해 놓았다.

戒(比丘戒)에는 비록 없지만 니계尼戒(比丘尼戒)에는 있다. 그러므로 공통되는 것을 알 수 있다. 제3[114]은 공통된 것이 아니니 소승계에서는 고기를 먹는 것을 제한적으로 허락했기 때문이다. 이는 또한 『열반경』을 설하기 이전의 관점에서 판별한 것이고 『열반경』을 설한 이후에는 동일하게 허락하지 않았다. 의적의 소疏에서 "성문은 『열반경』을 설하기 이전에는 세 가지 조건을 갖춘 청정한 고기는 먹는 것을 허락하고 그 이외의 고기는 먹는 것을 허락하지 않았으며,[115] 『열반경』을 설한 이후에는 어떤 고기이든 먹는 것을 허락하지 않았다.[116] 보살은 『열반경』을 설하기 전이든 이후이든 어떤 고기라도 먹는 것을 허락하지 않았다.[이상]"[117]라고 하였다. 우선 한두 가지 계를 들어서 함께하는 것과 함께하지 않는 것을 밝히고 나머지 계상은 번잡할 것 같아 서술하지 않는다. 의적의 소에서 여러 계를 두루 풀이하면서 낱낱이 분별한 것[118]과 같으니 펼쳐서 살펴보면 알 수 있

---

113 건도揵度 : ⓈskanCRIandhaka의 음역어. 동일한 종류의 법을 모은 것을 가리키는 말. 건도犍度라고도 하고 의역어는 온蘊·취聚·중衆 등이다. 율장과 관련해서는 앞부분에서 계율의 조목을 설한 것을 경분별이라 하고, 그 뒷부분에서 승가와 관련된 여러 가지 문제를 처리하는 규정을 설한 것을 주제별로 묶어 놓은 것을 건도라고 한다. 『四分律』에서는 수계건도受戒犍度·설계건도說戒犍度·안거건도安居犍度 등의 20건도를 시설하였고 팔리 율장에서는 22건도를 시설하였다.
114 제3 : 고기를 먹지 않는 것이다.
115 『四分律』 권42(T22, 872b)에서 "지금 이후로 고의로 나를 위해 죽이는 것을 보았거나, 고의로 나를 위해 죽였다는 말을 들었거나, 고의로 나를 위해 죽였다고 의심되는 것의 세 가지 인연이 있는 것은 청정한 고기가 아니니 먹어서는 안 된다. 나를 위해 죽이는 것을 보지 않았고, 나를 위해 죽였다는 말을 듣지 않았으며, 나를 위해 죽였다고 의심되지 않는 것의 세 가지 인연이 있는 것은 청정한 고기이니 먹어도 좋다."라고 하였다.
116 40권본 『涅槃經』 권4(T12, 386a)에서 "오늘부터 비로소 성문 제자가 고기를 먹는 것을 허락하지 않는다. 단월이 보시한 것을 받을 때 이 음식을 관찰하여 자식의 살과 같은 것이라는 생각을 내어야 한다.(從今日始。不聽聲聞弟子食肉。若受檀越信施之時。應觀是食。如子肉想。)"라고 하였다.
117 『菩薩戒本疏』 권하(T40, 672a).
118 예를 들면 『菩薩戒本疏』 권하(T40, 671a)에서 제1경사존장계第一敬事尊長戒를 풀이하면서 "학처의 동이同異라는 것은 대승과 소승에서 모두 제정하였다. 그런데 성문계에

을 것이다.

梵網戒本四十八輕。對列相文。其事灼然。故今指之。謂六八之中。第一二四五大小共同。而第一第五。戒本雖無。攝度卽制。又第四戒。僧戒雖無。尼戒卽有。故知共同也。第三不共。小乘戒中。開食肉故。且約涅槃已前判之。涅槃已後同不開也。義寂疏云。聲聞。涅槃已前。聽三種淨。自餘不聽。涅槃已後。一切不聽。菩薩。前後一切不聽【已上】且擧一二。明共不共。自餘戒相。恐繁不述。如寂疏中。歷於諸戒。一一分別。披尋可知。

② 중계를 총괄적으로 판별함

ㄱ. 총괄적으로 설한 것 : 십중계

기 중계 가운데 총괄적으로 설하면 열 가지가 있다.

重戒之中。總說有十。

집 보살계에 이미 두 가지 취가 있다. 경계를 나열한 계상은 숫자의 많고 적음이 일정하지 않아서 48가지까지 이르는데 기연機緣에 따라 설한 것이다. 중계의 경우는 오직 열 가지가 있는 것에 이를 뿐이고, 설한 계상과 지위를 정한 것에는 증감이 있지 않다. 단지 여러 교설에서 열거한 숫자가 같지 않을 뿐이다. 『범망경』과 『보살영락본업경』에서 설한 것[119]이 근

서는 허물을 여의는 문에서 제정했고, 보살계에서는 선을 섭수하는 문에서 제정하였다.(學處同異者。大小俱制。然聲聞離過門中制。菩薩攝善門中制。"라고 하여 함께하고 함께하지 않는 것을 밝히고, 기타 다른 조목에서도 이러한 해명을 시도한 것을 말한다.

[119] 『梵網經』 권하(T24, 1004b);『菩薩瓔珞本業經』 권상(T24, 1012b). 도표를 참조할 것.

본이 되는 숫자이니 보살의 중계는 이것을 넘지 않기 때문이다. 나머지는 대부분 여기에서 나온 것이다. 말하자면 『보살선계경』에서 설한 팔중계八重戒[120]는 『범망경』에서 설한 십중계[121] 가운데 앞의 네 가지 계와 뒤의 네 가지 계를 들고 중간의 두 가지 계를 제외한 것이기 때문이다. 『선생경善生經』[122]에서 설한 육중계六重戒[123]는 『범망경』에서 설한 것 중 앞의 여섯 가지 계이고, 『유가사지론』에서 설한 사중계四重戒[124]는 곧 『범망경』에서

『菩薩瓔珞本業經』 십바라이법

1. 살생	2. 도둑질	3. 음행	4. 거짓말	5. 사부대중의 허물을 말하는 것
6. 술을 파는 것	7. 자신을 찬탄하고 다른 사람을 비방하는 것	8. 아끼고 탐하는 것	9. 분노하는 것	10. 삼보를 비방하는 것

『梵網經』 십중계

1. 쾌의살생계 快意殺生戒	2. 겁도인물계 劫盜人物戒	3. 무자행욕계 無慈行欲戒	4. 고심망어계 故心妄語戒	5. 고주생죄계 酤酒生罪戒
6. 담타과실계 談他過失戒	7. 자찬훼타계 自讚毁他戒	8. 간생훼욕계 慳生毁辱戒	9. 진불수사계 瞋不受謝戒	10. 훼방삼보계 毁謗三寶戒

120 팔중계八重戒 : 『菩薩善戒經』(T30, 1015a)에서 "보살계란 팔중법이다. 앞의 네 가지는 사중계, 곧 살생·도둑질·음행·거짓말 등을 금한 것이다. 나머지 네 가지 중 다섯째는 이양利養을 탐하여 자신을 찬탄하는 것을 금한 것이고, 여섯째는 가난한 사람이나 병자가 와서 구걸하는데 인색하여 베풀지 않는 것과 법을 구하는 사람에게 법을 알려 주지 않는 것을 금한 것이며, 일곱째는 분노하여 다른 사람을 해치는 것과 다른 사람이 참회하는데 받아들이지 않는 것 등을 금한 것이고, 여덟째는 대승경을 비방하고 상사비법相似非法(대승법과 유사한 모습을 지닌 그릇된 법)을 배우는 이와 함께 머무는 것을 금한 것이다."라고 하였다.
121 『梵網經』 권하(T24, 1004b). 앞의 도표를 참조할 것.
122 『선생경善生經』: 담무참曇無讖이 한역한 『優婆塞戒經』의 다른 이름. 장자長者의 아들인 선생善生이 질문하고 부처님께서 답변하는 형식으로 이루어져 이렇게 부른다.
123 『優婆塞戒經』 권3(T24, 1049a)에서 "육중법六重法이 있다. 첫째는 살생하는 것이고, 둘째는 도둑질하는 것이며, 셋째는 거짓말하는 것이고, 넷째는 삿된 음행을 저지르는 것이며, 다섯째는 사부대중의 허물을 말하는 것이고, 여섯째는 술을 마시는 것이다."라고 하였다.
124 『瑜伽師地論』 권40(T30, 515b)에서 "네 가지 타승처법이 있다. 첫째는 이양과 공경을 탐하여 자신을 칭찬하고 다른 사람을 비방하는 것이고, 둘째는 재물을 주는 것을 아까워하는 것이며, 셋째는 분노하는 마음을 일으키는 것이고, 넷째는 대승법을 비방하

설한 것 중 뒤의 네 가지 계이다.[125] 『보살지지론』에서도 또한 동일하게 설하였

는 것이다."라고 하였다.
125 이상 십중계와 관련하여 제시된 다양한 설명을 뒤에서 서술한 것까지 모두 반영하여 도표로 나타내면 다음과 같다. 법장의 해석은 앞의 서술과 다르지 않아 별도로 서술하지 않았다.

『梵網經』 십중계	『요기』	진원의 『조람집』 해석	『菩薩瓔珞本業經』 십중계	『菩薩善戒經』 팔중법	태현의 『梵網經古迹記』 해석	『優婆塞戒經』 육중법	『瑜伽師地論』 4타 승처법
1. 쾌의 살생계 快意殺生戒	소승과 함께하는 것	재가보살의 여섯 가지 중계 (함께하는 것과 함께하지 않는 것이 합쳐져 있음)		1. 살생	이승(소승)과 함께하는 근본중죄	1. 살생	
2. 겁도인물계 劫盜人物戒			-소승과 함께하는 것 -출가중과 재가중이 함께하는 것	2. 도둑질		2. 도둑질	
3. 무자행욕계 無慈行欲戒				3. 음행		4. 삿된 음행	
4. 고심망어계 故心妄語戒				4. 거짓말		3. 거짓말	
5. 고주생죄계 酤酒生罪戒			재가중에만 해당되는 것	6. 술을 파는 것		6. 술을 마시는 것	
6. 담타과실계 談他過失戒				5. 사부대중의 허물을 말하는 것		5. 사부대중의 허물을 말하는 것	
7. 자찬훼타계 自讚毀他戒	소승과 함께하지 않는 것		-소승과 함께하지 않는 것 -출가중에만 해당되는 것	7. 자찬훼타	5. 이양을 탐하여 자신을 찬탄하는 것	이승(소승)과 함께하지 않는 근본중죄	1. 이양과 공경을 탐하여 자신을 칭찬하고 다른 사람을 비방하는 것

다.[126] 이 책은 『유가사지론』의 이역본이다.】

菩薩戒中。旣有二聚。輕戒列相。多少不定。乃至六八。隨宜而說。至重戒者。唯有十種。說相階定。無有增減。但諸敎說。列數不同。梵網瓔珞。是根本數。菩薩重戒。不過此故。自餘多分。從此中出。謂善戒八重。梵網十中。前後四戒。除中二故。善生六重。梵網前六。瑜伽四重。卽梵網中。後四戒也。【地持亦同。瑜伽異譯。】

問 무엇 때문에 여러 교설에 이렇게 같지 않은 모습이 있는 것인가?
答 보살의 십중계는 출가자와 재가자가 수지하는 것이 각각 다르다. 그 열 가지 계 가운데 앞의 네 가지 계는 출가자와 재가자가 모두 수지하는 것이고, 제5·제6은 재가자에게 해당되는 것이며, 뒤의 네 가지 중계는 출가중出家衆에 대해 제정한 것이다. 앞에서 제시한 경·논 가운데, 『보살선계경』은 곧 출가자를 위해 설한 것이고, 『선생경』은 오직 재가자를 위해 설한 것이며, 『보살지지론』과 『유가사지론』은 또한 출가보살을 위해 설한 것이고, 『범망경』과 『보살영락본업경』은 출가중과 재가중在家衆을 통틀어

8. 간생 훼욕계 慳生毁辱戒			8. 아끼고 탐하는 것	6. 인색한 것		2. 재물을 베푸는 데 인색한 것
9. 진불 수사계 瞋不受謝戒	소승과 함께하지 않는 것	-소승과 함께하지 않는 것 -출가중에만 해당되는 것	9. 분노하는 것	7. 분노하여 다른 사람을 해치는 것	이승(소승)과 함께하지 않는 근본중죄	3. 분노하는 것
10. 훼방 삼보계 毁謗三寶戒			10. 삼보를 비방하는 것	8. 대승경을 비방하는 것		4. 대승법을 비방하는 것

126 『菩薩地持經』 권5(T30, 913b).

서 제정한 것이다. 그러므로 경·논에서 설한 것이 같지 않다.

問。何故諸教中。有此不同耶。答。菩薩十重。出家在家。所持各別。於其十中。前四出家在家俱持。第五第六被在家人。後四重者制出家衆。前經論中。善戒卽爲出家而說。善生唯爲在家而說。地持瑜伽亦爲出家菩薩而說。梵網瓔珞通制二衆。是故經論所說不同也。

법장의 『범망경보살계본소』에서 "『보살선계경』에 의거하면 출가보살의 경우는 팔중계가 있는데[127] 곧 이(『범망경』) 가운데 처음의 네 가지 계와 나중의 네 가지 계가 이것이다. 출가보살은 먼저 성문계를 받으면서 앞의 네 가지 중계[128]를 갖추며 나중에 보살계를 받으면서 다시 뒤의 네 가지 중계를 더하기 때문이다."라고 하였고, 또한 말하기를 "『선생경』에 의거하면 재가보살의 경우는 육중계가 있는데[129] 곧 이 가운데 처음의 여섯 가지 계가 이것이다."라고 하였으며, 또한 말하기를 "『유가사지론』과 『보살지지론』에 의거하면 사중계가 있는데[130] 곧 이 가운데 뒤의 네 가지가 이것이다. 또한 소승의 경우는 사중계가 있는데, 곧 앞의 네 가지 중계가 이것이다. 그러므로 이 계는 출가자와 재가자를 모두 포함하고 대승과 소승을 모두 포괄하기 때문에 열 가지를 갖추었을 뿐이다.【이상】"[131]라고 하였다.

---

127 『菩薩善戒經』(T30, 1015a). 앞에서 서술한 "팔중계"의 주석을 참조할 것.
128 네 가지 중계 : 성문계인 250계 중 사바라이법, 곧 음계淫戒·도계盜戒·살인계殺人戒·대망어계大妄語戒를 가리킨다. 대망어란 거짓말 가운데 가장 큰 것, 곧 상인법上人法(높은 경지에 도달하는 법)을 얻지 못했는데 얻었다고 하는 것을 말한다. 이것을 제외한 나머지 일체의 거짓말을 소망어小妄語라고 한다. 사바라이법의 자세한 내용은 『四分律』권1(T22, 568c)을 참조할 것.
129 『優婆塞戒經』권3(T24, 1049a).
130 『瑜伽師地論』권40(T30, 515b);『菩薩地持經』권5(T30, 913b).
131 『梵網經菩薩戒本疏』권1(T40, 609b).

藏梵網疏云。依菩薩善戒經。出家幷[1]有八重。卽此中初四。及後四是也。以出家菩薩。先受聲聞戒。具前四重。後受菩薩戒。更加後四故。又云。依善生經。在家菩薩有六重。卽此中初六是也。又云。依瑜伽地持論有四重。卽此後四是也。又小乘四重。卽前四重是也。是故此戒。通攝道俗。備該大小。故具十耳。【已上】

1) ㉑『梵網經菩薩戒本疏』에 따르면 '幷'은 '菩薩'이다.

『범망경고적기』에서 "『유가사지론』에서 네 가지 계를 세웠는데[132]『보살계본종요』에서 풀이한 것[133]과 같다. 『선생경』의 경우는 재가대중에 의거하여 오직 (십중계 중) 앞의 여섯 가지[134]만 설하였는데 거칠고 두드러진 것(麁顯)[135]이기 때문이다. 『보살선계경』에 의거하면 출가보살에게 팔중계가 있는데[136] 곧 여기(『범망경』)에서 설한 십중계 가운데 앞의 네 가지와 뒤의 네 가지이니, (앞의 네 가지는) 이승과 함께하는 근본중죄(共根本重罪)이고,[137] (뒤의 네 가지는) 이승과 함께하지 않는 근본중죄(不共根本重罪)이기 때문이다. 이 경과 『보살영락본업경』에서는 총괄하여 십중계를 세웠으니[138] 통틀어서 섭수했기 때문이다.【이상】"[139]라고 하였다.

古迹云。瑜伽云[1]四。如宗要釋。若善生經。依在家衆。唯說前六。以麁顯故。

---

132 『瑜伽師地論』 권40(T30, 515b)에서 네 가지 타승처법他勝處法(바라이법)을 설한 것을 말한다.
133 태현의 『菩薩戒本宗要』(T45, 916a)에서 비구와 보살의 사계捨戒의 인연을 밝히는 가운데, 보살의 네 가지 타승처법의 위범에 대해 설명하였다.
134 『優婆塞戒經』 권3(T24, 1049a)에서 설한 우바새의 육중법六重法을 가리킨다.
135 거칠고 두드러진 것(麁顯) : 계율을 그 성격에 따라서 두 가지로 나누어 이해하는 것 중 하나이다. 상대어는 미세하고 은밀한 것(細隱)이다.
136 『菩薩善戒經』(T30, 1015a).
137 근본중죄根本重罪는 계 가운데 가장 무거운 것인 바라이죄를 가리킨다.
138 『菩薩瓔珞本業經』 권하(T24, 1022c).
139 『梵網經古迹記』 권하(T40, 703a).

依善戒經。出家菩薩。立有八重。卽此十中初四後四。以共不共根本重故。
此經本業。總立十重。以通攝故。【已上】

1) ㉠『梵網經古迹記』에 따르면 '云'은 '立'이다.

이들 해석에 의거하여 모든 가르침에서 설한 중계를 통틀어서 자세히 고찰하면 다섯 단계로 나눌 수 있다. 첫째는 출가보살계로서 (재가보살이) 함께하는 계이니, 예를 들면 별해탈계경에서 설한 네 가지 중계가 이것이다.[140] 둘째는 출가보살계로서 (재가보살이) 함께하지 않는 계이니, 예를 들면 『보살지지론』·『유가사지론』에서 설한 네 가지 중계가 이것이다.[141] 셋째는 출가보살계로서 (재가보살이) 함께하기도 하고 함께하지 않기도 하는 계이니, 『보살선계경』에서 설한 여덟 가지 중계가 이것이다.[142] 넷째는 재가보살계로서 (출가보살과) 함께하기도 하고 함께하지 않기도 하는 계이니, 『선생경』에서 설한 여섯 가지 중계가 이것이다.[143] 다섯째는 출가보살과 재가보살이 함께하기도 하고 함께하지 않기도 하는 계이니, 예를 들면 『범망경』과 『보살영락본업경』에서 설한 것이 이것이다.

依此等釋。總詳諸教所說重戒。可有五階。一出家菩薩共戒。如別解脫戒經

---

[140] 앞의 주석에 따르면 『梵網經』 십중계 중 앞의 네 가지 계는 출가자와 재가자가 함께하는 것이고, 다음의 두 가지 계는 재가자에게만 속하는 것이며, 뒤의 네 가지 계는 출가자에게만 속하는 것이다. 이런 기준에 의거할 때, 앞의 네 가지 중계는 출가자와 재가자가 함께하는 것이라는 말이다.
[141] 십중계 중 뒤의 네 가지 계는 오직 출가자에게만 해당하는 것이라는 말이다.
[142] 앞의 주석에 따르면 『菩薩善戒經』의 여덟 가지 중계는 『梵網經』의 십중계 중 앞의 네 가지와 뒤의 네 가지 계에 해당한다. 앞의 네 가지 계는 출가자와 재가자가 함께하는 것이고, 뒤의 네 가지는 출가자에게만 해당하는 것이니, 함께하기도 하고 함께하지 않기도 하는 것이라고 하였다.
[143] 『善生經』의 팔중계는 『梵網經』 십중계 중 앞의 여섯 가지 계에 해당하는 것이니, 앞의 네 가지는 출가자와 재가자가 함께하는 것이고 뒤의 두 가지는 재가자에게만 해당되는 것이다. 이 때문에 함께하기도 하고 함께하지 않기도 하는 것이라고 하였다.

所說四重是也。二出家菩薩不共戒。如地持瑜伽四重是也。三出家菩薩共
不共戒。善戒所說八重是也。四在家菩薩共不共戒。善生所說六重是也。五
出家在家菩薩共不共戒。如梵網瓔珞所說是也。

ㄴ. 개별적으로 분류한 것

기 그 부류에 따라 구별되는 것을 논하면 또한 세 가지가 있다.

論其類別。亦有三種。

ㄱ) 소승과 함께하는 중계 : 앞의 네 가지 계

혹은 소승과 함께하는 중계가 있으니, 앞의 네 가지 계이고,

或有共小之重。謂前四也。

집 별해탈계경에서 세운 살생 등의 네 가지 중계[144]는 이승二乘과 함께
하기 때문에 "소승과 함께하는"이라고 하였다.

當別解脫戒經所立。殺等四重。與二乘同。故云共小也。

ㄴ) 소승과 함께하지 않는 중계 : 뒤의 네 가지 계

기 혹은 (소승과) 함께하지 않는 중계가 있으니 뒤의 네 가지 계이며,

---

144 『四分律』 권1(T22, 569c).

或有不共之重。謂後四也。

집 곧 『유가사지론』에서 설한 네 가지 중계이다. 자찬훼타계 등의 네 가지는 이승과 다르기 때문에 "함께하지 않는"이라고 하였다.

則如瑜伽所說四重。自讚等四與二乘異。故云不共也。

ㄷ) 재가보살의 여섯 가지 중계 : 앞의 여섯 가지 계

기 혹은 재가보살의 여섯 가지 중계를 세웠으니 십중계에서 앞의 여섯 가지 계이다.

或立在家菩薩六重。十重內在前六也。

집 이것은 『선생경』에서 설한 것이다. 그 경은 단지 재가보살이 수지해야 할 계상을 설했기 때문에 구분된다고 하였다.
의적의 『범망경소』에서 "『선생경』에서는 개별적으로 재가자인 두 대중(在家二衆)[145]에 의거하여 설했기 때문에 오직 앞의 여섯 가지를 중계로 제정하였다. 술을 파는 것과 (사부대중의) 허물을 말하는 것은 재가중에게 있어서 죄가 특히 무거운 것이기 때문이다. 그러므로 성중계性重戒[146]에

---

145 재가자인 두 대중(在家二衆) : 불교의 구성원을 보통 출가자인 비구와 비구니의 두 대중과 재가자인 우바새優婆塞와 우바이優婆夷의 두 대중을 묶어서 사부대중이라고 한다. 우바새는 남자 재가신자를 가리키는 말로 ⓢ upāsaka의 음역어이고 청신사淸信士라고 의역한다. 우바이는 여자 재가신자를 가리키는 말로 ⓢ upāsikā의 음역어이고 청신녀淸信女라고 의역한다.
146 성중계性重戒 : 성죄性罪와 관련된 중계라는 뜻. 성죄란 시간과 공간을 넘어서 언제나 악행에 포섭되는 죄를 가리킨다. 여기에서는 십중계 중 앞의 네 가지, 곧 살생·도

두 가지를 보태어 여섯 가지를 (중계로) 제정하였다.[이하 생략]"[147]라고 하였다. 그런데 그 경에 의거하면 계상을 설한 차례는 지금의 『범망경』과 앞뒤가 같지 않다. 세 번째는 망어이고 네 번째는 음란한 것이며, 다섯 번째는 허물을 말하는 것이고 여섯 번째는 술을 파는 것이다. 또한 망어는 대망어大妄語[148]에 의거한 것이고 음란한 것은 삿된 형태의 음행에 대해 제정한 것이다. 지금 우선 대략적으로 판별한 것을 말하여 "십중계에서 앞의 여섯 가지 계이다."라고 한 것이다.

> 此是善生經所說也。彼經但說在家菩薩所持戒相。故云分也。寂梵網疏云。善生別約在家二衆。故唯前六。判爲重戒。酤酒說過。於在家衆。罪偏重故。故性重上。增二爲六。【云云】然依彼經。說相次第。與今梵網。前後不同。第三妄語。第四婬佚。第五說過。第六酤酒。又妄約大妄。婬制邪婬。今且大判云謂。十重內在前六也。

기 이 가운데 함께하는 것과 함께하지 않는 것이 합쳐져 있다.[149]

> 此中合有共與不共。

집 이것은 여섯 가지 중계를 판별한 것이다. 앞의 네 가지는 함께하는 문이고 뒤의 두 가지는 함께하지 않는 것[150]이다. 그러므로 "이 가운데 합

둑질·음란한 행위·거짓말 등을 금한 것을 말한다.
147 『菩薩戒本疏』 권상(T40, 660b).
148 대망어大妄語 : 거짓말 가운데 가장 심한 것. 곧 상인법上人法(높은 경지에 도달하는 법)을 얻지 못했는데 얻었다고 하는 것을 말한다. 이것을 제외한 나머지 일체의 거짓말을 소망어小妄語라고 한다.
149 여섯 가지 계에 출가중과 함께하는 것과 함께하지 않는 것이 모두 있다는 말이다.
150 재가보살의 육중계는 십중계 가운데 앞의 여섯 가지인데, 이 가운데 앞의 네 가지는

쳐져 있다." 등이라고 하였다.

此判六重。前四共門。後二不共。故云此中合有等也。

무릇 중계와 관련하여, 총괄적으로 설한 것과 개별적으로 분류한 것을 합치면 네 가지 문이 있다. 총괄하여 말하면 열 가지이니 곧 『범망경』과 『보살영락본업경』에서 설한 것이다. 개별적으로 말하면 세 부류가 있으니 말한 것이 같지 않다. 그러므로 총괄한 것과 개별적인 것을 합쳐서 네 가지 문이 있다. 앞의 경계를 설한 부분에도 또한 네 가지 문이 있으니, 총괄적으로 설한 것과 개별적으로 분류한 것은 또한 이것을 준거로 삼아서 알 수 있을 것이다.

凡於重戒。總說別類。合有四門。若總說十。卽當梵網瓔珞所說。別有三類。所說不同。故總別合有四門也。上輕戒中。亦有四門。總說別類。還准此知。

또 중계를 세 부류로 나눈 것[151]을 헤아려 분간한 것(料簡)에 두 가지가 있다.

又重戒三類。有二料簡。

한 가지는 다음과 같다.
"세 부류의 사례는 한결같이 근본이 되는 경·논에 배대하는 것이 가능

---

[151] 출가와 재가가 함께하는 것이고 뒤의 두 가지는 재가에만 해당하는 것이라는 뜻이다. 『요기』에서 "그 부류에 따라 구별되는 것을 논하면 또한 세 가지가 있다. 혹은 소승과 함께하는 중계가 있으니 앞의 네 가지 계이고, 혹은 (소승과) 함께하지 않는 중계가 있으니 뒤의 네 가지 계이며, 혹은 재가보살의 여섯 가지 중계를 세웠으니 십중계에서 앞의 여섯 가지 계이다."라고 한 것을 가리킨다. 이하 이것에 대한 두 가지 해석을 제시하였다.

하다. 앞에서 배대한 것¹⁵²처럼 이 뜻에 의거하여 설한 것이다. 앞에서 경계를 판별하면서 낱낱이 구별하여 배대하였는데, 지금 중계를 판별하면서는 어찌 구별하여 배대하지 않았겠는가? 問 이와 같다면 무엇 때문에 『보살선계경』은 제시하지 않은 것인가?¹⁵³ 答 그곳에서 설한 팔중계는 앞의 네 가지는 별해탈계경別解脫戒經과 동일하고, 뒤의 네 가지는 또한 『유가사지론』에서 설한 것과 일치한다. 그러므로 생략하고 제시하지 않았다."

一云。三類一向。對本經論。如前所配。依此義也。前判輕戒。一一別對。今判重戒。何不別配乎。問。若爾何故不擧善戒耶。答。彼說八重。前四卽同別脫戒經。後四亦合瑜伽所說。故略¹⁾不擧也。

1) ⓔ '략'은 '略'인 것 같다.

다른 한 가지는 다음과 같다.

"지금 여기에서 제시한 세 부류는 모두 부류에 따라 구별되는 것을 나타낸 것이니, 아직 반드시 저들 경·논에 개별적으로 배대한 것이라고 할 수는 없다. 이미 『보살선계경』에서 설한 것은 제시하지 않았다. 그러므로 오직 모두 부류에 따라 구별되는 것을 나타낸 것일 뿐임을 알 수 있다. 問 (그렇다면) 무엇 때문에 경계와 중계는 (경·논에) 배대하고 배대하지 않는 차별이 있는 것인가? 答 경구죄는 미세하여 계상이 숫자가 많다. 그러므로 경·논에서 설한 것이 각각 다르고 계상의 많고 적음도 일정한 기준이 있지 않다. 그러므로 경계를 판별할 때에는 경·논에 개별적으로 배대

---

152 경계에서 세 부류에 경·논을 배대한 것을 가리키는 것 같다.
153 앞에 나오는 해당처에 대한 『조람집』의 풀이를 보면, 별해탈계경·『瑜伽師地論』·『善生經』의 세 가지가 제시되는데, 여기에서 『菩薩善戒經』이 제외된 이유가 무엇인지를 물은 것이다.

하였다. 중계는 그렇게 하지 않았으니 허물의 모양이 거칠고 두드러진 것을 간취하여 열 가지로 삼았다. 계상과 품계를 결정한 것이 바뀌는 일이 있지 않다. 가령 비록 사중계라거나 팔중계라고 설한 모양이 있더라도 단지 부류에 의해 구별한 것일 뿐이고 계상이 다른 것은 아니다. 그러므로 중계를 판별할 때는 경·논에 배대하지 않았다."

> 一云。今此三類。總顯類別。未必別配彼彼經論。旣以不舉善戒所說。故知唯總顯類別也。問。何故輕重。配不配別耶。答。輕垢微細。戒相數多。是以經論所說各異。戒相多少。而不一准。故判輕戒。別配經論也。重戒不爾。過相麁着。簡取爲十。戒相階定。無有改易。假使雖有四八說相。但是類別。非戒相異。故判重戒。不配經論也。

앞의 십중계[154]에도 두 가지 뜻이 있는데, 여기에서 헤아려 분간한 것에 의거하여 생각해 보면 알 수 있을 것이다.

> 於前十重。亦有二義。准此料簡。思而可知。

앞에서 서술한 것은 옛날과 오늘날의 학자가 서로 전하면서 연구한 것으로 별도로 취하거나 버린 것은 없다. 그러나 지금 상고하여 말하자면 "처음의 뜻을 바른 것으로 삼는다."라고 하니, 경계와 중계가 같아야 하기 때문이고, 앞의 것을 준거로 삼아 알 수 있기 때문이다.

> 上來所述。古今學者。相傳所講。無別取捨。而今詳云。初義爲正。輕重應

---

154 『요기』에서 중계를 설한 부분은 총괄하여 설한 것과 개별적으로 설한 것의 두 가지가 있는데, 이 가운데 전자를 가리키는 말이다. 곧 이미 앞에서 이 중 후자에 대한 두 가지 해석을 제시하고, 전자도 이것에 준하여 이해할 것을 권한 것이다.

同故。准前可知故。

③ 맺음

기 경계와 중계를 총괄적으로 판별하는 것은 의미와 부류가 이와 같다.

總判輕重。義類如是。

집 여러 가르침에서 설한 경계와 중계의 모양이 같지 않은 것을 자세히 검토하면 네 가지로 구별할 수 있다.【총괄적인 것과 개별적인 것을 합하여 논하면 곧 다섯 가지로 구별할 수 있다.】경계를 네 가지로 구별한다는 것은『범망경』·『선생경』·『유가사지론』· 별해탈경이 이것이다. 중계를 네 가지로 구별한다는 것은 별해탈경·『유가사지론』·『보살선계경』·『선생경』이 이것이다.
(그런데『요기』에서) 경계를 판별할 때에는『선생경』을 제시하지 않고 중계를 판별하는 곳에서는『보살선계경』을 배대하지 않았다.『요기』의 뜻을 가만히 생각해 보건대, 경계와 중계에서 계상이 동일한 것은 생략하고 오직 다른 것만 제시하여 각각 세 부류를 밝힌 것이다.

廣撿諸教所說輕重戒相不同。可有四別。【總別合論。卽有五別。】輕四別者。梵網善生瑜伽別脫是也。重四別者。別脫瑜伽善戒善生是也。而判輕中。不擧善生。判重之處。不對善戒。竊詳記意。於輕重戒。略說相同。唯擧異者。各明三類也。

문 (중계와 관련된 부분에서 생략한)『보살선계경』의 팔중계는 (이미 제시한 여타 중계와) 실제로 같다고 할 수 있지만 (경계와 관련된 부분에서 생략한)『선생경』의 28경계는 (이미 제시한 여타 경계와) 어찌 같다고 할 수 있겠는가?

답 그 경의 뜻을 상고해 보면, 우선 재가자를 위해 중요한 계를 추려서 28가지를 열거한 것이다. 비록 계상이 약간 다른 것처럼 보이는 것도 있지만 대부분 『범망경』・『유가사지론』과 동일하기 때문에 별도로 제시하지 않았다. 그렇지 않다면 무엇 때문에 경・논에서 설한 계상이 같지 않은 것을 총괄적으로 판별하면서 『보살선계경』과 『선생경』에서 설한 것을 생략하고 판별하지 않았겠는가?

問. 善戒八重. 實可云同. 善生二十八輕. 豈是同耶. 答. 詳彼經意. 且爲在家. 撮至要戒. 列二十八. 而雖戒相少似有異. 多分同於梵網瑜伽. 故不別擧也. 若不爾者. 何故. 總判經論所說戒相不同. 而略善戒善生所說. 不判之乎.

(2) 개별적으로 차별을 나타냄[155]

가 차별을 밝히면 다음과 같다.

若明差別者.

---

155 달마계본, 곧 『瑜伽師地論』 보살계본에 의거하여, 계의 조목을 어겨서 그 경죄・중죄 여부를 판별할 때, 외양은 중계에 해당해도 그 내면에 의거하여 경계로 판정할 수 있는 경우 등을 비롯한 다양한 사례와 그 적용의 원칙을 제시한 부분이다. 곧 범망계본 십중계 중 제7이고 유가계본 사타승처법(사중계) 중 제1인 자찬훼타계가 그 양상에 따라 경계일 수도 있고 중계일 수도 있으며, 경계 중에서도 염오와 염오가 아닌 것, 중계 가운데에서도 상・중・하의 세 가지로 등급화할 수 있음을 밝혔다. 『요기』가 범망계본을 주축으로 하면서도 이 부분에서 유가계본에 의거한 이유는, 범망계본은 원리주의적인 측면이 강하여 그 본문 자체에 경계와 중계의 조목을 상황에 따라서 달리 적용할 수 있는 근거가 되는 글을 찾을 수 없고, 유가계본은 의도에 의해 달리 해석할 수 있는 가능성을 열어 놓은 글을 자주 볼 수 있기 때문인 것으로 생각된다.

지금 달마계본에 의해 그 성性과 상相의 차별을 판별한다.

今依達摩戒本。辨其性相差別。

집 지금 이 『요기』의 뜻은 비록 『범망경』에 바탕을 두고 있지만 부수적으로는 『유가사지론』에 의거하여 자세하게 경계와 중계를 범하는 것과 범하지 않는 것의 모양을 분별하는 것에 있다. 그러므로 "지금 달마계본에 의해" 등이라고 하였다. "성"은 체성體性이고 "상"은 모양이니, 범하는 것과 범하지 않는 것의 체성과 모양을 말한다.

今此記意。雖本梵網。傍依瑜伽。廣辨輕重犯不犯相。故云今依達磨等也。性謂體性。相卽相狀。謂犯不犯體性相狀也。

① 총괄적으로 판별함

ㄱ. 차별적 양상을 총괄적으로 밝힘

기 (달마계본의) 글에서 "위범인 것, 염오인 것과 염오가 아닌 것, 연품耎品(輭品)에 의한 것과 중품中品에 의한 것과 상품上品에 의한 것을 분명히 알아야 한다."[156]라고 하였다.

文言於有違犯。是染非染。耎中上品。應當了知。

집 이 글은 본론本論(『유가사지론』)에서 중계를 설하고 나서 경계의 시작

---
156 『瑜伽師地論』 권41(T30, 516a).

부분에서 이 설을 지은 것이다. 그 논의 41권에서 "이와 같이 보살은 보살의 정계율의淨戒律儀에 안주하여, 위범인 것과 위범이 아닌 것, 염오인 것과 염오가 아닌 것, 연품인 것과 중품인 것과 상품인 것을 분명히 알아야 한다.【이상】"[157]라고 하였다. 그런데 지금 『요기』에서는 "~과 위범이 아닌 것(及無違犯)"이라는 한 구절이 탈락하여 없다. 뒤에서 해석한 것에 따르면, 위범이 아닌 것을 자세히 풀이하였다. 본론에 이미 있고 『요기』에서 또한 해석하였다. 그러므로 틀림없이 필사하여 전해지면서 탈락된 것일 수 있다.

此文本論。說重戒已。至輕戒始。作此說也。彼四十一云。若諸[1]菩薩安住菩薩淨戒律儀。於有違犯及無違犯。是染非染。輭中上品。應當了知。【已上】然今記中。脫失及無違犯一句。依下釋中廣解無犯。本論已有。記亦解釋。故必可有傳寫脫漏矣。

1) ㉑『瑜伽師地論』에 따르면 '若諸'는 '如是'이다.

ㄴ. 차별적 양상을 개별적으로 밝힘

ㄱ) 범한 것과 범하지 않은 것

기 욕망(欲)에 의한 것과 자비(悲)에 의한 것은 비록 지은 업은 동일할지라도 (그 결과는) 범한 것과 범하지 않은 것의 차이가 있다.

欲悲雖所作業同。而犯無犯異。

---

157 『瑜伽師地論』 권41(T30, 516a).

집 "욕망"은 번뇌이고 "자비"는 바로 대비大悲이다. 살생 등에 의해 지은 업은 저 사람과 이 사람이 비록 동일할지라도, 분노 등에 의한 것과 대비에 의한 것은 이 마음에 의거하여 선업과 악업이라는 큰 차이가 있다. 분노에 의해 살생하는 것은 계를 범하는 것이고 자비에 의해 살생한 것은 바로 계를 지키는 것(持)이다. 그러므로 지은 업은 마음에 따라 차이가 이루어진다. 자세한 것은 『유가사지론』·『섭대승론攝大乘論』에서 분별한 것과 같다. 범한 것과 범하지 않은 것의 모양은 그것에 준하여 알 수 있을 것이다.

欲謂煩惱。悲卽大悲。謂殺生等。所作事業。彼此雖同。瞋等大悲。由此心故。善惡大異。瞋殺是犯。悲殺卽持。是故作業。隨心差別。廣如瑜伽攝論分別。犯不犯相。准彼可悉。

(ㄱ) 범한 것 : 네 가지 인因

기 범함이 있다고 하는 것은 네 가지 인因에 의거하여 범한 모든 일을 말한다.

言有犯者。謂由四因所犯諸事。

집 "네 가지 인因"은 뒤에서 밝혔으니 무지無知와 방일放逸, 번뇌의 성함, 경만輕慢이 이것이다.[158]

四因。謂下所明。無知放逸及煩惱盛輕慢是也。

---

[158] 『瑜伽師地論』 권99(T30, 870a).

(ㄴ) 범하지 않은 것 : 세 가지 연緣

🐨 위범이 아니라는 것은 세 가지 연緣에 의거하여 지은 모든 일이다. 세 가지 연이란 무엇인가? 그 마음이 강렬하게 광란狂亂한 상태인 경우와 무거운 고통에 의해 매우 핍박받는 상태인 경우와 아직 정계율의를 받지 않았을 경우이다. 이 세 가지 조건에 의해 지은 일은 위범이 아니니 모든 계에 통용된다. 별도로 위범이 아닌 경우를 논한 것은 (달마계본의) 글에서 자세히 설한 것과 같다.

無違犯者。謂由三緣。所作諸事。三緣是何。謂若彼心增上詿[1]亂。若重苦受之所逼切。若未曾受淨戒律儀。此三無犯。通一切戒。別論無犯。如文廣說。

1) ⓐ '詿'을 '狂'이라고 하였다.(갑본)

🐨 여기에서 "세 가지 연"이라는 것은 『유가사지론』권41에 나온다. 그 글에서 갖추어서 말하기를, "또한 어떤 경우라도 위범이 아니라는 것은 그 마음이 강렬하게 광란한 상태인 경우와 무거운 고통에 의해 매우 핍박받는 상태인 경우와 아직 정계율의를 받지 않았을 경우이다. (이것으로 인해 지은) 모든 일은 위범이 아니라는 것을 알아야 한다.[이상]"라고[159] 하였다. 이것은 논에서 설한 것을 따른 것이다. 의적과 태현은 통틀어서 다섯 가지 연緣을 세웠다. 말하자면 (세 가지 연에) 억념憶念이 없는 경우와 뛰어난 이익이 있을 경우를 더하였다.[160]

---

159 『瑜伽師地論』권41(T30, 521a).
160 의적의 『菩薩戒本疏』권상(T40, 663c)에서 "위범이 성립되는 다섯 가지 조건은 다음과 같다. 첫째는 보살의 청정한 계를 받는 것이고, 둘째는 자신의 자성自性에 머물러서 광란狂亂 등과 같은 상태에 있지 않은 것이며, 셋째는 무거운 고통에 의해 핍박받는 상태가 아닌 것이다. 이상 세 가지와 반대되는 경우는 『瑜伽師地論』에서 위범이 성립되지 않는다고 하였다. 이치에 의하면 두 가지 조건을 더해야 한다. 첫째는 억념

此三緣者。出瑜伽論第四十一。彼文具云。又一切處無違犯者。謂若彼心增
上狂亂。若苦[1]受之所逼切。若未曾受淨戒律儀。當知一切皆無違犯。【已上】
此由論說。義寂太賢。總立五緣。謂加無憶念及有勝利也。

---

1) ㉠ 『瑜伽師地論』에 따르면 '苦' 앞에 '重'이 누락되었다.

개괄적으로 개開와 제制[161]를 논하면 범하는 것과 범하지 않는 것에 각
각 공통적인 것과 개별적인 것이 있다.

먼저 범하는 것에서 공통적인 것과 개별적인 것은 다음과 같다. 지금
본문에서 네 가지 인에 의해 지은 것을 밝힌 것은 공통적인 연(通緣)이라
고 하니 모든 계에 통하는 것이기 때문이다. 낱낱의 계에 따라서 범하는
것의 연에 차별이 있는 것은 개별적인 연(別緣)이라고 하니 해당 계에 국
한되기 때문이다.

다음에 위범이 아닌 것에서 공통적인 것과 개별적인 것은 다음과 같다.
지금 본문에서 세 가지 연에 의해 지은 것을 밝힌 것은 공통적으로 연 것
(通開)이라고 하니 모든 계에 통하는 것이기 때문이다. 낱낱의 계에 따라서
연緣을 연 것이 각각 다른 것은 개별적으로 연 것(別開)이라고 하니 해당 계
에 국한되기 때문이다. 본문에서 "별도로 위범이 아닌 경우에 대해 논한
것은 (달마계본의) 글에서 자세히 설한 것과 같다."라고 한 것이 이것이다.

憶念(기억)이 있는 것이다. 전생轉生(다시 태어나는 것)할 때 앞서 있었던 수受와 수
隨('受'는 受戒로 계단에서 잘 수지할 것을 맹세하면서 계를 받는 것이고, '隨'는 隨
戒로 계를 받은 후에 그러한 결심에 상응하여 생활 속에서 계를 실천해 나가는 것이
다.)를 기억하면서 지었다면 위범이 성립된다. 만약 기억하지 못한다면 비록 지었다
고 해도 위범한 것이 아니다. 둘째는 중생을 이롭게 하기 위한 연緣이 없는 것이다.
만약 중생을 이롭게 하기 위한 일이 있으면 살생 등을 행하는 것을 허용하기 때문이
다."라고 하였다. 태현은 『梵網經古迹記』권하(T40, 703c)에서 『瑜伽師地論』을 인용
하고, "전설傳說(전해 오는 설)"이라고 하면서 의적이 이치에 의해 두 가지를 더한 글
을 그대로 인용하였다.

161 개開와 제制 : '개'는 허가의 뜻이고 '제'는 금지의 뜻이다. '제'는 차遮라고도 한다.

汎論開制。於犯不犯。各有通別。先犯通別者。今文中。明四因所作。是名通緣。通諸戒故。隨一一戒。犯緣差別。是名別緣。局當戒故。次不犯通別者。如今文中。三緣所作。是名通開。通諸戒故。隨一一戒。開緣各別。是名別緣[1)]。局當戒故。文言別福[2)]無犯。如文廣說是也。

1) ⓔ '緣'은 '開'인 것 같다. 2) ⓔ『요기』에 따르면 '福'은 '論'이다.

ㄴ) 범한 것의 차별적 양상

(ㄱ) 중계 : 연품·중품·상품에 의거한 것

(ㄴ) 경계 : 염오인 것(번뇌의 치성함, 경만)과 염오가 아닌 것(무지, 방일)

기 범함이 있는 것 가운데 두 가지 취聚가 있으니, 중계에는 연품·중품·상품이 있음을 알아야 하고 경계에는 염오인 것과 염오가 아닌 것이 있음을 알아야 한다.

於有犯中。有其二聚。重內應知。耎中上品。輕中當識。是染非染。

집 보살계 가운데 오직 두 가지 취만 세웠으니 중계와 경계를 말한다. 그러므로 "두 가지 취가 있으니"라고 하였다.

"중계에는~알아야 하고" 등이라고 한 것은 또한『요기』의 뜻을 상고하면 두 가지 뜻이 있을 수 있다.

첫째는 이렇게 말할 수 있다. "글에 나아가서 개별적으로 배대한다.「보살지菩薩地」가운데 중계를 범하는 것을 밝힌 곳에서 세 품의 전纏을 세웠고,[162]

162『瑜伽師地論』권40(T30, 515c)에서 "보살이 연품과 중품의 전纏에 의해 네 가지 타승처법을 훼범하면 보살의 정계율의를 버리는 것이 아니다. 상품의 전에 의해 범하였다

경구죄를 설한 곳에서는 염오인 것과 염오가 아닌 것에 의거하여 그 범하는 것의 모양을 밝혔다.[163] 그러므로 지금 이와 같이 중계와 경계에 배당하였다."

菩薩戒中。唯立二聚。謂重與輕。故云有其二聚也。重內應知等者。且詳記意。可有二義。一云。就文別配。菩薩地中。明犯重之處。立三品纏。說輕垢

면 바로 버리는 것이라고 한다. 네 가지 타승처법을 훼범하여 여러 차례 현행現行하고도 전혀 부끄러워함이 없고 오히려 깊이 애락愛樂하는 마음을 내어서 이것이 공덕이 되는 것이라고 여긴다면, 이것을 상품의 번뇌에 의해 훼범한 것이라고 한다는 것을 알아야 한다.(菩薩若用軟中品纏。毀犯四種他勝處法。不捨菩薩淨戒律儀。上品纏犯。即名爲捨。若諸菩薩毀犯四種他勝處法。數數現行。都無慚愧。深生愛樂。見是功德。當知。說名上品纏犯。)"라고 한 것을 가리킨다.

163 『瑜伽師地論』권41(T30, 516a)의 43경계에서 각 계마다 염오인 것과 염오가 아닌 것을 설한 것을 가리킨다. 예컨대 제3계(T30, 516a)에서 "보살들이 보살의 정계율의에 안주하여, 모든 나이 든 스님과 덕이 있는 스님과 법을 함께하는 이로서 공경할 만한 이가 온 것을 보고도, 교만이라는 번뇌에 제압당하고 싫어하는 마음을 품고 분노하는 마음을 품어서 일어나 반갑게 맞이하지 않고 좋은 자리를 내어 주지 않으며, 또한 다른 사람이 와서 말을 걸고 담론談論하며 축하나 위로의 말을 건네거나 청문請問하거나 할 때 교만이라는 번뇌에 제압당하고 싫어하는 마음을 품고 분노하는 마음을 품어서 바른 이치에 칭합하지 않게 대답해 준다면, 이것을 범하는 것이고 어긋나고 넘어서는 것이라고 하며 이는 염오인 위범이다. 교만이라는 번뇌에 제압당하지 않고 싫어하는 마음도 없으며 분노하는 마음도 없는데 단지 나태함·게으름·잊어버림·무기無記 등의 마음에 의거하여 그렇게 한 것이라면, 이것을 범하는 것이고 어긋나고 넘어서는 것이라고 하며 이는 염오가 아닌 위범이다. 위범이 아닌 경우란 중병을 앓고 있거나, 제정신이 아니거나, 자신은 잠자고 있는데 다른 사람이 깨어 있는 줄 알고 있을 때 등과 같은 경우에 다가와서 친근하게 말을 걸고 담론하며 축하나 위로의 말을 건네거나 청문하거나 하는 것이다. 혹은 자신이 다른 사람을 위해 여러 법을 설하고 논의論義하며 결택決擇하고 있을 때 혹은 다른 사람과 함께 담론하거나 축하나 위로의 말을 건네고 있을 때 혹은 다른 사람이 법을 설하고 논의하며 결택하는 것을 귀 기울여서 듣고 있을 때 혹은 위범하면서 정법을 설하는 사람이 있을 경우 설법하는 사람의 마음을 보호하기 위해 혹은 방편으로 다른 사람을 조복하고 불선처에서 벗어나 선처에 안립하게 하기 위해 혹은 승제僧制를 보호하기 위해 혹은 장차 여러 유정의 마음을 보호하기 위해 대답하지 않았을 경우는 모두 위범이 아니다.(若諸菩薩。安住菩薩淨戒律儀。見諸耆長有德可敬同法者來。憍慢所制。懷嫌恨心。……而不酬對。皆無違犯。)"라고 하였다.

之處. 約染非染. 明其犯相. 故今如是配當重輕也.

둘째는 이렇게 말할 수 있다. "체에 의거하여 통틀어서 논한다. 중계 안에도 또한 염오인 것과 염오가 아닌 것이 있으니, 죄를 범하는 네 가지 인은 경계에 국한된 것이 아니기 때문이다. 경계에 또한 연품·중품·상품이 있으니 분수에 따라 세 품이 있는 것은 중계에 국한된 것이 아니기 때문이다. 먼저 중계에 대해 염오인 것과 염오가 아닌 것을 논하면 다음과 같다. 번뇌의 치성함과 경만輕慢에 의거하여 지은 살생 등은 염오인 위범이다. 무지無知와 방일放逸에 의거하여 지은 살생 등은 염오가 아닌 것이다.[164] 이에 중죄도 또한 무거운 것과 가벼운 것으로 나뉜다. 다음은 경계에 의거하여 세 품을 논하면 다음과 같다. 설령 경구죄라고 해도 번뇌전煩惱纏[165]의 사나움과 사납지 않음 등으로 인하여 차별이 있어야 한다. 분수에 따라서 세 품이 있으니 상응하는 것에 따를 수 있기 때문이다.[166] 이에 경구죄도 또한 가벼운 것과 무거운 것으로 나뉜다."

二云. 約體通論. 重內亦有是染非染. 犯罪四因不應局輕故. 輕中亦有輕中上品. 隨分三品. 不應局重故. 先就重戒. 論染不染者. 若煩惱盛及由輕慢

---

164 앞의 주석에서 『瑜伽師地論』 43경계 중 제3계를 서술한 것을 참조할 것. 여기에서 경계를 대상으로 한 것을 그대로 중계에 적용할 수 있음을 보여 준 것이다. 『瑜伽師地論』의 사타승처법에서는 이러한 내용을 설한 것이 없지만 본질적인 측면에서 보면 이러한 논리가 성립될 수 있음을 주장하는 것이다.
165 번뇌전煩惱纏: 번뇌와 전을 다른 것으로 보는 경우, 번뇌를 총칭으로 보고 전을 그에 대한 여러 가지 개별적 명칭 중 하나로 보는 경우 등이 있다. 여기에서는 번뇌 일반, 곧 후자의 의미이다. 번뇌는 중생을 뇌란시킨다는 뜻을, 전은 중생을 계박하여 생사의 감옥에 가둔다는 뜻을 나타낸다.
166 『瑜伽師地論』에서 사타승처법에서 연품(하품)·중품·상품의 번뇌인지 아닌지에 따라 죄를 달리 판정하는 것에 의거할 때, 경계에서 실제로 이러한 내용을 설한 것이 없지만 본질적 측면에서 보면 경계에서도 역시 이렇게 세 품으로 나누어 보는 것이 가능하다고 주장하는 것이다.

所作殺等。是染行[1]犯。若由無知及由放逸所作殺等。是不染汙。此於重罪。
亦分重輕。次約輕中。論三品者。縱雖輕垢。由煩惱纏猛不猛等。應有差別。
隨分三品。可隨應故。此於輕垢。亦分輕重。

---

1) ㉠ '行'은 '違'인 것 같다.

이하에서 판별하고 해석한 것의 뜻은 바로 이러한 뜻이다.

下判釋意。卽此義也。

問 무엇 때문에 지금 『요기』에서 이 두 가지 뜻을 시설했는가?
答 글에 나아가서 판별하는 것에 그치면 이치가 아직 다 드러나지 않고, 단지 체에 의거하여 논하는 것에 그치면 또한 글의 모양에 어긋난다. 그러므로 두 가지 뜻에 의해 판별하여 글과 이치를 구족했으니, 지금 법사의 해석이야말로 진실로 뛰어난 것이다.

또 처음의 뜻은 곧 「보살지」[167]의 글과 일치하는 것이고,[168] 뒤의 뜻은 「섭사분攝事分」[169]에서 설한 것[170]에 의거한 것이다. 앞과 뒤에서 설명한 것을 보면 두 가지 뜻이 교섭하여 부수적인 것과 직접적인 것이 있지 않다. 살펴보면 알 수 있을 것이다. 단지 둔륜遁倫 등의 여러 법사는 본론本論을 해석하면서 이 글을 아울러 경계에 속하는 것이라고 하여 이것과 같지 않다. 별도로 자세하게 인용한 것과 같다.

---

167 「보살지」: 『瑜伽師地論』은 크게 본지분本地分(권1~권50) · 섭결택분攝決擇分(권51~권80) · 섭석분攝釋分(권81~권82) · 섭이문분攝異門分(권83~권84) · 섭사분攝事分(권85~권100)의 다섯 부로 나뉜다. 「보살지」는 본지분 중 하나이다.
168 앞의 첫 번째 뜻을 설한 곳의 주석에서 해당처를 제시한 것을 참조할 것.
169 「섭사분攝事分」: 주석 167을 참조할 것. 해당처는 뒤의 『조람집』의 해석을 참조할 것.
170 『瑜伽師地論』 권99(T30, 870a). 바로 뒤에 나오는 『조람집』의 인용문을 참조할 것.

問。何故今記。設此二義耶。答。若就文判。義理未盡。但約體論。亦乖文相。故二義判。文理具足。今師解釋誠巧者乎。又初義卽任菩薩地文。後義卽依攝事分說。見釋前後。二義交涉。無有傍正。尋之可知。但遁倫等諸師。解釋本論。此文竝屬輕戒。與此不同。如別廣引。

ㄷ) 염오인 것과 염오가 아닌 것을 밝힘

기 통틀어서 논하면 네 가지 인 가운데 무지와 방일에 의거하여 범한 온갖 죄는 염오가 아니고, 번뇌의 치성함과 경만에 의거하여 범한 온갖 죄는 염오이다.

通而論之。四因[1]中。若由無知。及由放逸。所犯衆罪。是不染污。若煩惱盛。及由輕慢。所犯衆罪。是其染污。

1) ㉯ 어떤 곳에서는 '因' 뒤에 '之'가 있다.(갑본)

집 본론本論의 권99「섭사분이다.」에서 말하였다.

本論第九十九【攝事分】云。

네 가지 인연 때문에 위범인 죄를 범한다. 첫째는 무지 때문이고 둘째는 방일 때문이며, 셋째는 번뇌의 치성함 때문이고 넷째는 경만 때문이다.

무엇을 무지에 의거하여 위범인 죄를 범하는 것이라 하는가? 예컨대 어떤 사람이 위범인 죄에 대해 자세히 듣지 못하였고 잘 이해하지도 못하였다고 하자. 그는 잘 이해하지도 못하고 알아차리는 지혜도 없으니, 알지 못하기 때문에 위범인 것에 대해 위범이 아니라는 생각을 일으키고 온갖 죄를 범한다면 이러한 것을 무지에 의거하여 위범인 죄를 범하는 것이라고 한다.

무엇을 방일에 의거하여 위범인 죄를 범하는 것이라고 하는가? 예컨대 어떤 사람이 위범인 죄에 대해 비록 잘 이해하고 그것을 알아차리는 지혜도 있으며 또한 잘 알기도 하지만, 망념忘念[171]에 머물고 부정지不正知[172]에 머물렀다고 하자. 그가 이와 같이 정념正念에 머물지 않기 때문에 알지 못하는 것과 같아져서 온갖 죄를 범했다면 이러한 것을 방일에 의거하여 위범인 죄를 범하는 것이라고 한다.

무엇을 번뇌가 치성하기 때문에 위범인 죄를 범하는 것이라고 하는가? 예컨대 어떤 사람이 위범인 것에 대해 비록 이해하고 그것을 알아차리는 지혜도 있으며 또한 잘 알기도 한다고 하자. 그러나 그가 타고난 성품이 탐욕·분노·어리석음 등이 지극히 사납고, 그가 (바로 이렇게) 사나운 탐욕·분노·어리석음 때문에, 비록 이 일이 또한 하지 말아야 할 것임을 알았다고 해도 번뇌煩惱纏에 의해 핍박받아 자재하지 못한 상태가 되어 온갖 죄를 범했다면, 이러한 것을 번뇌의 치성함 때문에 위범인 죄를 범하는 것이라고 한다.

무엇을 경만에 의거하여 위범인 죄를 범하는 것이라 하는가? 예컨대 어떤 사람이 위범인 죄에 대해 비록 잘 알고 그것을 알아차리는 지혜가 있으며 또한 아는 것도 있다고 하자. 그러나 그가 믿고 이해하는 마음이 지극히 하열하고 강하고 왕성한 과거에 쌓은 선의 인행因行이 있지 않으며, 그가 믿고 이해하는 마음이 지극히 하열하기 때문에 사문沙門의 본성과 반열반般涅槃[173]에 대해 돌아보며 그리워하는 마음이 없고 불·법·

---

171 망념忘念 : [S] muṣita-smṛtitā의 의역어. 실념失念이라고도 한다. 마주하는 대상과 모든 선법을 명백하게 기억하지 못하는 마음 작용을 가리키는 말이다. 상대어는 정념正念으로 제법의 성성性相을 여실하게 기억하여 잊지 않는 것이다.
172 부정지不正知 : [S] a-samprajanya의 의역어. 심소心所의 하나. 관찰의 대상을 오해하는 마음 작용. 곧 불교의 가르침에 부합하지 않는 인식을 가리킨다.
173 반열반般涅槃 : [S] parinirvāṇa의 음역어. 열반에 드는 것, 또는 완전한 열반. '반'은 pari

승에 대해 공경하는 마음도 없고 삼가는 마음도 없으며 부끄러워하는 마음도 없고 배우는 것을 좋아하지 않으며, 경만에 의거하여 욕구에 따라서 널리 온갖 죄를 범했으면, 이러한 것을 경만에 의거하여 위범인 죄를 범하는 것이라고 한다.

이 가운데 무지·방일에 의해 범한 온갖 죄는 염오가 아니고, 번뇌의 치성함과 경만에 의거하여 범한 온갖 죄는 염오라는 것을 알아야 한다.【이상】[174]

四因緣故。犯所犯罪。一無知故。二放逸故。三煩惱盛故。四輕慢故。云何名爲由無知故犯所犯罪。謂如有一。於所犯罪。不審聽聞。不善領悟。彼无解了。無有覺慧。無所知故。於其所犯。起無犯想。而犯衆罪。如是名爲由無知故犯所犯罪。云何名爲由放逸故犯所犯罪。謂如有一。於所犯罪。雖復解了。有其覺慧。亦有所知。而住忘念。住不正知。彼由如是不住念故。如無所知。而犯衆罪。如是名爲由放逸故犯所犯罪。云何名爲煩惱盛故犯所犯罪。謂如有一。於其所犯。雖復解了。有其覺慧。亦有所知。而彼本性。貪瞋癡等。極爲猛利。彼由猛利貪瞋癡故。雖知是事。亦所不應。爲煩惱纏。逼不自在故。而犯衆罪。如是名爲煩惱盛故犯所犯罪。云何名爲由輕慢故犯所犯罪。謂如有一。於所犯罪。雖復解了。有其覺慧。亦有所知。而彼信解。極爲下劣。無有族[1]盛宿善因行。由其信解。極下劣故。於沙門性。於般涅槃。無所顧戀。於佛法僧。無敬無憚。無有羞恥。不樂所學。由輕慢故。隨其所欲。廣犯衆罪。如是名爲由輕慢故犯所犯罪。當知。此中無知放逸所犯衆罪。是不染汙。由煩惱盛及以輕慢所犯衆罪。是其染汙。【已上】

---
1) ㉢『瑜伽師地論』에 따르면 '族'은 '强'이다.

의 음역어로 '완전하다'는 뜻이다. 그러므로 반열반은 '열반'의 의역어인 적寂에 원圓을 붙여 원적圓寂이라고 의역한다.

174 『瑜伽師地論』 권99(T30, 870a).

죄를 범하는 것이 성립되는 네 가지 인은 논의 글이 이와 같다. 지금 법사가 세운 것은 오로지 이 설에 의거한 것이다.

犯罪四因。論文如此。今師所立。專依此說。

問 이 네 가지 인은 경계와 중계에 통한다고 할 수 있는가?[175]
答 앞의 논의 글과 같은 경우 오범취五犯聚[176]에 대해 총괄하여 네 가지 인을 세웠기 때문에 경계와 중계에 통하는 것이다.[177]

어떤 사람이 말하기를, "경계에는 결정코 네 가지 인이 있다. 상응하는 것에 따라서 위범을 이룬다. 중계 가운데에는 오직 뒤의 두 가지만 있을 뿐이니, 나머지는 중계와 관련된 것이 아니기 때문이다.【이하 생략】"라고 하였다.

지금 상고해 보면 그렇지 않다. 그 글에 나아가 판별한 것에 의거하면 모두 중계에 통하지 않으니, 어찌 오직 앞의 두 가지만 그러한 것이겠는

---

[175] 『요기』의 서술 구조를 문자 그대로 이해하면 "염오인 것과 염오가 아닌 것"은 경계를 차별화한 것이고, "네 가지 인"에 대해 염오인 것과 염오가 아닌 것을 배대하였기 때문에, 네 가지 인이 경계에만 해당하는 것으로 오인할 수 있으므로 이러한 질문을 제기한 것이다.
[176] 오범취五犯聚 : 계를 다섯 등급으로 분류한 것. 경계와 중계를 통틀어서 일컫는 말. 오편五篇이라고도 한다. 자세한 것은 앞의 '오편칠취'에 대한 주석을 참조할 것.
[177] 예를 들면 『瑜伽師地論』 권41(T30, 520b) 사타승처법(사중계)의 두 번째에 해당하는 계를 설하는 부분에서 "보살이 현재 재물이 있고 와서 구하는 사람이 있는데 혐오하는 마음을 품고 분노하는 마음을 품어서 베풀지 않는다면 염오에 의한 위범이다. 만약 나태와 방일에 의해 그렇게 했다면 염오에 의한 위범은 아니다. 위범이 성립되지 않는 경우는, 보시할 만한 물건이 없는 것 또는 (상대방이) 적절하지 않은 물건을 요구하는 것 또는 (방편에 의해) 상대방을 조복하기 위한 것 또는 (상대방이) 왕이 옳게 여기지 않는 대상이어서 (왕의 뜻을 보호하기 위한 것) 또는 승단의 제도를 보호하기 위한 것 등과 같은 것이다."라고 하였다. 이는 중계에 대해 네 가지 인을 적용하고 염오인 것과 염오가 아닌 것을 판별한 사례이다. 경계에 대해 적용한 사례는 바로 뒤에서 진원이 『요기』를 해석하면서 제시한 『瑜伽師地論』 침범약의불사계를 참조할 것.

가?[178] 체에 나아가서 판별한 것에 의거하면 네 가지가 모두 중계에 통하니, 어찌 오직 뒤의 두 가지만 통하는 것이겠는가?[179] 그러므로 이 설은 이치를 다하지 않았다는 것을 알 수 있다. 또한 이렇게 정립한 뜻은 명백하게 본론本論에 어긋나니 의지할 만한 글이 아니다. 자세한 것은 생각해 보면 알 수 있을 것이다.

問。此之四因。可通輕重耶。答。如上論文。於五犯聚。總立四因。故通輕重也。有人云。輕戒定有四因。隨應成犯。重中唯有後二。餘非重故。【云云】今詳不然。若約就文。皆不通重。豈唯前二。若依約體。四皆通重。豈唯後二。故知此說不盡理也。又此立義。顯違本論。無文可依。委思可知。

기 개별적으로 염오인 것과 염오가 아닌 것을 논한 것은 또한 본론의 글에 의거하면 알 수 있을 것이다.

別論染不染者。亦依本文可知。

집 염오인 것과 염오가 아닌 것의 모양은 계에 따라서 각각 다르다. 우선 한 가지 계를 들면 나머지는 그것에 준하여 알 수 있을 것이다.

染不染相。隨戒各別。且擧一戒。餘可准知。

『유가사지론』의 경계를 설한 부분【열여섯 번째인 침범약의불사계侵犯若疑不謝

---

178 글에 의거하면 모두 통하지 않으니, 뒤의 두 가지도 또한 통하지 않는 것이어야 한다는 말이다.
179 체에 의거하면 모두 통하는 것이니, 앞의 두 가지도 모두 통하는 것이어야 한다는 말이다.

戒¹⁸⁰이다.]에서 말하였다.

瑜伽輕戒中【第十六侵犯若疑不謝戒.】云.

보살들이 보살의 정계율의에 안주하여 다른 유정을 침범하였거나, 혹은 자신이 그렇게 하지 않았지만 다른 사람으로부터 침범하였다고 의심받을 때, 싫어하고 미워하는 마음에 의거하고 교만함에 사로잡혀서, 이치에 맞게 사과하지 않고 업신여기고 개의치 않는 마음을 일으킨다면, 이를 범하는 것이고 어긋나고 넘어서는 것이라고 하며 이는 염오인 위범이다. 만약 나태함(嬾惰)·게으름(懈怠)·방일 등에 의거하여 사과하지 않고 업신여기고 개의치 않는 마음을 일으킨다면, 이를 범하는 것이고 어긋나고 넘어서는 것이라고 하며 이는 염오가 아닌 위범이다. 위범이 성립되지 않는 경우는 만약 방편으로 다른 사람을 길들이고 굴복시켜 불선처不善處에서 벗어나 선처善處에 안립安立시키기 위한 것이거나, 【중략】 또한 반드시 다른 사람이 (자신이) 침범한 것을 사과하는 것으로 인하여 깊이 수치스러운 마음을 낼 것을 알기 때문에 (보살이) 참회하고 사과하지 않는다면 모두 위범이 아니다.【이상】¹⁸¹

若諸菩薩. 安住菩薩淨戒律儀. 於他有情. 有所侵犯. 或自不爲. 彼疑侵犯. 由嫌恨¹⁾心. 由慢所執. 不如理謝. 而生輕捨. 是名有犯有所違越. 是染違犯. 若由嬾惰懈怠放逸. 不謝輕捨. 是名有犯有所違越非染違犯. 無違犯者. 若欲方便. 調彼伏彼. 出不善處. 安立善處【乃至】若必了他因謝侵犯.

---

180 침범약의불사계侵犯若疑不謝戒 : 해당 계에 대한 명칭이기 때문에 풀이하지 않고 그대로 두었다. 그 뜻은 '침범하거나 침범하였다고 의심하는데 사죄하지 않는 것을 금한 계'라고 할 수 있다.
181 『瑜伽師地論』 권41(T30, 518b).

深生羞恥。而不悔謝。皆無違犯。【已上】

1) ㉠『瑜伽師地論』에 따르면 '恨'은 '嫉'이다.

무릇 개별적으로 염오인 것과 염오가 아닌 것을 논한 글은 단지 비록 경계에만 있더라도 뜻에 의거하면 어찌 중계에 통하지 않겠는가? 그러므로 지금 또한 중계에도 적용하였다.

"또한 본론本論의 글에 의거하면"이라고 한 것은 다음과 같다. 이것은 『유가사지론』을 가리키니 자세한 모양에 나아갔기 때문이다. 이것은 앞에서 "별도로 위범이 아닌 경우에 대해 논한 것은 (달마계본의) 글에서 자세히 설한 것과 같다."라고 한 것과 짝하는 것이다. 이러한즉 "또한"이라는 말을 두었다. 앞과 뒤가 모두 『유가사지론』의 글을 가리키기 때문에 "또한"이라는 말을 앞에 두었다.

> 凡別論染不染文。但雖在輕戒。義何不通重戒。故今亦亘重也。亦依本文者。此指瑜伽。就廣相故。此對前云別論無犯如文廣說。則置亦言。前後俱以指瑜伽文。故亦前也。

② 개별적으로 판별함

ㄱ. 특히 유가계본의 자찬훼타계를 들어 판별한다는 것을 밝힘

가 총괄적으로 설한 것은 비록 그러하지만 한두 가지를 논하면 다음과 같다. 우선 첫 번째 계[182]에 대해 그 모양을 보이겠다.

---

182 첫 번째 계 : 바로 뒤에서 서술한 것에 따르면 『瑜伽師地論』에서 설한 네 가지 타승처법他勝處法(중계) 중 첫 번째 계를 가리킨다.

凡說雖然。一二論者。且就初戒。以示其相。

집 지금 『유가사지론』에서 설한 네 가지 중계에서 먼저 자찬훼타自讚毀他(자신을 찬탄하고 다른 사람을 비방함) 한 가지 계에 대해 자세하게 나타내 보이려고 하기 때문에 "우선 첫 번째 계에 대해" 등이라고 하였다. (소승 및 재가중과) 함께하지 않는 것의 첫 번째에 해당하는 것이기 때문이고,[183] 모든 악의 근본이 되는 것이기 때문이며, 지키는 것과 범하는 것의 논란이 넘쳐나는 것이기 때문이다. 이유는 알 수 있을 것이다.

今於瑜伽所說四重。且就自讚毀他一戒。委曲提示。故云且就初戒等也。不共初故。諸惡本故。持犯濫故。所以可知。

ㄴ. 자찬훼타계에 네 가지 차별이 있음을 밝힘

기 하나의 자찬훼타계에 네 가지 차별이 있다.

於一讚毀。有四差別。

집 자찬훼타라는 한 가지 계에 총괄적으로 네 구절을 지었다. 첫째는 복덕이고 위범이 아닌 것이고, 둘째는 위범이지만 염오가 아닌 것이며, 셋째는 염오이지만 중죄는 아닌 것이고, 넷째는 중죄이고 경죄가 아닌 것이다.[184]

---

183 앞의 주석에서 경·논에서 설한 십중계를 묶어서 도표로 나타낸 것을 참조할 것.
184 이하의 주석은 『요기』에서 바로 이어서 네 가지 차별의 구체적인 모양을 밝힌 부분까지 포함한 것이다. 다만 네 가지 차별 각각에 대한 개별적 주석의 의미가 잘 드러나도록 해당 글을 각각 끊어서 배열하였다.

讚毀一戒。總作四句。一是福非犯。二是犯非染。三是染非重。四是重非輕。

상대하는 것을 논하면 다음과 같다. 첫 번째 구절은 위범과 위범이 아닌 것이 상대하는 것【혹은 복덕과 위범의 상대임.】이다. 나머지 구절은 모두 위범인 것이다. 두 번째 구절은 위범 가운데 염오인 것과 염오가 아닌 것이 상대하는 것【혹은 염오와 위범의 상대임.】이다. 뒤의 두 구절은 모두 염오인 위범이다. 세 번째 구절은 염오인 것 가운데 중죄와 경죄가 상대하는 것【혹은 염오와 중죄의 상대임.】이다. 뒤의 구절은 중죄인 것이다. 네 번째 구절은 오직 중죄일 뿐이고 경죄가 아닌 것【혹은 중죄와 경죄의 상대임.】이다.

若論相對者。第一句犯不犯相對。【或論[1])犯相對。】餘皆是犯。第二句犯中染非染相對。【或染犯相對。】後二竝染犯。第三句染中重輕相對。【或染重相對。】後句是重。第四句唯重非輕。【或重輕相對。】

---
1) ㉯ 전후 문맥상 '論'은 '福'인 것 같다.

또한 생기하는 것에 수순하여 말하면 다음과 같다. 한 가지의 자찬훼타계에 대해 위범을 논하기 때문에 첫 번째 구절이 있다. 범하는 것 가운데 염오인 것과 염오가 아닌 것이 있기 때문에 두 번째 구절이 생기한다. 염오인 위범 가운데 중죄와 경죄가 있기 때문에 세 번째 구절이 생기한다. 네 번째 구절은 이미 세 가지 구절을 갖추고 있는 것이다. 말하자면 위범이고 염오이며 중죄이니 그러므로 경죄가 아니다.

〈네 구절의 연쇄 구조를 도표로 나타낸 것〉

복덕	위범이 아닌 것			제1구
	위범인 것	염오가 아닌 것		제2구
		염오인 것	중죄가 아닌 것(경죄)	제3구
			중죄인 것	경죄가 아닌 것	제4구

又順言生起者。於一讚毀。有論有犯故有第一句。於犯中有染不染故第二句生。於染犯中有重輕故第三句起。其第四句既具三句。謂犯染重。是故非輕。

또한 역순으로 있음과 없음을 밝히면 다음과 같다. 중죄는 오직 네 번째 구절에만 있고 앞의 구절에는 없다. 염오인 것은 오직 세 번째 구절에만 있고 앞의 구절에는 없다. 위범은 오직 두 번째 구절에만 있고 첫 번째 구절에는 없다. 복덕은 오직 첫 번째 구절에만 있으니 의도가 청정하기 때문이다.

又逆明有無者。重唯第四。前句無之。染唯第三。前句無之。犯唯第二。初句無之。論¹⁾唯初句。意樂淨故。

1) ⑳ 전후 문맥상 '論'은 '福'인 것 같다.

네 구절의 대의는 이와 같이 판별할 수 있을 것 같다. 『보살계본종요』에 준하면 이 네 구절 가운데 각각 여러 구절이 있지만,[185] 번잡하기 때문에 생략한다.

四句大意。恐判如斯。若准宗要。此四句中。各有諸句。繁故略之。

㋻ 지금 어떤 글에 준하여 이 네 구절을 지은 것인가?
㋅ 앞에서 논을 인용하여 "위범인 것과 위범이 아닌 것, 염오인 것과 염오가 아닌 것, 연품인 것과 중품인 것과 상품인 것【이하 생략】"이라고 하였는데 이 글의 뜻에 의해 이 네 구절을 지었다. 첫 번째 구절은 위범이

---

[185] 태현이 『菩薩戒本宗要』(T45, 917c)에서 지범상문지범상문을 시설하고, 이를 다시 총상문總相門과 별상문別相門과 구경문究竟門의 셋으로 나눈 가운데, 별상문에서 자찬훼타계의 다양한 모양을 설했는데 바로 이것을 가리키는 것 같다.

아닌 것이고 나머지 세 구절은 모두 위범인 것이다. 두 번째 구절은 위범에 나아간 가운데 염오가 아닌 위범이다. 이하의 두 구절은 모두 염오인 위범이다. 세 번째 구절은 염오인 위범에 나아간 가운데 경계를 범하는 것이다. 이것은 곧 논 가운데 염오인 것과 염오가 아닌 것이다. 네 번째 구절은 그 염오인 위범 가운데 중이重夷(중죄인 바라이죄)의 모양이다. 이것은 곧 논 가운데 연품과 중품과 상품을 논한 것이다.

問。今准何文。作此四句耶。答。上引論云。於有違犯及無違犯。是染非染耎中上品。【云云】依此文意。作此四句。第一句者。是無違犯。自餘三句。竝有違犯。第二句者。就違犯中。是不染犯。已下二句。竝是染犯。第三句者。就染犯中。是其輕犯。此卽論中是染非染也。其第四句。彼染犯中。重夷之相。此卽論中耎中上品也。

ㄱ) 첫 번째 구절 : 복덕인 것

기 다른 사람으로 하여금 신심信心을 일으키게 하기 위하여 자신을 찬탄하고 다른 사람을 비방하였다면 복덕이고 위범이 아니다.

若爲令彼赴[1]信心故。自讚毀他。是福非犯。

---
1) ㉮ '赴'를 '起'라고 하였다.(갑본)

집 삿된 것 등을 꺾고 정법正法을 건립하여 유정을 이익 되게 하려는 것이라면, 비록 자신을 찬탄하고 다른 사람을 비방하였더라도 뛰어난 이익이 될 것을 알기 때문에 한 것이니, 복덕이고 위범이 아니다.

欲摧邪等。建立正法。饒益有情。雖作讚毀。見勝利。福非犯也。

ㄴ) 두 번째 구절 : 염오가 아닌 경죄를 범한 것

기 방일과 무기심無記心에 의거하여 자신을 찬탄하고 다른 사람을 비방하였다면 위범이지만 염오는 아니다.

若由放逸無記心故。自讚毀他。是犯非染。

집 이양과 공경을 탐욕스럽게 추구하려는 것이 아니고 단지 방일과 무기심 때문에 그렇게 한 것이라면 위범이지만 염오는 아니다. 이 가운데 (다시 자세하게) 분별하면, 명예와 이양을 겸하였다면 곧 중죄이고 경죄가 아니며, 명예와 이익을 겸하지 않았다면 단지 경죄일 뿐이고 중죄는 아니다. 지금은 뒤의 것에 의거한 것이다.

若不貪求利養恭敬。但由放逸無記心故。犯非染也。此中分別。若兼名利。卽重非輕。不兼名利。但輕非重。今約後也。

ㄷ) 세 번째 구절 : 염오인 경죄를 범한 것

기 다른 사람에 대해 애착과 분노의 마음을 지니고 자신을 찬탄하고 다른 사람을 비방하였다면 염오이지만 중죄는 아니다.

若於他人。有愛恚心。自讚毀他。是染非重。

집 비록 애착과 분노를 지녔더라도 명예와 이양을 위한 것이 아니라면, 비록 염오이고 죄를 범한 것이기는 하지만 중죄는 아니다. 그러므로 본론本論의 경계를 설한 부분에서 말하기를, "보살들이 보살의 정계율의에 안주하여, 다른 사람의 것에 대해 염오인 애착하는 마음과 분노하는 마음을 가지고, 자신을 찬탄하고 다른 사람을 비방한다면, 이를 범하는 것이고 어긋나고 넘어서는 것이라고 하며 이는 염오인 위범이다. 위범이 성립되지 않는 것은 여러 나쁜 외도를 꺾어서 굴복시키기 위해서이거나, 여래의 성스러운 가르침에 머물고 지속되게 하기 위해서이거나, 방편으로 다른 사람을 길들이고 조복하기 위해서이거나 하여 그렇게 한 경우이다. 자세한 것은 앞에서 설한 것과 같다. 혹은 아직 청정한 믿음이 없는 이로 하여금 청정한 믿음을 내게 하기 위해서거나, 이미 청정한 믿음을 낸 이로 하여금 그 믿음을 배로 증가하게 하기 위해서이거나 하여 그렇게 한 경우이다."[186]【서른 번째 계이다.】라고 하였다.

雖有愛恚。不爲名利。雖染犯罪。而非重故。本論輕戒云。若諸菩薩。安住菩薩淨戒律儀。於他人所。有染愛心。有瞋恚心。自讚毀他。是名有犯有所違越是染違犯。無違犯者。若爲摧伏諸惡外道。若爲住持如來聖敎。若爲方便調彼伏彼。廣說如前。或欲令其未淨信者。發生淨信。已淨信者。倍復增長。【第三十戒。】

ㄹ) 네 번째 구절 : 중죄를 범한 것

㉮ 이양과 공경을 탐욕스럽게 추구하려고 자신을 찬탄하고 다른 사람을 비방하였다면 중죄이고 경죄가 아니다.

若爲貪求利養恭敬。自讚毀他。是重非輕。

---

[186] 『瑜伽師地論』 권41(T30, 519b).

집 본론本論의 중계를 설한 부분에서 말하기를, "보살들이 이양과 공경을 탐욕스럽게 추구하려고 자신을 찬탄하고 다른 사람을 비방한다면 이것을 첫 번째 타승처법이라고 한다.【여기까지가 인용문이다.】"[187]라고 하였다.

本論重戒云。若諸菩薩。爲欲貪求利養恭敬。自讚毁他。是名第一他勝處法。【文】

문 반드시 이양과 공경의 두 가지 일을 갖추어야 비로소 중죄가 성립되는 것인가?
답 법장 법사가 말하기를, "오직 명예만 추구하는 것과 오직 이양만 추구하는 것은 (한 가지 조건만 충족되었지만) 모두 중죄이고, 문도門徒로 하여금 공경하게 하려는 마음이 있는 것 등도 이치상 또한 중죄이다.【이상】"[188]라고 하였으니 이것에 준하면 알 수 있을 것이다.

---

187 『瑜伽師地論』권40(T30, 515b).
188 『梵網經菩薩戒本疏』권3(T40, 628a). 본서의 바로 앞(T40, 627c)에서 중죄가 성립되기 위한 여섯 가지 조건을 제시하여 "첫째는 자신과 다른 사람이 있는 것이고, 둘째는 다른 사람이라는 생각을 일으키는 것이며, 셋째는 자찬훼타의 뜻이 일어나는 것이고, 넷째는 명예와 이익 등을 위하는 마음이 있는 것이며, 다섯째는 바로 자찬훼타를 행하는 것이고, 여섯째는 앞에 있는 사람이 찬탄하는 것과 비방하는 것을 알아듣는 것이다."라고 하였다. 또 그 뒤(T40, 627c)에서 이 여섯 가지 조건 각각에 대해 그 조건이 갖추어지지 않는 경우를 제시하고 나서, 이러한 경우는 어떤 죄에 해당하는지에 대해 논하였다. 본문의 인용문은 이 가운데 네 번째 조건과 관련된 글이다. 곧 "네 번째로 제시한 조건(명예와 이익 등을 위하는 마음이 있는 것)이 갖추어지지 않는 것에 세 가지 경우가 있다. 첫째는 오직 명예만 위한 것이거나, 오직 이양만 위한 것이다. (네 번째 조건 중 하나만 충족된 것이지만) 모두 중죄이고, 문도의 공경을 얻고자 하는 것 등도 (명예를 위한 것이니) 이치상 또한 중죄이다. 둘째는 만심에 의해 무위無爲의 경지를 증득했다고 하는 것은 중방편重方便이다. 셋째는 중생에게 이익을 주기 위한 것이니 이치상 범한 것이 아니다.(闕第四緣有三。一單名單利俱重。等恭敬門徒等。理亦應重。二依慢心。以無爲得重方便。三爲益衆生。理應不犯)"라고 하였다.

問. 必具利養恭敬二事. 方成重耶. 答. 法藏師云. 單名單利俱重. 欲¹⁾恭敬
門徒等. 理亦應重.【已上】准此可悉.

1) ㉠『梵網經菩薩戒本疏』에 따르면 '欲'은 '等'이다. 그러나 전후 문맥을 고려하면 전자가 맞는 것 같다.

㉘ 반드시 찬탄하는 것과 비방하는 것을 갖추어야 비로소 중죄가 성립되는 것인가?

㉗ 여러 해석이 같지 않아서 섣불리 확정적으로 판단하는 것은 어렵다. 지금 한두 가지를 제시할 것이니 자세히 살펴서 판별하기 바란다.

問. 必具讚毀方成重耶. 答. 諸釋不同. 輒難定判. 今擧一兩. 詳而取決.

법장 법사가 말하기를, "오직 자신을 찬탄하기만 한 것도 또한 중죄이다. 『보살선계경』에서 설한 것과 같다. 그 경에서 말하기를, '보살이 이양을 탐하기 때문에 스스로 자신을 찬탄하면서 보살계를 얻고 보살지에 머문다면 이것을 보살의 다섯 번째 중법重法이라 한다.'[189]라고 하였다. 『중루계경重樓戒經』[190]도 또한 이 설과 같다.[이상]"[191]라고 하였고, 또한 말하기를 "오직 다른 사람을 비방하기만 해도 또한 중죄이다. 이 경의 글에서 말하기를, '다른 사람이 비방을 당하게 한다면 중죄를 범하는 것이다.'[192]라고 한 것과 같다.[이상]"[193]라고 하였다.

---

189 『菩薩善戒經』(T30, 1015a).
190 『중루계경重樓戒經』: 『開元釋教錄』에서 의경疑經으로 분류했는데 현재 전해지지 않는다. 『樓戒經』이라고도 한다. 단, 『梵網經菩薩戒本疏』 권5(T40, 637c)에서 인용한 『重樓戒經』의 본문이 『菩薩善戒經』과 일치하는 것으로 보아 양자가 상호 밀접한 관련이 있는 것으로 추정된다.
191 『梵網經菩薩戒本疏』 권3(T40, 627c).
192 『梵網經』(T24, 1004c).
193 『梵網經菩薩戒本疏』 권3(T40, 628a).

法藏師云。單自讚亦重。如善戒經說。彼云。菩薩。若爲貪利養。故自讚身。得菩薩戒。住菩薩地。是名菩薩第五重法。重樓戒經。亦同此說。【已上】又云。單毁他亦重。如此文云。他¹⁾受毁者犯重故。【已上】

1) ㉮『梵網經』에 따르면 '他' 뒤에 '人'이 누락되었다.

의적 법사가 말하기를, "또한 자신을 찬탄하고 다른 사람을 비방하는 것을 갖추어야 비로소 중죄가 성립된다. 다른 사람을 비방하였지만 자신을 찬탄하지 않았거나 자신을 찬탄하였지만 다른 사람을 비방하지 않았다면 오직 경구죄를 범한다.【중략】"[194]라고 하였고, 또한 말하기를 "오직 자신을 찬탄하고자 했을 뿐이거나 오직 다른 사람을 비방하고자 했을 뿐이거나 할 경우에는 비록 먼저 하고 나중에 하여 두 가지를 갖추었다고 하더라도 개별적으로 두 가지 경죄를 맺을 뿐이고 중죄는 성립되지 않는다. 예컨대 결단심을 내어서 여러 차례 4전錢을 훔쳤더라도 중죄가 성립되지 않는 것[195]과 같다.【이상】"[196]라고 하였는데, 태현 법사의 해석[197]도 또한 이것과 동일하다. 이 두 법사[198]의 뜻은 찬탄과 비방의 연緣을 모두 갖추어야 중이重夷가 성립되고 별도로 찬탄하고 별도로 비방한 경우에는 연이 갖추어지지 않았기 때문에 단지 경죄를 얻는다는 것이다. 저 사십팔경계에는 비록 이러한 내용이 없지만[199] (의적이 제시한 것과 같은 사례에 대

---

194 『菩薩戒本疏』 권상(T40, 667a).
195 『薩婆多部毘尼摩得勒伽』 권8(T23, 613a)에서 "㉰ 부처님께서 설하신 대로라면 비구가 5전錢을 훔치면 바라이죄가 성립되는데, 비구가 백천 가리선迦梨仙을 취하고도 바라이죄를 짓지 않는 경우가 있는가? ㉯ 있다. 4전을 거듭해서 취한다면 낱낱이 투란차일 뿐이다."라고 한 것을 참조할 것. 본문의 가리선에 대해서는, 5전이라고 할 때의 전錢과 같은 의미로 보아, 5전이 바로 5가리선이라고 풀이한 사례가 보인다.
196 『菩薩戒本疏』 권상(T40, 667a).
197 『梵網經古迹記』 권하(T40, 706c)에서 "반드시 찬탄함과 비방함이 있어야 비로소 중죄를 범하기 때문이다. 별도로 찬탄하고 별도로 비방하면 별도로 두 가지 경죄를 얻으니, 별도의 시간에 별도로 4전을 취하는 것과 같다."라고 하였다.
198 두 법사 : 의적과 태현을 가리킨다.

해서) 중이라고 하기에는 연이 결여되었기 때문에 경구죄에 귀속시킨 것이다. 그 밖의 다른 중계가 연이 되었을 경우에도 역시 그러하다.

義寂師云。又要具讚毀。方結重。若毀而不讚。讚而不毀。唯犯輕垢。【云云】又云。若單欲讚。或單欲毀。雖前後具二。別結兩輕。不成重也。如斷心。數取四錢。不成重。【已上】太賢師釋。亦同此也。此二師意。讚毀緣具。當成重夷。別讚別毀。緣不具故。但得輕罪。彼六八中。雖無此相。重夷緣闕。故屬輕垢。自餘重戒。緣闕例爾。

(ㄱ) 네 번째 구절이 전과 사상의 성격에 따라 세 품으로 나뉘는 것을 밝힘

㉠ 총괄적으로 밝힘

기 네 번째 구절[200]에 세 품이 있다. 세 품을 이루는 이유에 또한 두 가지 길이 있으니, 사상事象에 의거하기 때문이고 전纏에 의거하기 때문이다.

第四之中。有其三品。成三之由。亦有二途。謂由事故。及由纏故。

집 (『유가사지론』) 99권에서 말하였다.

九十九云。

---

199 사십팔경계에 자찬훼타와 관련된 내용이 없다는 말이다.
200 네 번째 구절 : 자찬훼타계를 네 가지로 차별화한 것 가운데 네 번째, 곧 "이양과 공양을 탐내어 구하기 위해 자신을 찬탄하고 다른 사람을 비방하였다면 중죄이고 경죄가 아니다."라고 한 것을 가리킨다.

다섯 가지 인연에 의거하여 위범한 것에 하품·중품·상품의 차별이 있음을 알아야 한다. 어떤 것을 다섯이라 하는가? 첫째는 자성에 의거하기 때문이고 둘째는 훼범에 의거하기 때문이며, 셋째는 의도(意樂)에 의거하기 때문이고 넷째는 사상事象에 의거하기 때문이며, 다섯째는 적집積集에 의거하기 때문이다.

자성에 의거한다는 것은 타승죄취他勝罪聚(바라이죄)는 상품죄이고 중여죄취衆餘罪聚²⁰¹는 중품죄이며 나머지 죄취罪聚²⁰²는 하품죄인 것을 말한다.[중략] 훼범에 의거한다는 것은 무지 때문에 그리고 방일 때문에 위범한 모든 죄는 하품죄이고, 번뇌의 치성함 때문에 위범한 모든 죄는 중품죄이며, 경만에 의거하여 위범한 온갖 죄는 상품죄인 것이다.[중략] 의도에 의거한다는 것은 하품의 탐욕·분노·어리석음의 전纏에 의거하여 위범한 온갖 죄는 하품죄이고, 중품에 의거한 것은 중품죄이며, 상품에 의거한 것은 상품죄인 것을 말한다.[중략] 사상에 의거하기 때문이라는 것은 비록 비슷한(相似) 의도를 현행現行하였다고 해도 그 사상은 동일한 부류가 아닌 것에 의거하기 때문에 위범한 것에 하품·중품·상품의 차별이 있음을 알아야 하는 것이다. 예를 들면 분노의 전纏으로 방생취傍生趣(축생취)의 모든 중생을 고의로 살해하면 운타죄隕墮罪(바일제죄)를 낳는다. 곧 이와 같이 비슷한 분노의 전纏으로 혹은 사람이나 혹은 사람의 형상을 한 것으로, 아버지가 아니고 어머니가 아닌 이를 고의로 살해했으면 타승죄他勝罪를 낳고 무간죄無間罪²⁰³는 아니다. 곧 이러한 비슷

---

201 『瑜伽論記』권24(T42, 864b)에서 "둘째, 중여죄취라는 것은 곧 십삼승잔十三僧殘이다. 달사達師가 말하기를, '이 계를 범하면 승중僧衆의 밖으로 쫓아내어 참회하게 하기 때문에 〈중여〉라 한다.'라고 하였다."라고 하였다.
202 나머지 죄취罪聚 : 오편五篇(五種罪聚) 중 제1 타승죄취(바라이죄)·제2 중여죄취(승잔죄)를 제외한 나머지 세 가지, 곧 운타죄취隕墮罪聚(바일제)·별회죄취別悔罪聚(바라제제사니죄)·악작죄취惡作罪聚(돌길라죄)를 가리킨다.
203 무간죄無間罪 : 오역죄五逆罪를 가리킨다. 곧 어머니를 살해하는 것, 아버지를 살해

한 분노의 전纏으로 사람의 아버지나 어머니를 고의로 살해하면 타승죄와 무간죄를 낳는다.【중략】적집에 의거한다는 것은 예를 들면 어떤 사람이 혹은 하나의 죄를 범하고 여법如法하게 속히 참회하여 제거하지 못하고, 혹은 두 가지 혹은 세 가지 내지 혹은 다섯 가지의 죄를 범한다면 적집에 의거하여 하품죄를 이루었다는 것을 알아야 한다. 이 이후에 혹은 열 가지 죄를 범하고 혹은 20가지를 범하고 혹은 30가지를 범하며, 내지 죄를 범했음을 알 수 있고 그 수를 헤아릴 수 있을 정도의 죄를 범하고, 여법하게 속히 참회하여 제거하지 못한다면 적집에 의거하여 중품죄를 이루었다는 것을 알아야 한다. 위범에 해당하는 죄가 그 숫자가 한량없어서 헤아려 알 수 없는데, 내가 이제 이러한 중죄를 훼범했다면 적집에 의거하여 상품죄를 이루었다는 것을 알아야 한다.【이상】²⁰⁴

由五因緣。當知。所犯成下中上三品差別。何等爲五。一由自性故。二由毀犯故。三由意樂故。四由事故。五由積集故。由自性者。謂他勝罪聚。是上品罪。衆餘罪聚。是中品罪。所餘罪聚。是下品罪。【乃至】由毀犯者。謂無知故。及放逸故。所犯衆罪。是下品罪。煩惱盛故。所犯衆罪。是中品罪。由輕慢故。所犯衆罪。是上品罪。【乃至】由意樂者。謂由下品貪瞋癡纏。所犯衆罪。是下品罪。若由中品。是中品罪。若由上品。是上品罪。【乃至】由事故者。謂雖現行相似意樂。而由其事非一類故。應知所犯成下中上三品差別。如以瞋纏。於傍生趣所有衆生。故思殺害。生隤¹⁾墜罪。卽以如是相似瞋纏。或於其人。或人形狀。非父非母。故思殺害。生他勝罪。非無間罪。卽以如是相似瞋纏。於人父母。故思殺害。生他勝罪及無間罪。【乃至】由積集者。謂如有一。或犯一罪。不能如法速疾悔除。或二或三。乃至或五。如是應知。由

하는 것, 아라한을 살해하는 것, 악한 마음으로 부처님의 몸에 피가 나게 하는 것, 승단을 파괴하는 것이다.
204 『瑜伽師地論』 권99(T30, 870b).

積集故。成下品罪。從此已後。或犯十罪。或犯二十。或犯三十。乃全或犯可了數罪。不能如法速疾悔除。如是應知。由積集故。成中品罪。若所犯罪。其數無量。不可了知。我今毀犯。如是重罪。如是應知。由積集故。成上品罪。【已上】

1) ㉝『瑜伽師地論』에 따르면 '賾'는 '隕'이다.

지금 『요기』에서 서술한 "두 가지 길"의 모양은 (『유가사지론』에서 설한) 다섯 가지 연 가운데 세 번째와 네 번째의 연에 의거한 것이다.

今記所述二途之相。依五緣中三四之緣也。

ⓒ 개별적으로 밝힘

a. 전에 의해 세 품으로 나뉘는 것을 밝힘

기 전에 의거하기 때문이라는 것은 다음과 같다. 전이 현행하되 지극히 사납지는 않아서 혹은 참慚·괴愧[205]를 일으키면 이것은 연품이고, 비록 지극히 사나워서 참도 없고 괴도 없을지라도 아직 이것을 공덕이 되는 것으로 여기지 않으면 아직 중품이며, 도무지 참·괴가 없고 깊이 애락하는 마음을 내며 이것을 공덕이 되는 것으로 여기면 이것을 상품이라고 한다.

由纏故者 若纏現行。非極猛利。或發慚愧。是爲耎品。雖極猛利。無慚無愧。未見爲德。猶在中品。都無慚愧。深生愛樂。見是功德。是名上品。

---

205 참慚·괴愧 : 참은 스스로 부끄러워하는 것이고, 괴는 다른 사람을 의식하여 부끄러워하는 것이다. 예컨대 공덕이 많은 이를 공경하면서 자신이 공덕이 부족함을 부끄러워하는 것은 '참'이고, 공덕이 있는 사람의 꾸짖음을 받고 부끄러워하는 것은 '괴'이다.

집 이 세 품의 모양은 「보살지」에 나온다. 그 논의 40권에서 말하기를, "보살이 연품·중품의 전으로 네 가지 타승처법他勝處法[206]을 훼범한다면 보살의 정계율의를 버리는 것이 아니다. 상품의 전에 의해 훼범하면 곧 버리는 것이라 한다. 보살들이 네 가지 타승처법을 훼범하면서, 여러 차례 현행하고도 전혀 참·괴가 없으며, 깊이 애락하는 마음을 내고 이것을 공덕이 되는 것이라고 여긴다면, 상품의 전에 의해서 범하는 것이라고 한다는 것을 알아야 한다.[207] 보살들이 잠시 한 번 타승처법을 현행하면 바로 보살의 정계율의를 버리게 되는 것은, 비구가 타승처법을 범하면 바로 별해탈계別解脫戒를 버리게 되는 것과는 같지 않다.[208] 【이상】"[209]라고 하였다.

此三品相。出菩薩地。彼第四十云。菩薩。若耎中品纏。毀犯四種他勝處法。不捨菩薩淨戒律儀。上品纏犯。卽名爲捨。若諸菩薩。毀犯四種他勝處法。數數現行。都無慚愧。深生愛樂。見是功德。當知說名上品纏犯。非諸菩薩。

---

206 네 가지 타승처법他勝處法 : 타승처법이란 바라이의 의역어이다. 이 죄를 지으면 자신의 선법이 다른 악법에 패배하여 다른 악법이 승리하도록 한다는 뜻이 있다. 네 가지 타승처법이란 『瑜伽師地論』 권40(T30, 515b)에서 "첫째, 자신을 칭찬하거나 다른 사람을 비방하지 말 것, 둘째, 재물을 주는 것을 아까워하지 말 것, 셋째, 분노하는 마음을 내지 말 것, 넷째, 대승법을 비방하지 말 것"이라고 하였다.
207 원효는 『요기』에서, 『瑜伽師地論』에서 상품의 전이 성립되는 조건으로 "전혀 참·괴가 없는 것, 깊이 애락하는 마음을 내는 것, 이것을 공덕이 되는 것이라고 여기는 것"의 세 가지를 제시한 것에 의거하여, 이 중 두 가지만 있으면 중품, 한 가지만 있으면 연품이라고 하였다. 『요기』에서는 "사납다는 것"이 추가되었는데, 이는 참·괴와 묶일 수 있는 것으로, 사납기에 참·괴가 없고 사납지 않기에 참·괴가 있는 것으로 파악하기 때문에 별도의 의미를 갖는 것은 아니다.
208 마지막 글은 『瑜伽師地論』 권40(T30, 515c)에서 "보살들이 이러한 훼범에 의거하여 보살의 정계율의를 버릴 경우 현법 가운데 다시 받는 것을 감임堪任할 수 있으니, 비구가 별해탈계에 머물러 타승처법을 범하면 현법 가운데에 다시 받는 것을 감임할 수 없는 것과는 같지 않다."라고 한 것을 참조할 것. 성문은 중계를 범하면 머리를 잘린 사람과 같이 취급하여 현재의 몸으로 다시 승단의 숫자에 들어갈 수 없게 되는데, 보살계의 경우는 이것과 같지 않다는 말이다.
209 『瑜伽師地論』 권40(T30, 515c).

暫一現行他勝處法。便捨菩薩淨戒律儀。如諸苾芻。犯他勝處法。卽便棄捨別解脫戒。【已上】

🅟 논의 글은 전반적이고 만연하여 전纏의 모양을 분명히 알기 어렵다. 어떤 문구가 상품의 전의 모양인가?

🅐 여러 법사가 해석하였는데 일정한 기준은 없다. 우선 『요기』의 뜻에 의거하여 논의 글을 헤아려 분간하면 다음과 같다. 처음에 "훼범하면" 등의 두 구절[210]은 위범하는 죄를 총괄적으로 표시한 것이고, 다음에 "여러 차례" 이하의 네 구절[211]은 개별적으로 상품의 전의 모양을 보인 것이다.[212]

問。論文通漫。纏相難辨。以何文句。爲上纏相耶。答。諸師解釋。而不一准。且依記意。料簡論文。初毀犯等二。總標所犯罪。次數數下四句。別示上纏相。

그런데 이 글(『유가사지론』의 글)에 대해 헤아려 분간한 것이 두 가지가 있다.

---

210 두 구절 : "네 가지 타승처법을 훼범하면서(毀犯四種他勝處法)"라고 한 것을 가리킨다.
211 네 구절 : "여러 차례 현행하고도 전혀 참·괴가 없으며, 깊이 애락하는 마음을 내고 이것을 공덕이 되는 것이라고 여긴다면(數數現行。都無慚愧。深生愛樂。見是功德。)"이라고 한 것을 가리킨다.
212 『瑜伽師地論』 인용문의 내용을 크게 둘로 나누어 보는 것, 곧 "보살들이 네 가지 타승처법을 훼범하면서, 여러 차례 현행하고도~상품의 전에 의해서 범하는 것이라고 한다는 것을 알아야 한다."라고 한 것은 상품의 전에 대한 것이고, "보살들이 잠시 한 번 타승처법을 현행하면~버리게 되는 것과는 같지 않다."라고 한 것은 연품(하품)과 중품의 전에 대한 것이라고 하는 것은 일반적으로 이의가 없는 것 같다. 다만 이렇게 볼 경우 상품의 전에서는 현행과 관련하여 "여러 차례"라고 하고, 연품·중품의 전에서는 "잠시 한 번"이라고 하였는데, 이것을 상품의 전과 연품·중품의 전을 구별하는 근거로 삼을 수 있는 것인가, 그렇지 않은 것인가에 대해서 견해가 갈라진다. 바로 뒤에서 제시한 두 가지 요간料簡 중 첫 번째 것은 "여러 차례"와 "잠시 한 번"이 상품·중품·연품의 전에 모두 통용되는 것이라는 입장이고, 두 번째 것은 전자는 상품의 전에 해당하는 것이고 후자는 중품·연품의 전에 해당하는 것이라는 입장이다.

然就此文。有二料簡。

한 가지는 다음과 같다.

一云。

이 네 구절 가운데 처음의 한 구절[213]은 세 품에 통할 수 있으니 상품에 국한하지 말아야 한다. 가령 비록 여러 차례 현행했어도 지극히 사납지 않고 아직 공덕이 되는 것으로 여기지 않는 것 등은 중품과 하품의 전이기 때문이니, 어찌 반드시 상품에 국한된 것이겠는가? 중품과 하품도 이것을 본보기로 하여 알 수 있다. 가령 또한 비록 잠시 한 번 현행했더라도 참도 없고 괴도 없으며 이것을 공덕이 되는 것으로 여기는 것 등의 경우에는 상품의 전이기 때문이니 어찌 반드시 중품·하품이겠는가? 그러므로 『요기』에서 "전이 현행하되"라고 한 말은 오직 하품만이 아니고 또한 중품과 상품에도 통한다. 그러므로 중품과 상품을 설하면서는 이 말을 두지 않았다. "여러 차례"와 "잠시 한 번"이라는 것은 총괄적으로 합하여 말한 것이니, 세 품에 통하기 때문이고 구별되지 않는 것이기 때문이다.

此四句中。初一句者。可通三品。不應局上。設應雖爲數數現行。非極猛利未見德等。是中下纏故。豈必上品乎。中下二品。例之可知。設亦應雖暫一現行。無慙無愧見是德等。是上品纏故。豈必中下乎。故記若纏現行之言。非唯下品。亦通中上。是故中上。不置此言。數數暫一。總合而言。通三品故。不簡別故。

---

213 처음의 한 구절 : "여러 차례 현행하고도"라고 한 것을 가리킨다.

問 이와 같다면 무엇 때문에 본론本論의 글에서 상품의 전의 모양을 설하면서 오직 "여러 차례"라고만 하고 "잠시 한 번"이라고는 하지 않았으며, 중품과 하품을 밝히면서 단지 "잠시 한 번"이라고만 하고 "여러 차례"라고는 하지 않은 것인가?

답 『요기』를 지은 사람의 뜻에 의거하여 본론의 글을 상고하면 서로 수순하는 뜻에 의거하여 우선 배당한 것이다. 자세하게 말하면 서로 겸하고 통한다. 그러므로 지금 『요기』에서 뜻을 얻어 이것을 밝혔다. 법장 법사의 해석도 대체로 이것과 같다.【저 『범망경보살계본소』에서 서술한 것[214]과 같다.】

問。若爾何故。本論文中。說上纏相。唯云數數。不言暫一。明中下相。但言暫一。不言數數耶。答。依旨主意。詳本論文。約相順義。且以配當。若委言之。可互兼通。是故今記。得旨明之。法藏師釋。大與此同。【如彼梵網疏述。】

問 "여러 차례"와 "잠시 한 번"이라는 것은 의도에 의거한 것인가, 죄를 범하는 것에 의거한 것인가?

답 비록 다른 뜻이 있을지라도 전하는 것에 의거하면 전방편前方便[215]

---

214 『梵網經菩薩戒本疏』권3(T40, 628b)에서 "이 네 번째(명예와 이양과 공경을 탐하여서 자찬훼타한 것은 중죄이고 경죄가 아니다.) 가운데 세 품이 있다. 첫째는 번뇌가 현행하되 지극히 사납지 않아서 혹은 참·괴를 일으키는 것으로 말미암은 경우이니 이를 하품이라 한다. 둘째는 비록 사나워서 또한 참·괴가 없더라도 아직 공덕이 되는 것이라고 여기지 않는 것으로 말미암은 경우이니 아직 중품이다. 셋째는 전혀 참·괴가 없고 깊이 애락하는 마음을 내며 공덕이 되는 것이라고 여기는 것으로 말미암은 경우이니 이를 상품의 가장 무거운 것이라고 한다.(此第四中有三品。一若由煩惱現行。非極猛利。或發慚愧。是爲下品。二雖或猛利。亦無慚愧。未見爲德。猶有中品。三都無慚愧。深生愛樂。見爲功德。是名上品最重也。)"라고 하였다.
215 전방편前方便 : 직접적으로 죄를 짓기 이전, 곧 바로 전 단계에서 하는 행위를 가리키는 것 같다. 지의의 『菩薩戒義疏』권하(T40, 571c)에서 "셋째, 방편살이란 곧 살생 이전의 방편이니 묶는 것, 매다는 것 등을 말한다.(三方便殺者。即殺前方便。所謂束縛繫

단계에서의 의도에 대해 설한 것이고, 죄를 범한 것에 있어서의 여러 차례와 여러 차례가 아닌 것을 논한 것은 아니다. 무릇 세 가지 전에 나아간 것은 단지 번뇌의 사나움과 사납지 않음 등을 논한 것일 뿐이니, 어찌 죄를 범한 것에 있어서의 여러 차례와 여러 차례가 아닌 것을 연 것이겠는가? 생각해 보면 알 수 있을 것이다.

問。數數暫一。爲約意樂。爲約犯罪耶。答。雖有異義。且據所傳。約前方便。意樂而說。非論犯罪數不數也。凡三纏者。但論煩惱猛不猛等。何開犯罪數不數乎。思之可知。

다른 한 가지는 다음과 같다.

一云。

상품은 반드시 여러 차례 현행하는 것이다. 중품과 하품은 잠시 한 번 현행하는 것이다. 나머지 구절은 차례대로 줄어드는 것이니 상응하는 것에 따라 알 수 있다. 본론에 실린 진실한 글에서 이렇게 배대했기 때문이다. 지금 『요기』에서 "전이 현행하되"라고 한 말은 결정코 "잠시 한 번"이라는 것이고 중품도 또한 그러하다.

上品必是數數現行。中下二品。暫一現行。餘句第減。隨應可知。本論誠文。配對爾故。今記若纏現行之言。定是暫一。中品亦爾。

🗐 이와 같다면 무엇 때문에 지금 글(『요기』)에서 밝힌 상품의 전의 모

等。)"라고 한 것을 참조하였다.

양에는 "여러 차례"라는 말을 제시하지 않았는가?

답 본론에서 이미 제시했으니 (또 제시하여) 넘치게 할 수는 없기 때문이다. 그러므로『보살계본종요』에서 중품·하품의 전의 모양을 밝히면서 말하기를, "중품·하품의 전에 의해 타승처를 위범하는 것은 (하품의 전은) 참·괴가 있는 것이고 (중품의 전은 참·괴가 없어도) 또한 깊이 탐닉하지 않고 이것을 공덕이라고 여기지 않는 것이다.【이상】"[216]라고 하였다. 여기에서도 또한 잠시 한 번 현행하는 것은 제시하지 않았으니 본론의 정설을 분명히 알았기 때문이다.

問。若爾何故。今文所明。上品纏相。不擧數數耶。答。本論旣擧。不可濫故。是以宗要中。明中下纏相云。中下品纏。犯他勝處。謂有慚愧。亦不深耽見是功德。【已上】此亦不擧暫一現行。明知本論定說故也。

앞의 두 가지 뜻은 옛날과 오늘날 연구하는 사람이『요기』를 지은 사람의 뜻을 탐구하여 이룬 단편적인 글이다. 여러 법사가 다르게 해석하였는데 나머지 다른 뜻에 대해 자세히 서술한 것은 별도의 글에서 설한 것과 같다. 번잡할 것 같아 기록하지 않는다.

上來二義。古今講者。探記主意。所致斷簡。諸師異釋。自餘別義。具敍如別。恐繁不錄。

---

216 『菩薩戒本宗要』(T45, 917b). 해석은『菩薩戒本宗要纂註』권하(N22, 59a)에서 "참·괴가 있는 것은 하품의 전이고, 참·괴가 없어도 깊이 탐닉하지 않고 이것을 공덕이라고 여기지 않는 것은 중품의 전이다."라고 한 것을 참조하였다.

b. 사상에 의해 세 품으로 나뉘는 것을 밝힘

경 사상事象에 의거하기 때문이라는 것은 개별적인 사람을 비방하면 연품이고, 한 무리를 비방하면 중품이며, 두루 많은 무리를 비방하면 상품이다.

由事故者。若毁別人。是爲耎品。若毁一衆。即是中品。普毁衆多。乃爲上品。

집

문 전의 세 품 가운데 상품이면 계를 잃고 중품·하품이면 잃지 않는다면 또한 사상에도 세 품이 있으니 전의 세 품처럼 (이것에 의해 계를) 잃는 것을 판별할 수 있지 않은가?

답 반드시 전과 같지는 않다. 다만 사상의 세 품이 계를 잃고 잃지 않음은 반드시 전의 세 가지에 따르는 것일 뿐이다. 상품의 전으로 많은 무리의 스님을 비방하면 결정코 계를 잃는다. 중품의 전으로 한 무리를 비방하는 경우와 하품의 전으로 개별적인 사람을 비방하는 경우는 모두 계를 잃지 않는다. 또한 일체를 비방할 경우에도 중품과 하품의 전이면 계를 잃는다고 할 수 없다. 나머지 두 가지 경우[217]는 유추해 보면 알 수 있다. 반드시 전에 의거하여 계를 잃는 것과 잃지 않는 것을 판별해야 하니 본론本論의 앞과 뒤에서 오직 전에 의거하여 설하였기 때문이다. 지금 단지 죄의 경중을 얻는 것을 밝히기 위해 사상에 의거하여 셋을 나누었는

---

217 앞에서는 상품의 전纏과 상품의 사상事象, 중품의 전과 중품의 사상, 하품의 전과 하품의 사상을 대상으로 계를 잃는 것과 잃지 않는 것을 밝혔다. 그러므로 두 가지 경우는 나머지 두 가지, 곧 상품의 전과 관련해서는 중품의 사상과 하품의 사상 두 가지, 중품의 전과 관련해서는 상품의 사상과 하품의 사상 두 가지, 하품의 전과 관련해서는 상품의 사상과 중품의 사상 두 가지를 가리키는 것으로 추정된다.

데, 이것으로 계를 잃는 것과 잃지 않는 것을 판별할 수는 없다.

問。纏三品中。上品失戒。中下不失。亦事三品。如纏三品。可判失不耶。答。未必如纏。但事三品失戒不失。必由纏三。以上品纏。毁衆多僧。定是失戒。中纏一衆。下纏別人。竝不失戒。又毁一切。若中下纏。不可失戒。餘二反知。必須由纏判戒失不。本論前後。唯約纏故。今但爲辨得罪輕重。約事分三。以此不可判戒失不也。

(ㄴ) 상품의 전과 상품의 사상에 의해 중죄를 범하는 것을 밝힘

㉠ 총괄적으로 세 쌍을 밝힘

기 상품과 관련된 것에 죄가 한 가지가 아니어서 그것을 따라서 (낱낱이) 분별하는 것은 어렵지만 간략하게 세 쌍을 보인다.

上品之內。罪非一端。隨其難別。略示三雙。

불법 내부의 사람이 많은 경우에 삼학三學을 배우다가 (불도가 아니면서) 불도와 비슷한 것처럼 보이는 마구니의 일을 일으키니,

佛法內人。多依三學。起似佛道之魔事故。

집 계학戒學·정학定學·혜학慧學은 내도를 행하는 사람이 익히는 것이다. 행상行相이 아득하고 깊어서 지극하게 작의作意[218]해야 한다. 마음이

---

218 작의作意 : ⓢ manaskāra의 의역어. 대상에 주의를 기울이는 마음 작용을 가리킨다.

질박하고 정직하지 않으며 행하는 것이 삿되고 편벽되면 도리어 마구니의 일을 이루니 참되고 바른 행이 아니다.

"마구니"라고 한 것은 『대승법원의림장大乘法苑義林章』 권6에서 "범어 음역어는 마라魔羅(S) māra)이다. 의역어는 요란장애파괴擾亂障礙破壞이다. 신심身心을 어지럽히고 선법을 가로막으며 뛰어난 일을 무너뜨리기 때문에 마라라고 한다. 줄인 음역어는 마魔이다. 모든 마구니의 통칭이다.[이하 생략]"[219]라고 하였고, 『불지론』에 의거하면 마구니에 네 가지가 있으니, 첫째는 번뇌마구니(煩惱魔)이고 둘째는 오온마구니(五蘊魔)이며, 셋째는 죽음마구니(死魔)이고 넷째는 자재천[220]마구니(自在天魔)이다.[221] 지금 "불도와 비슷한 것처럼 보이는 마구니의 일"이라고 한 것은 불도를 행하는 사람이 왜곡된 견해와 삿된 마음으로 불법과 유사한 것처럼 보이는 일을 행하여 장애와 어려움을 이루는 것이다. 이 네 가지 마구니 가운데 대체로 번뇌마구니에 포섭되는데 아울러 자재천마구니 등의 도움에 의해 일어난다.

戒定慧學。內人所習。行相幽深。極須作意。心不質直。所行邪僻。還成魔事。非眞正行。所言魔者。義林章第六云。梵云魔羅。此云擾亂障礙破壞。擾亂身心。障礙善法。破壞勝事。故名魔羅。此略云魔。諸魔通稱。【云云】依佛地論。魔有四種。一煩惱魔。二五蘊魔。三死魔。四自在天魔。今言似佛道魔事者。行佛道人。曲見邪心。相似佛法。而成障難。此則四魔中。多煩惱魔攝。兼由天魔等助而起也。

---

219 『大乘法苑義林章』 권6(T45, 348b).
220 자재천 : 욕계의 여섯 번째 하늘의 마왕魔王. 사람의 착한 일을 해치고 현성법賢聖法을 싫어하고 질시하며 온갖 어지러운 일을 지어서, 수행하는 사람으로 하여금 출세간의 선근을 성취하지 못하게 한다. 앞의 세 가지가 내마內魔라면 이것은 외마外魔이다.
221 『佛地經』 권1(T26, 292b).

기 사자의 몸속에 있는 벌레가 사자를 먹어치우고 다른 어떤 것도 그렇게 할 수 없는 것과 같기 때문이다.

猶如師子身內之虫。乃食師子。餘無能故。

집 『연화면경蓮花面經』 권상에서 말하였다.

蓮花面經上卷云。

부처님께서 아난에게 말씀하셨다.
"지극한 마음으로 잘 들어라. 내가 이제 설할 것이다. 아난이여, 미래의 어느 때에 계를 무너뜨리는 비구들이 있어서, 몸에 가사를 입고 성읍을 돌아다니며, 취락을 오가고 친가親家에 머물 것이니, 그들은 비구도 아니고, 또한 백의白衣(세속인)도 아니면서, 아내와 첩을 두고 아들과 딸을 낳아서 기를 것이다.【중략】 또한 어떤 비구는 불탑을 무너뜨리고 그 보물을 취하여 자신의 생활을 도모할 것이다. 이와 같이 한량없는 지옥의 인연을 지어서 수명이 다한 뒤에는 모두 지옥에 떨어질 것이다. 아난이여, 비유컨대 사자가 수명이 다하고 몸이 죽었을 때, 허공이나 대지, 물이나 육지의 어떤 중생도 감히 그 사자의 살코기를 먹을 수 없고, 오직 사자의 몸에서 저절로 생겨난 벌레들이 도리어 스스로 사자의 살코기를 먹을 수 있는 것과 같다. 아난이여, 나의 불법도 다른 어떤 것도 무너뜨릴 수 없고, 나의 법 가운데 악한 비구들이 독이 묻은 가시처럼 내가 삼아승기겁三阿僧祇劫[222] 동안 행을 쌓으며 부지런히 힘써 가며 모은

---

[222] 삼아승기겁三阿僧祇劫 : ⓈD tri-kalpa-asaṃkhyeya. 보살이 발심한 뒤 수행을 완성하여 불과佛果를 얻을 때까지 걸리는 시간을 일컫는 말. '아승기'란 ⓈD asaṃkhya의 음역어로 무량수無量數·무수無數 등으로 의역한다.

불법을 무너뜨릴 것이다."【중략】

그때 아난이 이렇게 생각하였다.

'부처님의 신통력으로 나로 하여금 미래의 세상에 일어날 이러한 일을 보게 할 수 있지 않을까?'

그때 부처님께서 신통력으로 바로 아난으로 하여금 미래의 모든 악한 비구들이 아이를 무릎에 앉히고 아내를 그 옆에 두고 있는 것을 보게 하였다. 다시 여러 가지의 온갖 법에 어긋나는 일을 보게 하였다.【이상】

佛告阿難。諦聽至心。我今當說。阿難。未來之時。有諸破戒比丘。身着袈裟。遊行城邑。往來聚落。住親里家。彼非比丘。又非白衣。畜養婦妾。產育男女。【乃至】復有比丘。毀壞佛塔。取其寶物。以自活命。如是無量地獄因緣。捨命之後。皆墮地獄。阿難。譬如師子。命終身死。若空若地。若水若陸。所有衆生。不敢食彼師子身肉。惟師子身。自生諸虫。還自噉食師子之肉。阿難。我之佛法。非餘能壞。是我法中。諸惡比丘。猶如毒刺。破我三阿僧祇劫積行勤苦所集佛法。【乃至】爾時阿難。作如是念。以佛力故。可令我見未來之世如是事不。爾時如來。以神通力。即令阿難。悉見未來諸惡比丘。以兒坐膝。置婦其傍。復見種種諸非法事。【已上】

지금 이 말을 빌려 삼학을 배우는 사람을 비유하였다. 『인왕경』·『범망경』 등의 여러 경전에서도 또한 이 비유를 설하였지만,[223] 지금 인용한 것이 법과 비유가 자세하기 때문에 특별히 이것을 실었다.

今借此言。喩三學人。仁王梵網等諸經中。亦說此喩。而今所引。法喩委悉。故殊載之。

---

[223] 『仁王護國般若經』 권하(T8, 844b); 『梵網經』 권하(T24, 1009b).

ⓛ 개별적으로 세 쌍을 밝힘

a. 첫 번째 쌍 : 심학(정학)에 의거한 탐욕과 교만

a) 총괄적으로 밝힘

기 첫 번째 쌍이라는 것은 심학心學에 의거한 것이다. 두 부류의 벌레가 있어서 불법을 먹어서 없애니, 첫째는 탐욕에 의거하기 때문이고 둘째는 교만에 의거하기 때문이다.

第一雙者。依於心學。有二類虫。食滅佛法。一由貪故。二由慢故。

집 "심학"은 정학定學을 말한다.
문 무엇 때문에 정학을 심학이라고 하는가?
답 『법화경현찬섭석法華經玄贊攝釋』을 준거로 삼아 해석하면 정을 심이라고 한 것에는 두 가지 뜻이 있다. 첫 번째는 "정은 심소이다. 그것이 유래한 심왕心王(정신 현상의 주체)을 좇아서 심학이라고 하였으니 인근석隣近釋[224]이다."라는 것이고, 두 번째는 "선정은 마음을 하나의 경계에 머물게 하니 정은 심이라는 이름을 얻는다."라는 것이다.[225]

心學謂定也。問。何故定乃云心學耶。答。准法華攝釋。於定名心。而有二

---

[224] 인근석隣近釋 : 두 개 이상의 단어가 합성된 범어의 복합어를 해석하는 여섯 가지 방법 중 하나. 가까운 것을 좇아서 이름을 세운 것으로 해석하는 것이다.
[225] 지주智周(668~723), 『法華經玄贊攝釋』 권1(X34, 37b). 단, 『法華經玄贊攝釋』의 글은 "心解脫"을 해석한 것이고, 진원은 이것을 준거로 삼아 "心學"으로 해석한 것이기 때문에, 전자의 "解脫"을 "學"으로 바꾸었다.

意。一云。定是心所。以所從王。而名心學。隣近釋也。二云。或定令心。住
於一境。定得心名也。

b) 개별적으로 밝힘

(a) 탐욕에 의거한 것

기 탐욕에 의거하기 때문이라는 것은 다음과 같다. 예컨대 한 부류의
사람이 조용한 곳에 한가하게 머물며 온갖 산란함을 떠나고 선정(禪門)에
의지하여 마음을 거두면, 마음이 맑고 깨끗해져서 어렴풋하게 무엇인가
를 보게 되거나 혹은 삿된 귀신(邪神)이 가피한 힘에 의해 무엇인가를 알
게 된다. 이때 스스로 들은 것이 적어서 삿된 것과 바른 것을 구별하지 못
하면서도 또 명예와 이익과 공경을 유발하고자 하여, 본 것과 안 것을 따
르며 다른 사람이 듣고 알게 함으로써 세상 사람들을 현혹시켜 모두가 이
사람은 성인일지도 모른다고 생각하게 한다.

由貪故者。如有一類。閑居靜慮。[1] 離諸散亂。攝心禪門。由心澄淨。髣髴有
見。或由邪神。加力令識。于時由自少聞。不別邪正。又欲引致名利恭敬。
隨所見識。令他聞知。耀諸世人。咸疑是聖。

1) ㉠ '慮'를 고본古本에서는 '處'라고 하였다.(갑본)

집 다른 모양(異相)이 있음을 밝혔다. 앞의 두 구절[226]은 오직 자신이
본 것에 의거하는 것을 밝혔고, 뒤의 두 구절[227]은 또한 삿된 귀신의 가피

---

226 앞의 두 구절 : "마음이 맑고 깨끗해져서 어렴풋하게 무엇인가를 보게 되거나"라고
한 것을 가리킨다.
227 뒤의 두 구절 : "혹은 삿된 귀신(邪神)이 가피한 힘에 의해 무엇인가를 알게 된다."라

에 의거하는 것을 밝혔다.

明有異相也。上二句明唯依自見。下二句明亦由邪加。

『기신론』에서 말하였다.

起信論云。

혹은 어떤 중생이 선근의 힘이 없으면 온갖 마구니와 외도와 귀신에 의해 미혹되고 어지럽혀진다. 혹은 앉은 자리에 형체를 나타내어 공포스럽게 하거나, 혹은 단정한 남자와 여인 등의 모습을 나타내는데, 이럴 경우는 오직 마음에 의해 나타난 것일 뿐이라고 생각하면 경계는 곧 소멸하여 끝내 뇌란시키지 않는다. 혹은 하늘의 모습이나 보살의 모습을 나타내거나 또는 여래의 모습을 지어서 상호가 구족한 가운데, 혹은 다라니를 설하고 혹은 보시·지계·인욕·정진·선정·지혜를 설하며 혹은 평등하고 공하며 무상無相이고 무원無願이어서, 원망하는 이도 없고 친한 이도 없으며, 인因도 없고 과果도 없으며, 필경 공하고 고요한 것이 참된 열반이라고 설하며, 혹은 사람들로 하여금 전생인 과거의 일을 알게 하고 또한 미래의 일을 알게 하며 타심지他心智[228]를 얻게 하고 변재辯才(辨才)가 걸림이 없게 하여, 중생들로 하여금 세간의 명예와 이익이 되는 일에 탐착하게 한다.【이하 생략】[229]

고 한 것을 가리킨다.
228 타심지他心智 : 타인의 생각을 모두 알 수 있는 지혜. 욕계의 미혹을 여의고 색계의 근본선정 이상의 경지에 도달한 사람이 일으킬 수 있는 지혜이다.
229 『起信論』(T32, 582b).

或有衆生。无善根力。則爲諸魔外道鬼神所惑亂。若於坐中。現形恐怖。或現端正男女等相。當念唯心。境界則滅。終不爲惱。或現天像。菩薩像。亦作如來像。相好具足。若說陀羅尼。若說布施持戒忍辱精進禪定智慧。或說平等空無相無願。无怨无親。无因无果。畢竟空寂。是眞涅槃。或令人知宿命過去之事。亦知未來之事。得他心智。辨才无礙。能令衆生。貪着世間名利之事。【云云】

기 이것은 성인과 유사한 행적을 홀로 찬양하여 여러 스님들을 두루 억압함으로써 귀의할 곳이 없게 만들어 불법을 파괴하는 것이다. 그러므로 중죄이니 이를 모든 스님들의 큰 도적이라고 한다.

此由獨揚似聖之迹。普抑諸僧。爲無可歸。以破佛法。故得重罪。是謂諸僧之大賊也。

집 『대보적경大寶積經』 권88에서 "가섭이여, 무엇을 사문의 도적이라고 하는가? 사문의 도적에는 네 가지가 있으니 무엇을 네 가지라 하는가? 가섭이여, 비구가 법복法服을 가지런히 하고 바르게 입어 비구와 비슷한 모습을 하고서는 금계를 파괴하고 불선법을 지으면 이것을 첫 번째 사문의 도적이라고 한다. 둘째는 날이 저문 후에 그 마음이 불선법을 생각하면 이것을 두 번째 사문의 도적이라고 한다. 셋째는 아직 성인의 과를 얻지 못하여 스스로 범부라는 것을 알면서도 이양을 얻기 위해 스스로 나는 아라한과阿羅漢果[230]를 얻었다고 하면 이것을 세 번째 사문의 도적이라고 한다. 넷째는 자신을 칭찬하고 다른 사람을 비방하는 것이니 이것을 네 번

---

230 아라한과阿羅漢果 : 성문승이 수행하여 도달하는 네 가지 과果 중 최종의 지위를 가리킨다.

째 사문의 도적이라고 한다. 가섭이여, 이것을 네 가지 사문의 도적이라고 한다.[이상]"²³¹라고 하였다. 이 네 가지 가운데 지금 밝힌 모양은 뒤의 두 가지 도적에 해당한다.

> 大寶積經第八十八云。迦葉。云何名爲沙門賊。沙門賊有四種。何等爲四。迦葉。若有比丘。整理法眼¹⁾ 似像比丘。而破禁戒。作不善法。是名第一沙門之賊。二者於日暮後。其心思惟不善之法。是名第二沙門之賊。三者未聖果。自知凡夫。爲得利養。自稱我得阿羅漢果。是名第三沙門之賊。四者自讚毀他。是名第四沙門之賊。迦葉。是名四種沙門之賊【已上】此四種中。今所明相。則是當後二種賊也。

1) ㉑『大寶積經』에 따르면 '眼'은 '服'이다.

(b) 교만에 의거한 것

기 교만에 의거하기 때문이라는 것은 다음과 같다. 예컨대 한 부류의 사람이 깊은 산에 오랫동안 머물면서 얻을 것이 있다는 마음으로 적정업寂靜業²³²을 닦으면, 마구니가 그 마음을 동요시켜 파괴할 수 있다는 것을 알아서 허공에서 소리를 내어 그가 행하는 것을 찬탄하니, 그 사람이 이러한 일에 의해 자신이 높다는 마음을 일으키고 여러 스님들을 두루 억압하면서 "사람들 속에 머무는 이여, 누가 그대들이 행하는 것을 칭찬하겠는가?"라고 하는 것이다. 이 사람의 죄는 앞의 것보다 더 무거우니 이를 보살의 전다라旃陀羅²³³라고 한다.

---

231 『大寶積經』 권88(T11, 502a).
232 적정업寂靜業 : '적정'이란 고요하다는 뜻이니, 적정업은 선정을 가리킨다.
233 전다라旃陀羅 : Ⓢ caṇḍāla의 음역어. 집악執惡·주살인主殺人 등으로 의역한다. 인도의 계급 제도인 사성제四姓制에서 최하위에 속하는 종성인 수다라 중에서도 가장 하위에 속하는 부류의 종성을 가리키는 말. 이들은 고기를 잡는 일, 짐승을 도살하는 일

由慢故者。如有一類。長住深山。有所得心。修寂靜業。魔知彼心。可以動壞。發空中聲。讚其所行。其人由是。起自高心。普抑諸僧。住人間者。誰當稱美爾等所行。此人罪過。重於前者。是謂菩薩旃陀羅也。

집 지금 이 한 단락에서 서술한 행상은 『대품반야경』에 나온다.

今此一段所述行相。出於大品般若經中。

그 경 권20에서 말하였다.

彼第二十云。

또 수보리여, 보살이 공한처空閑處나 산택山澤과 같은 멀리 떨어진 곳에 머문다고 하자.【중략】그때 악마가 찾아와 허공에 머물러 찬탄하며 말하기를, "훌륭하구나, 훌륭하구나, 선남자여. 이것이 부처님께서 말씀하신 진실로 멀리 떠나는 법이다. 그대가 이러한 멀리 떠나는 법을 행하고 있으니 속히 아뇩다라삼먁삼보리를 얻을 것이다."라고 한다. 보살마하살은 이 멀리 떠나는 법에 집착하여 여러 다른 형태로 불도를 구하는 청정한 비구들을 대수롭지 않게 여기면서 이것을 심란하고 시끄러운 것이라고 한다. 심란하고 시끄러운 것을 심란하고 시끄러운 것이 아니라고 여기고 심란하고 시끄럽지 않은 것을 심란하고 시끄러운 것이라고 여기며, 공경해야 할 것을 공경하지 않고 공경하지 않아야 할 것을 공경하며, 이 보살은 이렇게 말한다. "비인非人[234]이 나를 생각하고 찾아와서

등을 직업으로 삼는다.
234 비인非人 : 사람의 부류가 아닌 것. 곧 하늘·용·야차·아귀·아수라·지옥 등을 가리킨다. 일반적으로 귀신의 범칭으로 쓰인다. 이 밖에 사람을 제외한 모든 것을 통틀어

나를 칭찬하면서 내가 행하는 것이 진실로 멀리 떠나는 법이라고 하였다. 성읍 가까운 곳에 머무는 이여, 누가 그대를 칭찬하겠는가?" 이 인연 때문에 다른 보살마하살을 대수롭지 않게 여긴다.

수보리여, 이를 보살의 전다라라고 하니 여러 보살을 오염시킨다는 것을 알아야 한다. 이 사람은 보살과 비슷한 모습이지만 실은 하늘이나 사람 가운데 큰 도적이고 또한 법복을 입은 사문 가운데 도적이다. 이러한 사람은 불도를 구하는 모든 사람들이 친근히 하지 말아야 하고 공양하거나 공경하지 말아야 한다. 무엇 때문인가? 수보리여, 이 사람은 증상만增上慢[235]에 떨어졌다는 것을 알아야 한다.[236]『대반야경』권333·권453 등에서 모두 이것과 같은 내용을 설하였다.】

復次須菩提。菩薩在空閑山澤曠遠之處。【乃至】爾時惡魔來。在虛空中住。讚言。善哉善哉。善男子。此是佛所說眞遠離法。汝行是遠離。疾得阿耨多羅三藐三菩提。是菩薩摩訶薩。念着是遠離。而輕易諸餘求佛道淸淨比丘。以爲憒鬧。以憒閙[1]爲不憒閙[2]。以不憒閙[3]爲憒閙[4]。應恭敬而不恭敬。不應恭敬而恭敬。是菩薩作是言。非人念我來稱讚我。我所行者。是眞遠離。住城傍者。誰當稱美汝。以是因緣故。輕餘菩薩摩訶薩。須菩提。當知。是名菩薩旃陀羅。汙染諸菩薩。是人似像菩薩。實是天上人中之大賊。亦是沙門被服中賊。如是人。諸求佛道者。所不應親近。不應供養恭敬。何以故。須菩提。當知。是人墮增上慢。【大般若經三百三十三。及四百五十三等。並同此說】

---

1) ㉯ '页'는 '閙'인 것 같다. 2) ㉯ '页'는 '閙'인 것 같다. 3) ㉯ '页'는 '閙'인 것 같다.
4) ㉯ '页'는 '閙'인 것 같다.

서 일컫는 말로 쓰이기도 한다.
235 증상만增上慢 : ⓢ abhi-māna의 의역어. 아직 증득하지 않은 것을 증득했다고 하는 것을 가리킨다. 아직 수행의 경지가 낮은데도 자신이 도달한 경지가 높다고 여기는 것이니 만慢에 속한다.
236 『大品般若經』 권18(T8, 353a).

"전다라旃陀羅"라는 것은 『법화현찬』 권9에서 "전다라는 도자屠者(도살자)이니 율의律儀에 합당하지 않은 일을 하는 사람이다. 바른 음역어는 전다라旃荼羅이고 엄치嚴幟라고 의역한다. 악업으로 스스로를 장엄하고 표지를 지니고 다니니, 방울을 울리고 대나무를 지녀서 자신의 표지로 삼기 때문이다.【이상】"²³⁷라고 하였다.

> 所言旃陀羅者。玄贊第九云。旃陀羅云屠者。不律儀也。正言旃荼羅。此云嚴幟。惡業自嚴。行持標幟。搖鈴持竹。爲自標故。【已上】

지금 그 뜻을 말하자면, 비록 보살이지만 자신을 높이 여기는 마음을 일으키고 여러 스님을 두루 억압하여 악업으로 스스로를 장엄하면 모양이 저 부류와 같은 것을 비유한 것이다. 경에서 설한 것을 대조해 보면 이 뜻을 알 수 있다.

> 今喩彼意。雖爲菩薩。起自高心。普抑諸僧。惡業自嚴。相同彼類。對經所說。此意可悉。

b. 두 번째 쌍 : 계학에 의거하여 삿된 계에 머무는 것과 바른 계에 머무는 것

a) 총괄적으로 밝힘

기 두 번째 쌍이라는 것은 계학戒學에 의거한 것이다. 두 부류의 벌레가 있어서 불법을 먹어서 없애니, 첫째는 삿된 계에 머무는 것이고 둘째는 바른 계에 머무는 것이다.

---

237 『法華玄贊』 권9(T34, 821a).

第二雙者。依於戒學。有二類虫。食滅佛法。一坐邪戒。二坐正戒。

b) 개별적으로 밝힘

(a) 삿된 계에 머무는 것

삿된 계에 머문다는 것은 다음과 같다. 예컨대 한 부류의 사람이 성품이 질박하고 바르지 않아서 혹은 삿된 계를 계승하고 혹은 스스로 삿된 생각을 일으킨다. 명주실과 삼실로 만든 옷을 입지 않고 다섯 가지 곡식을 먹지 않으며 도리어 이양과 공경을 탐욕스럽게 추구하고자 한다. 스스로 견줄 만한 이가 없다고 뽐내면서 여러 어리석은 부류를 속인다. 모든 어리석은 사람이 모두 자기의 덕을 우러르기를 희망하면서 일체의 기이한 행적이 없는 이들을 두루 억압한다. 이러한 일에 의해 안으로는 진리를 손상시키고 밖으로는 사람들을 혼란스럽게 만든다. 손상시키고 혼란스럽게 만드는 죄가 이것보다 더한 것은 없다.

坐邪戒者。如有一類。生[1]非質直。或承邪戒。或自邪念。不衣絲麻。不食五穀。變[2]欲貪求利養恭敬。自揚無比。誑諸癡類。希望群愚。咸仰己德。普抑一切無異迹者。由是內以傷眞。外以亂人。傷亂之罪。莫是爲先也。

---
1) ㉭ 저본인 『大正新修大藏經』에 따르면 '生'은 '性'이다. 2) ㉮ '變'을 '反'이라고 하였다.(갑본)

문 여기에서 "삿된 계"라는 것은 그 모양이 어떠한가?
답 곧 본문에서 사례로 제시한 "명주실과 삼실로 만든 옷을 입지 않고" 등의 모양이 이것이다. 여래께서 직접 제정한 계에 의지하지 않고 혹은 외도가 수지하는 계금戒禁에 수순하거나 혹은 조달調達이 지킬 것을 주장한 다섯 가지 법[238]에 수순하는 것과 같은 것들이 모두 여기에 포함된다. "명주실과 삼실로 만든 옷"이라는 것은 비단과 베와 같은 것이다. "곡식"이라는 것은 『사미경소沙彌經疏』[239] 권2에서 "첫째는 쌀이고 둘째는 보리이며 셋째는 콩이고 넷째는 조이고 다섯째는 기장('서黍〈기장〉'는 음이 서胥이다.)"이라고 하였다. 비단옷과 베옷을 입지 않고 다섯 가지 곡식을 먹지 않으면서 몸과 입을 절제하는 것이니 이들이 모두 이러한 부류의 사람이다.

問。此邪戒者。其相何耶。答。卽文所列。不衣絲麻等相是也。不依如來正所制戒。或順外道所持戒禁。或順調達所執五法。如是等類。皆此所攝。言絲麻者。絹布類也。言穀者。沙彌經疏第二云。一稻二麥三豆四粟五桼。[1]【音骨[2]】不着絹布。不噉五穀。節身口者。此皆此類也。

1) ㉠ '桼'는 어떤 글자인지 알 수 없다. 오식인 것으로 보인다. 단, 오곡에 대한 다양한 정의를 참조할 때 '黍'일 것으로 추정된다. 2) ㉠ '骨'는 어떤 글자인지 알 수 없다. 오식인 것으로 보인다. 단, 앞의 교감이 타당하다면 '胥'일 것으로 추정된다.

---

238 조달調達이 지킬~가지 법: '조달'은 ⓢ Devadatta의 의역어이다. 음역어는 제바달다提婆達多이다. 다섯 가지 법은 다음과 같다. 첫째는 죽을 때까지 걸식으로 살아가는 것이고, 둘째는 분소의糞掃衣를 입는 것이며, 셋째는 소수(연유)와 소금을 먹지 않는 것이고, 넷째는 고기와 생선을 먹지 않는 것이며, 다섯째는 노지露地에서 지내는 것이다. 현실적인 상황이나 수행의 효율성 등을 고려하지 않고 지나치게 엄격하게 계율을 지키는 것은 또 하나의 극단에 빠지는 것이기 때문에 부처님께서는 이러한 주장을 받아들이지 않았다. 예를 들면 율장에서는 시주의 요청에 의해 그 집에 가서 공양을 받는 것을 허락하는데, 이는 시주의 선의善意를 장애하지 않으려는 의도가 내재되어 있다. 부처님께서는 다만 승단이 무분별하게 공양을 받아서 혼란에 빠지는 것을 막기 위한 다양한 제도적 장치를 마련하여 그 폐해를 최소화하는 방법을 제시할 뿐이다. 예를 들어 『범망경梵網經』 사십팔경계 중 제28 불별청승계不別請僧戒(스님을 별청, 곧 시주가 특정 스님을 지목하여 초청해서 공양하는 것을 금한 계)는 승단이 고루 나누어야 할 이익을 특정인이 홀로 점유하는 것을 방지하기 위해 제정된 것이다.
239 『사미경소沙彌經疏』: 어떤 책을 가리키는 것인지 알 수 없다. 현재 역자가 접할 수 있는 문헌에서는 본 인용문을 찾을 수 없다.

(b) 바른 계에 머무는 것

기 바른 계에 머문다는 것은 다음과 같다. 예컨대 한 부류의 사람이 성품이 얄팍하여 세상의 큰 흐름이 매우 방만하고 느슨해졌을 때 그 몸을 홀로 바르게 하고 위의威儀에 결함이 없게 하여, 바로 자신을 높이 여기고 다른 사람을 업신여기는 마음을 일으켜서, 승乘을 급하게 행하고 계를 느슨하게 행하는 대중[240]을 교만한 마음으로 비방하는 것이다. 이 사람은 작은 선을 온전히 지키면서 큰 금계를 비방하였으니, 복을 굴려서 화가 됨이 이것보다 심한 것은 없다.

坐正戒者。如有一類。性是淺近。於世大運。多慢[1]緩時。獨正其身。威儀無缺。便起自高澤池[2]之心。慢毀乘急戒緩之衆。此人全其不[3]善。以毀大禁。轉福爲禍。莫斯爲甚也。

1) ㉡ '慢'을 '漫'이라고 하였다.(갑본) 2) ㉡ '澤池'를 '陵他'라고 하였다.(갑본) 3) ㉡ '不'을 '小'라고 하였다.(갑본)

---

240 승乘을 급하게~행하는 대중 : 승乘은 불법이니 출세간법을 가리키고, 계는 계율이니 인간과 천의 과보를 얻는 원인이 되는 세간의 선법이다. 『涅槃經』 권6(T12, 641b)에서 "승을 느슨하게 행한 사람이라야 느슨하다고 하고, 계를 느슨하게 행한 사람은 느슨하다고 하지 않는다.(於乘緩者。乃名爲緩。於戒緩者。不名爲緩)"라고 하여 출세간법을 행하는 것의 중요성을 강조하였다. 천태 지의天台智顗는 『摩訶止觀』 권4(T46, 39a)에서 이 글에 의거하여 네 구절을 지어서 본 구절의 뜻을 좀 더 분명하게 드러내었는데, 그 내용을 간략히 정리하면 다음과 같다. 첫째는 승을 급하게 행하고 계를 느슨하게 행하는 것(乘急戒緩)이다. 예를 들어 사취四趣(지옥·축생·아귀·아수라)로 태어나 법을 듣는 것은 승을 급하게 행하였기 때문이다. 둘째는 계를 급하게 행하고 승을 느슨하게 행하는 것(戒急乘緩)이다. 예를 들어 인간과 하늘로 태어나 즐거움에 집착하여 법을 듣지 않는 것은 승을 느슨하게 행하였기 때문이다. 셋째는 승과 계를 모두 급하게 행하는 것(乘戒俱急)이다. 예를 들어 인간과 하늘로 태어나 법을 듣고 깨달음을 얻는 것은 계와 승을 모두 급하게 행하였기 때문이다. 넷째는 승과 계를 모두 느슨하게 행하는 것(乘戒俱緩)이다. 예를 들어 사취로 태어나 법을 듣지 않는 것은 계와 승을 모두 느슨하게 행하였기 때문이다.

집 『대보적경』 권35에서 "스스로 계를 수지한 것을 자부하고 계를 범한 사람을 대수롭지 않게 여기며 비방하지 말아야 하니, 계를 수지한 것을 자부하여 다른 사람을 업신여기면 이것을 진실로 계를 무너뜨린 것이라 하네.【이하 생략】"[241]라고 하였고, 또한 말하기를 "교만함은 착한 마음을 파괴하고 또한 자신과 다른 사람의 착함을 손상시키네. 그러므로 계를 무너뜨린 이를 가벼이 여기지 말아야 할 것이니, 하물며 계를 지니고 청정한 행을 실천하는 사람임에랴.【이하 생략】"[242]라고 하였다.

大寶積經第三十五云。勿自恃持戒。輕毀犯戒者。恃戒陵於人。是名眞破戒。【云云】又云。慢能壞善心。又損自他善。故勿輕毀戒。況持戒梵行。【云云】

기

문 삿된 계와 관련된 죄는 응당 말한 것과 같다고 할 수 있지만, 바른 계를 지니는 것이 어떻게 반드시 죄가 될 수 있는 것인가? 질문하는 이유는 다음과 같다. 예컨대 한 부류의 사람이 안으로 어떤 전纏도 없고 다른 사람이 짓는 것과 짓지 않는 것을 관찰하지 않으며 오직 자신의 마음만 관찰하면서 홀로 바른 계를 지닌다면, 이러한 보살이 무슨 인연으로 위범을 이루는 것인가?

답 염오인 마음이 없다면 앞에서 설한 것에 해당되지 않는다.

問。邪戒之罪。應如所說。持正戒者。何必是罪。所以然者。如有一類。內無諸纏[1] 不觀餘人作與不作。唯察自心。獨持正戒。如是菩薩。何由成犯。答。若無染心。不在前說。

---

241 『大寶積經』 권35(T11, 202a).
242 『大寶積經』 권35(T11, 202a).

1) ㉢ 저본인 『大正新修大藏經』에 따르면 '纒'은 '纏'이다. 뜻은 동일하다.

집 『열반경』 권10에서 말하였다.

涅槃經第十云。

선남자여, 아사세왕阿闍世王[243]이 그 아버지를 살해하고 나서 나의 처소에 와서 나를 굴복시키려고 이렇게 물었다.
"세존께서는 일체지一切智가 있는 것입니까, 일체지가 있지 않은 것입니까? 만약 일체지가 있다면 조달이 과거의 한량없는 시간 동안 항상 악한 마음을 품고 여래를 쫓아다니면서 살해하려고 했는데 어째서 여래께서는 그의 출가를 허락한 것입니까?"

善男子。阿闍世王。害其父已。來至我所。欲折伏我。作如是問。云何世尊。有一切智。非一切智耶。若一切智。調達往昔。無量世中。常懷惡心。隨逐如來。欲爲殺害。云何如來。聽其出家。

선남자여, 이 인연으로 나는 이 왕을 위해 이 게송을 설하였다.

善男子。以是因緣。我爲是王。而說此偈。

다른 사람의 말에

---

[243] 아사세왕阿闍世王 : '아사세'는 S Ajātaśatru의 음역어. 불교의 적극적 외호자였던 마가다국 빈바사라왕頻婆娑羅王(S Bimbasāra王)의 아들로 아버지를 죽이고 왕위에 올랐다. 조달과 모의하여 사사건건 부처님께 위해를 가했지만 나중에 깊이 참회하고 부처님께 귀의하여 불교 교단을 적극적으로 외호하였다.

수순하여 거스르지 않으며

또한 다른 사람이

짓는 것과 짓지 않는 것을 관찰하지 않으며

단지 스스로 자신의

착한 행위와 착하지 않은 행위만 관찰하라.

於他語言。隨順不逆。

亦不觀他。作以不作。

但自觀身。善不善行。

부처님께서 대왕에게 말씀하셨다.

"그대는 지금 아버지를 살해하여 이미 무간지옥無間地獄[244]에 떨어지는 가장 무거운 역죄를 지었으니 죄를 고백하고 참회하여 청정해지기를 구해야 할 것인데, 무슨 이유로 다시 다른 사람의 허물을 보는 것인가?"

선남자여, 이 뜻으로 나는 저 왕을 위하여 이 게송을 설하였다. 다시 선남자여, 금계를 호지하여 훼범하지 않고 위의를 성취하였지만 다른 사람의 허물을 보는 이를 위하여 이 게송을 설하였다. 만약 어떤 사람이 다른 사람의 가르침을 받고 온갖 악을 멀리 떠나고, 다시 다른 사람으로 하여금 온갖 악을 떠나게 한다면 이러한 사람이 곧 나의 제자이다.[이상][245]

佛告大王。汝今害父已作逆罪最重无間。應當發露以求清淨。何緣乃更見

---

[244] 무간지옥無間地獄: '무간'은 ⓈAvīci의 의역어로 아비阿鼻라고 음역한다. 팔열지옥八熱地獄의 여덟 번째 지옥이다. 남섬부주의 지하로 2만 유순 내려간 곳에 있다. 이 지옥에 떨어진 중생은 한순간도 쉴 틈 없이 고통을 받기 때문에 붙여진 이름이다. 오역죄五逆罪를 지으면 이곳에 태어나기 때문에 오역죄를 오무간죄五無間罪라고도 한다.

[245] 36권본『涅槃經』권10(T12, 668a).

他過咎。善男子。以是義故。我爲彼王。而說此偈。復次善男子。亦爲護持。
不毀禁戒。成就威儀。見他過者。而說是偈。若復有人。受他教誨。遠離衆
惡。復教他人。令離衆惡。如是之人。則我弟子。【已上】

지금 저 게송의 뜻을 취하여 간략하게 질문의 단서로 삼은 것이다.[246]

今攝彼偈意。略爲問端也。

기 그러나 이러한 사람에 대해서 또한 분별해 보아야 한다.

홀로 청정한 것으로 인해 세상 사람이 여러 스님에 대해 통틀어서 "복전이 아니다."라고 말하도록 하여 이양과 존중을 자신에게만 치우치게 돌아오게 한다면, 비록 성문의 자도심계自度心戒(자신의 열반을 추구하는 마음을 지지하는 계)에는 수순하지만, 보살의 광대심계廣大心戒(중생을 두루 구제하려는 광대한 마음을 지지하는 계)에는 어긋난다. 예컨대 성문의 무상관無常觀 등이 비록 얕은 일에 있어서는 전도顚倒가 아니지만[247] 법신에 있어서는 곧 전도인 것처럼 여기에서 수순하고 어긋나는 것도 또한 이와 같다는 것을 알아야 한다.

홀로 청정한 것으로 인해 여러 세간의 아직 믿지 않는 이들을 믿게 하고 믿는 이가 늘어나서 여러 스님을 모두 평등하게 공양하게 한다면, 단지 범하지 않는 것만이 아니라 많은 복을 내는 것이다.

그런데 홀로 청정한 것으로 인해 잡다하게 번뇌에 물든 세간에 머물면

---

246 『요기』 본문에서 의문을 일으킨 것은 『涅槃經』의 게송에서 설한 것에 근거한 것임을 밝힌 것이다.
247 얕은 일이란 유위법有爲法을 대상으로 하는 것이니, 이것은 영원하지 않다는 것이 진리이기 때문이다. 그러나 무위법無爲法에 속하는 것, 곧 법신은 영원한 것이기 때문에 이것에 비추어 볼 때는 진리가 아닌 것이다.

서도, 이것으로 번뇌에 물든 대중을 억압하지 않기를 바라고 또 다른 사람이 평등하게 공경하는 마음을 내게 하려고 한다면, 머리에 해와 달을 이고 다니면서도 그 어둠을 물리치지 않으려고 하는 것과 같다. 스스로 기연機緣을 아는 큰 성인이 아니라면 그렇게 할 수 있는 이는 거의 없다. 그러므로 옛날의 뛰어난 현인이 그 자식을 가르치면서 "삼가 착한 행위를 하려고 하지 말아라."라고 하였더니, 그 자식이 대답하기를 "(그렇다면) 악한 행위를 해야 하는 것입니까?"라고 하였고, 아버지가 말하기를 "착한 행위도 오히려 하지 말아야 할 것인데 하물며 악한 행위임에랴."라고 한 것이다.[248]

而於此人。亦當分別。若由獨淨。令諸世人。普於諸僧。謂非福田。利養尊重。偏歸於己者。雖順聲聞自度心戒。而逆菩薩廣大心戒。如似聲聞無常等觀。雖於淺事。是無顚倒。而於法身。卽是顚倒。當知。此中順逆亦爾。若由獨淨。令諸世間未信者。[1] 信者增長。普於諸僧。平等供養者。非直無犯。乃生多福。然由獨淨。居雜染間。以此望得不抑染衆。又欲令他生等敬心者。猶如頭戴日月而行。而欲不却其暗者矣。自非知機大聖。孰能得其然也。以是之故。古之大賢。誡其子云。愼莫爲善。其子對曰。當爲惡乎。親言善尙莫爲。況爲惡乎。

1) ㉮ '者' 뒤에 '信'이 있다.(갑본)

집 외도와 범부는 네 가지 전도를 일으킨다. 일체의 행行[249]은 영원하지 않은데(無常) 그들은 잘못된 생각으로 영원한 것이라고 말하고, 유루有

---

248 옛날의 뛰어난~한 것이다 : 한나라 때 유안劉安이 지은 책인 『淮南子』에 나오는 말이다. 아버지가 딸을 시집보내면서 한 말이다.
249 행行 : ⓢ saṃskāra의 의역어. 다양한 원인에 의해 만들어진 것이라는 뜻. 곧 유위법有爲法을 가리킨다.

漏는 모두 고통인데 그들은 즐거운 것이라고 계탁하며, 일체의 법法250은 아我가 아닌데 집착하여 아라고 말하고, 삼계三界는 청정하지 않은데 잘못된 생각으로 청정한 것이라고 계탁하니, 이것을 생사에 수순하는 전도라고 한다. 성문은 관찰하고 이해하여 이것을 아울러 모두 파척한다. 말하자면 신身·수受·심心·법法의 사념처관四念處觀251에 의해, 차례대로 청정함과 즐거움과 영원함과 아我라는 네 가지 전도를 무너뜨리는 것이다.

> 外道凡夫。起四顚倒。諸行無常。彼妄謂常。有漏皆苦。彼計爲樂。諸法无我。執而謂我。三界不淨。妄計爲淨。是名隨順生死顚倒。聲聞觀解。竝皆破之。謂身受心法。四念處觀。如次對破淨樂常我四顚倒也。

『법화경현찬요집』 권7에서 "첫째는 신身이 청정하지 않다는 것을 관찰하여 청정하다는 전도를 제거함으로써 고제苦諦를 알게 한다. 둘째는 수受가 고통이라는 것을 관찰하여 즐겁다고 여기는 전도를 제거함으로써 집제集諦를 끊게 한다. 셋째는 심心이 영원하지 않다는 것을 관찰하여 영원하다는 전도를 제거함으로써 멸제滅諦를 증득하게 한다. 넷째는 법法이

---

250 법法 : ⓢ dharma의 의역어. 여기에서는 자성을 가진 것을 가리킨다. 유위법有爲法과 무위법無爲法을 총괄한다. 예컨대 유부有部의 오위칠십오법五位七十五法, 유식종의 오위백법五位百法이 여기에 해당한다.
251 사념처관四念處觀 : 사념처관은 총상념처관總相念處觀과 별상념처관別相念處觀의 두 가지가 있는데 여기에서는 별상념처관, 곧 신身·수受·심心·법法을 각각 개별적으로 관찰하는 것을 말한다. 별상념처관은 다시 개별적 특성(自相)을 통해 개별적으로 관찰하는 것과 보편적 특성(共相)을 통해 개별적으로 관찰하는 것의 둘로 나누어지는데, 전자를 자상별관自相別觀이라 하고 후자를 공상별관共相別觀이라 한다. 여기에서 설한 것은 전자에 해당한다. 곧 '신'에 대해서는 부정不淨을, '수'에 대해서는 고苦를, '심'에 대해서는 무상無常을, '법'에 대해서는 무아無我의 도리를 관찰함으로써 상常·낙樂·아我·정淨이라는 네 가지 전도망상을 대치하는 것을 말한다. 공상별관이란 신이 비상非常·고苦·공空·비아非我라고 관찰하고, 수·심·법에 대해서도 개별적으로 그렇게 관찰하는 것이다.

아我가 없다는 것을 관찰하여 아라는 전도를 제거함으로써 도제道諦를 닦게 한다.[이하 생략]"²⁵² 라고 하였고, 또 말하기를 "또 사념주四念住(사념처)를 설하여 범부의 전도를 제거하니 이승二乘은 이것을 닦아서 도과道果를 증득한다. 이치를 증득하는 바로 그때에는 어떤 대상도 없다. 나중에 관찰에서 나와 도리어 관찰 가운데 어떤 것도 없다고 관찰한다. 마침내 앞의 방편도方便道에서 관찰한 공, 영원하지 않음 등을 보고 바로 이것을 구경과究竟果라고 집착한다.[이상]"²⁵³ 라고 하였다.

法華要集第七云。一觀身不淨。除淨倒。令知苦諦。二觀受苦。除樂倒。令斷集諦。三觀心無常。除常倒。令證滅諦。四觀法无我。除我倒。令修道諦。【云云】又云。又說四諦¹⁾念住。除凡夫顚倒。二乘修此。以證道果。正證理時。而無一物。後時出觀。却觀觀中而無所有。遂²⁾於前方便道中空无常等。卽執此爲究竟果。【已上】

1) ⓔ『法華經玄贊要集』에 따르면 '諦'는 연자衍字이다. 2) ⓔ『法華經玄贊要集』에 따르면 '遂' 뒤에 '見'이 누락되었다.

그러므로 법신의 네 가지 덕이 시설된 유래는 다음과 같다는 것을 알 수 있다. 영원하지 않음을 관찰하는 법(無常觀) 등을 닦으면서, 단지 자기 몸에 대해서만 영원하지 않은 것 등으로 이해하지 않고, 또 불신佛身에 대해서도 영원하지 않은 것 등으로 이해하면, 이것을 열반에 수순하는 전도라고 한다. 이러한 전도를 제거하기 위하여 법신에 대해 영원함(常)·즐거움(樂)·아我·청정함(淨)의 뜻을 시설하였다.

然由來覺知法身之四德。修无常等觀。非但於自身。作无常等解。亦於佛身

---

252 『法華經玄贊要集』 권7(X34, 314c).
253 『法華經玄贊要集』 권7(X34, 326a).

上。作无常等解。是名隨順涅槃顚倒。爲除此倒。法身之上。施設常樂我淨義也。

문 어째서 영원함 등의 뜻을 시설하는 것인가?

답 『법화경현찬요집』에서 "법신은 핍박당하는 것을 여의었기 때문에 즐거운 것이라고 하고, 장애와 번뇌에 의해 물드는 것이 없기 때문에 청정한 것이라고 하며, 네 가지 모양[254]을 여의었기 때문에 영원한 것이라고 하고, 작위가 없고 자재하기 때문에 아我라고 한다.【이상】"[255]라고 하였다. 그러므로 보살은 두 가지 전도를 끊고 그 후에 무분별지無分別智[256]를 일으킨다. 『반야등론석般若燈論釋』 권14에서 "전도라는 것은 두 가지가 있다. 첫째는 생사에 수순하는 것이고 둘째는 열반에 수순하는 것이다. 무엇을 생사에 수순하는 것이라 하는가? 이른바 영원하지 않은 것을 영원하다고 여기는 전도와 아我가 없는 것을 아라고 여기는 전도와 즐거움이 아닌 것을 즐거움이라고 여기는 전도와 청정하지 않은 것을 청정하다고 여기는 전도이다. 무엇을 열반에 수순하는 것이라고 하는가? 공에 대해서 공이라고 집착하고, 영원하지 않은 것에 대해서 영원하지 않다고 집착하는 것이니, 이러한 것들이 있기 때문에 전도라고 한다. 무분별지를 얻고자 한다면 이러한 두 가지 전도를 끊어야 하니, 이는 지혜의 장애가 되는 것이기 때문이다.【여기까지가 인용문이다.】"[257]라고 하였다.

問。云何施設常等之義耶。答。法華要集云。法身之上。離逼迫當。[1] 名之爲

---

254 네 가지 모양 : 모든 유위有爲의 존재가 필연적으로 경과하는 네 가지 과정, 곧 생生·주住·이異·멸滅을 가리킨다.
255 『法華經玄贊要集』 권7(X34, 325c).
256 무분별지無分別智 : 진여와 계합하여 객관과 주관의 차별이 없는 참된 지혜를 가리킨다. 정체지正體智·근본지根本智 등이라고도 한다.
257 『般若燈論釋』 권14(T30, 122c).

樂。无障垢染。稱之爲淨。離四相故。名之爲常。无爲自在。故名爲我。【已上】
是故。菩薩斷二種倒。而後引起无分別智也。般若燈論釋第十四云。顚倒者
有二種。一者隨順生死。二者隨順涅槃。云何名隨順生死。所謂无常常倒。
无我我倒。无樂樂倒。²⁾ 云何名隨順涅槃。所謂於空執空。於无常爲³⁾常。有
如是等故名顚倒。若欲得无分別智者。當斷此二種顚倒。爲是智障。【文】

---

1) ㉄ '當'은 '苦'인 것 같다. 2) ㉇ 『般若燈論釋』에 따르면 '倒' 뒤에 '無淨淨倒'가 누락되었다. 3) ㉇ 『般若燈論釋』에 따르면 '爲'는 '執無'이다.

지범요기조람집 제2권
| 持犯要記助覽集 一*卷 |

---

*㉭ '一'은 '二'인 것 같다.

c. 세 번째 쌍 : 혜학에 의거한 증익집과 손감집

a) 총괄적으로 밝힘

[기] 세 번째 쌍이라는 것은 혜학慧學에 의거한 것이다. 또한 두 부류의 사람이 있어서 자신을 찬탄하고 다른 사람을 비방하니, 첫째는 증익增益[1]에 의거한 것이고 둘째는 손감損減[2]에 의거한 것이다.[3]

第三雙者。依於慧學。亦有二輩。自讚毀他。一由增益。二由損減。

[집] 『무성섭론無性攝論』[4] 권1에서 "무無인 것을 어떤 근거도 없이 억지로 세워서 유有라고 주장하기 때문에 증익이라고 하고, 유有인 것을 어떤 근거도 없이 억지로 덜어 내어 무라고 주장하기 때문에 손감이라고 한다. 이와 같이 증익과 손감을 모두 극단(邊)이라고 하니 떨어진다는 뜻이다. 이 두 가지가 작용할 때 중도中道를 잃는다.【이하 생략】"[5]라고 하였고, 『중변분별론소中邊分別論疏』【『요기』의 저자 지음】에서 "유를 계탁하는 것을 증익변이라 하고 무에 집착하는 것을 손감변이라고 한다.【이상】"[6]라고 하였다.

---

1 증익增益 : ⓢ adhyāropa. 허공의 꽃처럼 존재하지 않는 것을 존재한다고 망상하는 것이다.
2 손감損減 : ⓢ apavāda. 존재하는 것을 전혀 존재하지 않는 것이라고 부정하는 것이다.
3 계와 관련된 증익집과 손감집은 『瑜伽師地論』 권36(T30, 488b)에서 설한 것을 참조할 것.
4 『무성섭론無性攝論』 : 무성無性이 지은 『攝大乘論』에 대한 주석서 『攝大乘論釋』을 동일한 논서에 대한 세친世親의 주석서인 『攝大乘論釋』과 구별하기 위해 달리 부르는 이름이다. 무성의 정확한 생몰 연대는 알 수 없다. 다만 그 저술에 나타난 문헌의 인용 관계를 통해 진나陳那(5~6세기)보다는 후대의 인물이라고 추정할 수 있을 뿐이다.
5 『攝大乘論釋』 권1(T31, 382b).
6 『中邊分別論疏』는 『中邊疏』라고도 한다. 원효의 저술로 모두 4권으로 이루어졌다. 현재 권3만 전해지는데 여기에는 본 인용문이 실려 있지 않다.

無性攝論第一云。於無無因。強立爲有。故名增益。於有無因。強撥爲无。故名損減。如是增益及與損減。俱說爲邊。是墜墮義。此二轉時。失壞中道。
【云云】中邊疏【記主】云。計有名增益邊。執無爲損減邊。【已上】

問 이 두 가지는 모두 아집我執[7]과 법집法執[8]의 두 가지 집착執에 통하는 것인가?

답 증익집은 아집과 법집에 통하고 손감집은 오직 법집에만 해당된다. 팔식八識을 기준으로 삼으면 제6식은 증익집과 손감집을 일으키고 제7식은 오직 증익의 집착을 일으킨다. 삼성三性[9]을 기준으로 삼으면 『무성섭론』 권1에서 "변계소집성에는 오직 증익집만 있고 손감집은 없으니 전혀 존재하는 것이 아니기 때문이다. 존재하는 것에 대해서 (존재하지 않는 것이라고 해야) 비로소 손감이 일어난다. 의타기성에는 증익이 있지 않으니 체가 있기 때문이다. 존재하지 않는 것에 대해서 (존재한다고 해야) 비로소 증익이 성립된다. 또한 손감도 없으니 (체가 있다고 해도) 오직 허망하게 있는 것일 뿐이기 때문에 (이것에 대해 존재하지 않는다고 해도 손감은 일어나지 않는다.) 원성실성은 증익이 있지 않으니 진실한 존재이기 때문이다. 오직 손감만 있을 뿐이다.[10]【이하 생략】"[11]라고 하였고, 『해심밀

---

7 아집我執: 오온五蘊이 임시로 화합하여 이루어진 자아에 대해 실체가 있다고 집착하는 것이다.
8 법집法執: 존재의 근거가 되는 법에 대해 불변의 실체라고 집착하는 것이다.
9 삼성三性: 유식학에서 설한 세 가지 존재 형태. 첫째, 변계소집성遍計所執性으로, 허망분별에 의해 분별된 허구적 존재 형태를 말하며, 이취二取, 곧 능취能取(아는 것, 곧 주관)와 소취所取(알려지는 것, 곧 객관) 등을 그 내용으로 한다. 둘째, 의타기성依他起性으로, 모든 것의 기체基體가 되는 다른 것에 의존하는 존재 형태를 가리키며 허망분별을 그 내용으로 한다. 셋째, 원성실성圓成實性으로, 완성된 존재 형태를 말하며 공성空性을 그 내용으로 한다.
10 진실한 존재에 대해서는 존재하는 것이라고 해도 증익은 없고, 존재하지 않는다고 할 경우에만 손감이 일어나기 때문이다.
11 『攝大乘論釋』 권1(T31, 382b).

경」·『성유식론』에 따르면 두 책에서 모두 말하기를 "변계소집성에 대해 증익집을 일으키고 의타기성과 원성실성에 대해 손감집을 일으킨다.[번잡할 것 같아 갖추어 서술하지 않는다.]"[12]라고 하였다. 십지十地를 기준으로 삼으면, 손감의 집착은 견도위見道位[13]에서 끊어지고 증익의 집착은 십지에서도 그대로 현행한다.

問。此二俱通我法二執耶。答。增益執。通我法二執。損減執。唯是法執也。若約八識。第六識起增減二執。第七唯起增益之執。若約三性。無性攝論第一云。於遍計所執。唯有增益。而無損減。都無有故。以要於有。方起損減。於依他起。無有增益。以有體故。要於非有。方有增益。亦無損減。唯妄有故。於圓成實。無有增益。是實有故。唯有損減【云云】若依深密唯識。竝云。遍計之上。起增益執。依圓之上。起損減執【恐繁不具】若約十地。損減之執。見道所斷。增益之執。十地猶行。

問 이 두 가지 집착은 동시에 일어나는가, 앞뒤로 일어나는가?
답 저 단견斷見[14]과 상견常見[15]이 함께 일어나지 않는 것처럼 증익집과 손감집도 또한 함께 일어나지 않는다.

---

12 『成唯識論』 권1(T31, 1a)에서 식識의 전변에 의해 발생하는 외부 대상과 그것에 대해 일으키는 손감집과 증익집 및 그 집착으로부터 벗어나는 법 등을 설한 부분과 『解深密經』 권2(T16, 693a)에서 의타기상·변계소집상·원성실상을 설한 부분을 참조할 것.
13 견도위見道位 : 도리를 비추어 보는 지위. 대승에서는 십지 중 초지初地(환희지)를 가리킨다.
14 단견斷見 : 세간·자아 등이 소멸하여 없어진다고 하는 견해. 인연에 의해 발생하고 인연에 의해 흩어질 뿐이며 완전히 무無의 상태가 되는 것은 아니기 때문에 단견은 삿된 견해이다.
15 상견常見 : 세간·자아 등이 영원히 변하지 않고 머물러 있다는 견해. 인연에 의해 발생하고 인연에 의해 흩어질 뿐이며 실체적으로 존재하는 것은 아니기 때문에 상견은 삿된 견해이다.

問. 此之二執. 爲同時起. 前後起耶. 答. 如彼斷常二見不竝. 增減二執. 亦不竝起也.

b) 개별적으로 밝힘

(a) 증익에 의거한 것 : 네 가지 전도를 일으킴

기 증익에 의거한 것이란 다음과 같다. 한 부류의 사람은 성품은 삿되지만 총명하여 다른 사람을 이기기 위해 모든 논을 두루 익혔지만 모든 법이 다 언설을 여의었다는 것은 이해하지 못하여, (부처님께서 임시로 설한 것에 대해서) 말 그대로 자성自性과 차별差別이 있다고 집착하고 명예와 이익을 얻기 위하여 이와 같이 말한다. "나는 삼세의 모든 부처님의 뜻과 말씀을 얻었다. 이것과 다른 것을 설한다면 모두 멋대로 지어낸 말일 뿐이다."

由增益者. 如有一類. 性是斜聽.[1] 爲勝他故. 廣習諸論. 不解諸法皆離言說. 執有如言自性差別. 爲得名利. 作如是言. 我得三世諸佛意說. 若異此者. 皆是漫說.

1) ㉮ '斜聽'은 '邪聽'이지만 고본에서 어떤 것은 '斜聽'이라 하였다.(갑본) ㉯ '邪聽'이 맞는 것 같다.

집 『대승아비달마잡집론大乘阿毗達磨雜集論』 권14에 의거하면 "색·수·상·행·식 등으로 자성분별自性分別[16]한 것을 있다고 집착하고, 생겨남과 소멸함, 더러움과 청정함 등으로 차별분별差別分別[17]한 것을 있다고 집착

16 자성분별自性分別 : 색·수 등의 명칭을 가진 사상事象에 대해 색 등의 자성自性 혹은 자상自相을 분별하는 것이다.
17 차별분별差別分別 : 색·수 등의 명칭을 가진 사상에 대해 '이것은 물질적인 것이고 이것은 비물질적인 것이며, 이것은 더러운 것이고 이것은 깨끗한 것이다.' 등으로 분별하

한다. 이러한 집착을 다스리기 위해 색 등이 공함을 설하였다."[18]라고 하였으니 그것에 준하여 알 수 있을 것이다.

准雜集論第十四。執有色受想行識等爲自性分別。執有生滅垢淨等而爲差別分別。爲對治此執說色等空也。准彼可悉矣。

기 이 사람은 한 가지의 자찬훼타계에 네 가지 전도를 갖추어서 불법을 어지럽혔기 때문에 중죄가 된다. 말하자면 허망한 집착에 의해 얻을 것이 있다는 견해를 일으켜서 부처님의 뜻과 하늘과 땅처럼 멀면서도 "나는 부처님의 뜻을 정확하게 이해하였다."라고 말하니 이것이 첫 번째 전도이다. 부처님의 뜻은 매우 심오하여 모든 희론을 끊고 일체법에 대해 전혀 얻는 것이 없는데, 이것을 끌어다가 자신의 허망한 견해와 동일시하니 이것이 두 번째 전도이다. 이 두 가지 전도된 견해를 선양하여 (자신을) 사부대중의 상위에 올려놓으니 이것이 세 번째 전도이다. 일체의 극단을 떠나는 것을 설하는 이를 억눌러서 그 치우친 집착을 가진 자신의 하위에 내려놓으니 이것이 네 번째 전도이다.

此人於一讚毀。具四顚倒。以亂佛法。故成重罪。謂其妄執。有所得見。去佛意遠。如天與地。而謂我近佛意。是一倒也。佛意甚深。絶諸戲論。於一切法。都無所得。而引同己妄見。是二倒也。揚此二倒之見。加於四部之上。是三倒也。抑諸離邊說者。置其偏執之下。是四倒也。

집 이 "네 가지 전도" 가운데 첫째는 자기를 부처님과 가까운 지위로

는 것이다.
18 『大乘阿毗達磨雜集論』 권14(T31, 764b)에서 열 가지 분별을 설한 것을 참조할 것. 본문을 매우 축약하였다.

만드는 것이고, 둘째는 부처님을 자기와 동일한 지위로 만드는 것이며, 셋째는 자기를 다른 사람보다 위에 놓는 것이고, 넷째는 다른 사람을 자기보다 아래에 두는 것이다. 처음의 두 가지는 자신과 부처님을 상대하였고 나중의 두 가지는 상위(자신)와 하위(타인)를 상대한 것이다.

있음과 없음, 동일함과 다름 등에 대해 상을 취하여 분별하는 것을 "희론"이라고 한다. 그러므로 『중관론』 권4에서 "'희론'은 억념憶念이라고 하니 상을 취하여 이것과 저것을 분별하는 것이다.[이상]"[19]라고 하였다. 부처님께서는 이와 같이 상을 취하여 분별하는 것을 떠났기 때문에 "모든 희론을 끊고"라고 하였다. 『법화경현찬요집』 권7에서 "분별을 떠나는 것에 의거하여 희론이 없다고 한다.[중략] 분별은 가행심加行心(공용을 더하여 행하는 마음)이니 부처님의 지위에서는 가행심이 없다.[이하 생략]"[20]라고 하였다.

此四顯中。初令己近佛。二令佛同己。三加己於他上。四置他於己下。初二己佛相對。後二上下相對也。有無一異等。取相分別云戲論也。故中觀論第四云。戲論名憶念。取相分別此彼。[已上] 佛離如是取相分別。故云絶諸戲論也。法花要集第七云。由離分別。名無戲論。[乃至] 分別是加行心。佛位之中無加行心。[云云]

(b) 손감에 의거한 것

ⓐ 총괄적으로 밝힘

기 손감에 의거한 것이란 다음과 같다. 한 부류의 사람은 천성이 편협

---

[19] 『中論』 권4(T36, 230b). 바로 이어서 희론의 사례를 제시하여, "부처님께서는 입멸한다거나 입멸하지 않는다거나 하는 것을 말한다."라고 하였다. 『中觀論』은 『中論』의 다른 이름이다.
[20] 『法華經玄贊要集』 권7(X34, 332).

하고 졸렬하여 선우善友(선지식)를 가까이하지 않고 학문을 광범위하게 익히지 않으며, 한 부분만 보인 매우 심오한 경론을 편향되게 익히면서 비밀스러운 뜻을 이해하지 못하고 말 그대로 의미(義)²¹를 취하여 제법의 의타기성依他起性의 도리를 비방하고 제거하여, 이러한 견해를 일으켜서 이와 같이 말한다. "삼성三性과 이제二諦는 단지 교문敎門일 뿐이다. 있는 것이 없는 가운데 가명을 시설한 것이다. 이와 같이 아는 것이 바로 진실한 것이고 이 말과 다른 것은 모두 희론이다."

由損減者。如有一類。稟性狹劣。不近善友。不廣學問。偏習一分甚深經論。不解密意。如言取義。誹撥諸法依他道理。起如是見。作如是言。三性三¹⁾諦。但是敎門。無所有中。施設假名。如是解者。乃爲眞實。異此說者。皆是戱論。

1) ㉯『조람집』에서 인용한『요기』에서는 '三'을 '二'라고 하고 후자에 의거하여 주석하였기 때문에 이를 따른다.

집 저『반야경』·『중론』·『백론』등의 무상無相을 설한 경론²²을 가리켜서 "한 부분만 보인 매우 심오한 경론"이라 하였다.

指彼般若中百等之無相經論。一分甚深經論。

문 무엇 때문에 저 경론을 "한 부분만 보인 매우 심오한"이라고 하는가?

---

21 의미(義) : '의義'는 ⓢ artha의 의역어이다. 언어가 드러내려고 하는 것, 어떤 사물이 인식된다는 것은 바로 그 사물에 의미가 부여된다는 것을 뜻하기 때문에, 사물과 사물의 의미라는 두 가지 뜻을 동시에 지닌다.
22 『般若經』은 대승불교의 대표 경전으로 인법이공人法二空을 설하였고,『中論』·『百論』은 용수龍樹가『般若經』의 근본 사상인 공을 연기설과 연결 지어 해석한 논서이다. 모두 무상無相을 설한다는 점에서 공통성을 갖고 있으며, 중국 불교에서 성립한 교판 이론에서는 일반적으로 모두 함께 무상교無相敎에 포함된다.

답 중생의 아집我執과 법집法執의 두 가지 집착을 물리치기 위해 오직 변계소집遍計所執에 의거하여 공을 설했을 뿐이고, 의타기성과 원성실성이 모두 무자성無自性이라는 것은 말하지 않았다. 그렇기 때문에 "일부만 보인 매우 심오한 경론"이라고 하였다. 『섭대승론』의 게송에서 "한 부분에 의거하여 설하므로 혹은 유有라 하고 혹은 비유非有라 하며, 두 부분에 의거하여 설하므로 유도 아니고 비유도 아니라고 하네."²³라고 하였다.

問。何故彼經論云一分甚深耶。答。爲遺衆生我法二執。唯依遍計所執言空。非謂依他圓成皆無。故云一分甚深經論也。攝大乘論頌云。依一分說言。或有或非有。依二分說言。非有非非有。

("비밀스러운 뜻"이란 다음과 같다.) 『대승광백론석론大乘廣百論釋論』[호법護法²⁴ 지음] 권10에서 "비밀스러운 뜻이란 무엇인가? 이 모든 경은 오직 변계소집자성을 무너뜨리기 위해 (공을 설하였을 뿐) 일체가 없음(無)을 말하지는 않았다. 일체가 없음을 말했다고 한다면 바로 잘못된 견해를 이룬다. 어떻게 이러한 비밀스러운 뜻이 있는 것을 아는가? 다른 계경契經에서 완전히 드러내어 말하였기 때문이다.【중략】 또 『도피안반야경到彼岸般若經』²⁵에서 부처님께서 스스로 분명하게 유·무의 뜻을 판별하였다. 두루 분별하여 집착한 것과 모인 것과 증가한 것과 취한 것으로 항상되고 변화하여 바뀌지 않는 법이 있으니, 이러한 것 일체를 모두 무無라 하고 인연

---

23 『攝大乘論』 권중(T31, 121b).
24 호법護法(530~561) : 세친世親의 『唯識三十頌』을 주석한 열 명의 논사 중 한 명. 현장玄奘의 『成唯識論』은 논사 열 명의 주석을 호법의 학설을 중심으로 모아서 편찬한 것이다.
25 『도피안반야경到彼岸般若經』 : 『般若波羅蜜經』의 다른 이름인 것 같다. 이 경을 이렇게 칭한 다른 사례는 찾지 못하였다. "도피안"은 ⓢ pāramitā의 의역어로 바라밀다波羅蜜多·바라밀波羅蜜 등으로 음역하고, "반야"는 ⓢ prajñā의 음역어로 지혜라고 의역한다.

에 의해 생겨난 것을 모두 유有라고 한다.【이하 생략】"²⁶라고 하였고, 또 말하기를 "여래께서 곳곳에서 세 가지 자성을 설하였는데 모두 변계소집성은 공이고 의타기성과 원성실성은 유有라고 하였다. 그러므로 공의 가르침에는 별도로 의취意趣가 있음을 알 수 있다. 말 그대로 받아들여서 제법을 제거하여 없다고 할 수는 없다. 말 그대로 의미(義)를 취하면 대승을 비방하는 것이라고 한다. 그러므로 계경에서 말하기를, '만약 어떤 보살이 말 그대로 의미를 취하여 여래께서 설한 것의 의취를 구하지 않는다면 이것을 법에 대한 이치에 맞지 않은 작의作意라고 하고, 또한 그릇된 도리에 입각하여 대승을 믿고 이해하는 것이라고 한다. 만약 어떤 보살이 말 그대로 의미를 취하지 않고 여래께서 말씀하신 것의 의취를 생각하면서 찾으려고 한다면 이것은 법을 이치대로 작의한 것이라고 하고, 또한 바른 도리에 의거하여 대승을 믿고 이해하는 것이라고 한다.'라고 하였다.【이상】"²⁷라고 하였다.

廣百論【護法】第十云。密意如何。謂此諸經。唯破遍計所執自性。非一切無。若一切無。便成邪見。云何知有此密意耶。餘契經中。顯了說故。【乃至】又到彼岸般若經中。佛自分明。判有無義。遍計所執所集所增所取。常恒無變易法。如是一切。皆名爲無。因緣所生。皆說爲有。【云云】又云。如來處處。說三自性。皆言遍計所執性空。依他圓成二性是有。故知空敎別有意趣。不可如言撥無諸法。如言取義。名謗大乘。故契經言。若有菩薩。如言取義。不求如來所說意趣。是名於法非理作意。亦名非處信解大乘。若有菩薩。不如其言而取於義。思求如來所說意趣。是名於法如理作意。亦名是處信解大乘。【已上】

---

26 『大乘廣百論釋論』권10(T30, 247c).
27 『大乘廣百論釋論』권10(T30, 248a).

問 무엇 때문에 큰 성인께서는 이와 같이 비밀스러운 의취를 지닌 가르침을 시설하였는가?
答 『광백론석론』 권6에서 "무엇 때문에 여래께서는 공에 대한 가르침을 많이 설하셨는가? 유정이 대부분 유에 집착하는데 생사윤회는 대부분 유에 대한 집착에서 생겨나는 것이다. 그러므로 여래께서는 유에 대한 집착을 제거하고 생사의 고통을 소멸시키기 위해 공에 대한 가르침을 많이 설하셨다."[28]라고 하였다.

問。何故大聖。設於如此密意言敎耶。答。廣百論第六云。何故如來。多說空敎。以諸有情。多分執有。生死多分。從有執生。是故如來。爲除有執。滅生死苦。多說空敎。

여러 경론에서 설한 법문이 비록 많지만 삼성과 이제를 넘어서지 않는다. 사事와 이理, 진眞과 망妄, 유有와 무無, 가假와 실實에 의해 다하지 않음이 없으니, 모두 이것에 포함되기 때문이다.

諸經論所說法門雖多。不過三性二諦。事理眞妄有無假實無所不盡。皆此攝故。

먼저 "삼성"이라는 것은 첫째 변계소집성이니 당정當情[29]에 나타난 상이다. 둘째는 의타기성이니 연에 의해 생겨난 제법이다. 셋째는 원성실성이니 이공二空의 미묘한 이치이다. 『성유식론』 권8에서 "말하자면 심왕心

---

28 『廣百論釋論』 권6(T30, 219b).
29 당정當情 : 상식적인 생각, 곧 범부의 망정妄情을 가리킨다. 곧 주관과 객관이 있다고 하는 중생의 잘못된 생각을 가리킨다.

王[30]·심소心所[31]와 그것이 변화하여 나타난 것은 여러 가지 연에 의해 생겨나기 때문에 환술에 의해 일어난 일 등과 같이 유有가 아니지만 유로 사현似現[32]하여 어리석은 범부를 속이고 미혹시키는데, 이러한 것 일체를 모두 의타기성이라고 한다. 어리석은 범부는 이것에 대해 제멋대로 아我와 법法이 유라고 하거나 무라고 하고, 동일하다고 하거나 다르다고 하며, 두 가지가 모두 성립한다[33]고 하거나 두 가지가 모두 성립하지 않는다[34]고 하는 것 등의 견해를 제멋대로 일으키고 집착하는데, 허공의 꽃 등과 같이 성性과 상相이 전혀 없으니 이것을 모두 변계소집성이라고 한다. 의타기성에 저 허망하게 집착한 아와 법은 모두 공이니, 이 공에서 나타나는 식識 등의 참된 성품을 원성실성이라 한다.[이상]"[35]라고 하였다. 이理와 사事의 허망한 법이 이 세 가지에 다 포함된다. 자세한 것은 『입도장入

---

30 심왕心王 : 유식종에서 일체법을 다섯 가지로 분류한 것 중 하나. 정신 작용의 주체가 되는 것. 심소心所(심왕에 소유된 법)에 상대하여 일컬어지는 말. 안식眼識(각종 색상色相과 사물의 인식)·이식耳識(각종 소리의 인식)·비식鼻識(각종 냄새의 인식)·설식舌識(각종 맛의 인식)·신식身識(각종 감촉의 인식)·의식意識(전5식의 대상 이외에 인식 대상인 법처소섭색이 있음)·말나식末那識[제7식. 전도식顚倒識으로 사량思量·분별分別·망상妄想하는 인식. 자아의식인 아치我癡(참된 나를 망각)·아애我愛(자신에 대한 애착에 의한 배타적인 차별심)·아만我慢(자타가 평등함을 망각하여 자기만이 제일이라는 생각)·아견我見(자기 편견에 집착하는 것)]·아뢰야식阿賴耶識(제8식. 앞의 7식의 경험을 축적하고 나중에 7식으로 전개할 종자를 간직하고 있는 것. 과거의 모든 경험을 축적하여 현실의 경험을 발현하는 기반이 되는 것)의 여덟 가지가 있다.
31 심소心所 : 인식의 주체인 심왕에 소유된 법이라는 뜻. 곧 그것에 수반하여 일어나는 마음 작용. 심왕과 심소는 일어나는 시기·기관·대상을 같이하기 때문에 상응법相應法이라고도 한다. 모든 마음에 널리 미치는 심소인 변행遍行에 다섯 가지, 특별한 대상에만 작용하는 심소인 별경別境에 다섯 가지, 선한 대상에 작용하는 심소인 선善에 열한 가지, 근본적인 오염汚染의 심소인 번뇌煩惱에 여섯 가지, 부수적인 오염의 심소인 수번뇌隨煩惱에 20가지 등이 있다.
32 사현似現 : [S] pratibhāsa의 의역어. 식識이 인식 대상을 닮은 형상을 나타내는 작용을 가리키는 말이다.
33 유이기도 하고 무이기도 한 것, 동일하기도 하고 다르기도 한 것 등을 말한다.
34 유도 아니고 무도 아닌 것, 동일한 것도 아니고 다른 것도 아닌 것 등을 말한다.
35 『成唯識論』 권8(T31, 46c).

道章」³⁶에서 해석한 것과 같다.

> 先三性者. 一遍計所執性. 當情現相. 二依他起性. 緣生諸法. 三圓成實性. 二空妙理. 唯識論第八云. 謂心心所及所反¹⁾現. 衆緣生故. 如幻事等. 非有似有. 誑惑愚夫. 一切皆名依他起性. 愚夫於此. 橫執我法. 有無一異俱不俱等. 如空花等. 性相都無. 一切皆名遍計所執. 依他起性.²⁾ 彼所妄執我法俱空. 此空所顯識等眞性名圓成實.【巳ㅏ】理事妄法. 此三攝盡. 委如入道章解釋.

---
1) ㉠『成唯識論』에 따르면 '反'은 '變'이다. 2) ㉠『成唯識論』에 따르면 '性' 뒤에 '上'이 누락되었다.

다음에 "이제"라는 것은 다음과 같다.

첫째는 세속제世俗諦이니 은현제隱顯諦라고도 한다. 『대승법원의림장』「이제장二諦章」³⁷에서 "'세'는 훼손되고 파괴될 수 있는 것이라는 뜻을 숨기어 덮는 것이고, '속'은 세속의 흐름에 수순하는 뜻을 나타내는 것이다. 이 제諦는 이치상 응당 은현제라고 해야 한다. 공의 이치를 숨기어 덮고 유의 상을 나타내는 것이다.【이하 생략】"³⁸라고 하였고, 또 말하기를 "'제'라는 것은 진실하다는 뜻이다. 유는 여실하게 유이고 무는 여실하게 무이다. 유와 무가 허망하지 않은 것을 제라고 한다.【이상】"³⁹라고 하였다.

둘째는 승의제勝義諦이니 구역은 제일의제第一義諦라고 하고 진제眞諦라

---
36 『입도장入道章』: 『法相宗章疏』(T55, 1140a)에 따르면 "모두 1권으로 이루어졌고 지주智周(668~723)가 지었다."라고 하였다. 지주는 당나라 때 법상종 스님이다. 혜소慧沼의 문하에서 법상종을 연구하고 법상종의 교의를 전파하면서 많은 저술을 남겼다. 『成唯識論演祕』 7권, 『梵網菩薩戒本疏』 5권 등이 전해지고 있다.
37 「이제장二諦章」: 『大乘法苑義林章』에서는 「二諦義」라고 하였다. 장의 이름이 아니라 "이제를 서술한 장"이라는 뜻으로 풀어도 무방할 것 같다.
38 『大乘法苑義林章』 권2(T45, 287c). 호법의 해석을 인용한 부분이다.
39 『大乘法苑義林章』 권2(T45, 287c).

고도 한다. (『대승법원의림장』) 「이제장」에서 "'승'은 뛰어난 것을 말한다. '의'는 두 가지가 있다. 첫째는 대상(境界)을 의라고 하고 둘째는 도리를 의라고 한다.[이하 생략]"⁴⁰라고 하였다. 마음이 사事와 이理를 반조할 때는 그 대상을 의라고 하고 마음이 이치마저도 반조하지 않을 때는 도리를 의라고 한다. 또한 「이제장」에서 "'제'란 진실하다는 뜻이다. 사는 여실한 사이고 이는 여실한 이이다. 이와 사가 틀림이 없는 것을 제라고 한다.[이상]"⁴¹라고 하였다. 『유가사지론』에서 사중세속四重世俗을 설하였고⁴² 『성유식론』에서는 사중승의四重勝義를 세웠으니,⁴³ 두 문을 합하여 사중이제四重二諦가 성립된다. 자세한 것은 (『대승법원의림장』) 「이제장」에서 풀이한 것과

---

40 『大乘法苑義林章』 권2(T45, 287c).
41 『大乘法苑義林章』 권2(T45, 288a).
42 『瑜伽師地論』 권64(T30, 653c)에서 "간략하게 세 가지 세속을 안립한다. 첫째는 세간세속世間世俗이고 둘째는 도리세속道理世俗이며 셋째는 증득세속證得世俗이다. 세간세속이란 집·항아리·동이(盆)·군사·숲·숫자 등을 안립하는 것이고, 또한 자아와 유정 등을 안립하는 것이다. 도리세속이란 온蘊·처處·계界 등을 안립하는 것이다. 증득세속이란 예류과預流果 등과 같이 그 소의처所依處를 안립하는 것이다. 또다시 간략하게 네 가지로 안립한다. 앞에서 설한 세 가지의 세속에 승의세속勝義世俗, 곧 승의제를 더하여 안립한 것이다. 이 제의 뜻은 안립할 수 없으니 안으로 증득하는 것이기 때문이다. 다만 수순하여 이 지혜를 발생하기 위한 것이니, 그러므로 임시로 세울 뿐이다. 무엇을 비안립진실이라고 하는 것인가? 모든 법의 진여를 말한다.(以略安立三種世俗。一世間世俗。二道理世俗。三證得世俗。世間世俗者。所謂安立宅舍瓶瓮軍林數等。又復安立我有情等。道理世俗者。所謂安立蘊界處等。證得世俗者。所謂安立預流果等彼所依處。又復安立。略有四種。謂如前說三種世俗及與安立勝義世俗即勝義諦。由此諦義。不可安立。內所證故。但爲隨順發生此智。是故假立。云何非安立眞實。謂諸法眞如)"라고 하여, ① 세간세속, ② 도리세속, ③ 증득세속, ④ 승의세속 등의 사중세속제를 정립하였다.
43 『成唯識論』 권8(T31, 48a)에서 "승의제에는 대략 네 가지가 있다. 첫째는 세간승의제이니 오온·십이처·십팔계 등을 말한다. 둘째는 도리승의제이니 고제苦諦 등의 사성제四聖諦를 말한다. 셋째는 증득승의제이니 두 가지 공에서 드러난 진여를 말한다. 넷째는 승의승의제이니 하나의 참다운 법계(一眞法界)를 말한다.(然勝義諦。略有四種。一世間勝義。謂蘊處界等。二道理勝義。謂苦等四諦。三證得勝義。謂二空眞如。四勝義勝義。謂一眞法界)"라고 하여, ① 세간승의, ② 도리승의, ③ 증득승의, ④ 승의승의 등의 사중승의제를 정립하였다.

같다.[44] 번잡할 것 같아 기록하지 않는다.

次二諦者。一世俗諦。亦名隱顯諦。二諦章云。世謂隱覆可毀壞義。俗謂顯現隨世流義。此諦理應名隱顯諦。隱覆空理。有相顯現。【云云】又云。諦者實

---

[44] 규기窺基는 『大乘法苑義林章』 권2 「二諦義」(T45, 287b)에서 "세속제의 네 가지 명칭은 다음과 같다. 첫째, 세간세속제이니 또한 유명무실제라고도 한다. 둘째, 도리세속제이니 또한 수사차별제라고도 한다. 셋째, 증득세속제이니 또한 방편안립제라고도 한다. 넷째, 승의세속제이니 또한 가명비안립제라고도 한다.(世俗諦四名者。一世間世俗諦。亦名有名無實諦。二道理世俗諦。亦名隨事差別諦。三證得世俗諦。亦名方便安立諦。四勝義世俗諦。亦名假名非安立諦。)"라고 하여, 사중세속제의 명칭을 그 뜻에 의해 ① 유명무실제, ② 수사차별제, ③ 방편안립제, ④ 가명비안립제 등으로 명명하였다. 같은 책(T45, 287c)에서 "승의제의 네 가지 명칭은 다음과 같다. 첫째는 세간승의제이니 또한 체용현현제라고도 한다. 둘째는 도리승의제이니 또한 인과차별제라고도 한다. 셋째는 증득승의제이니 또한 의문현실제라고도 한다. 넷째는 승의승의제이니 또한 폐전담지제라고도 한다.(勝義諦四名者。一世間勝義諦。亦名體用顯現諦。二道理勝義諦。亦名因果差別諦。三證得勝義諦。亦名依門顯實諦。四勝義勝義諦。亦名廢詮談旨諦。)"라고 하여, 사중승의제의 명칭을 그 뜻에 의해 ① 체용현현제, ② 인과차별제, ③ 의문현실제, ④ 폐전담지제 등으로 명명하였다. 규기는 두 가지 이제(사중세속제와 사중승의제)의 차별을 다음과 같이 간략하게 설명하였다. 같은 책(T45, 287b)에서 "이제 두 가지의 진리(二諦 : 사중세속제와 사중승의제)를 밝히면, 제1은 세속제는 오직 가명假名일 뿐 체體가 없는 것이고 승의제는 체體가 있는 법이어서 다르고, 제2는 세속제는 사의事義이고 승의제는 이의理義여서 뜻(義)이 다르며, 제3은 세속제는 얕고(淺) 승의제는 깊은 것(深)이 같지 않고, 제4는 세속제는 말로 설해진 것(詮)이고 승의제는 그것이 나타내는 뜻(旨)이라는 점이 각각 다르다. 그러므로 이제에 각각 네 가지가 있으니, 차례대로 제1 명사이제, 제2 사리이제, 제3 천심이제, 제4 전지이제라고 한다.(今明二諦。有無體異。事理義殊。淺深不同。詮旨各別。故於二諦。各有四重。亦名名事二諦。事理二諦。淺深二諦。詮旨二諦。)"라고 하였다. 곧 제1 세간세속제와 제1 세간승의제에서 세간세속제는 우리의 망정妄情에 의해 본래는 체가 없는 것을 실체적 자아, 실체적 법이라고 집착하는 것이고, 세간승의제는 오온·십이처·십팔계 등과 같은 제법諸法을 가리키는 것으로 이것은 체가 있는 법이다. 제2 도리세속제와 제2 도리승의제에서 도리세속제는 오온·십이처·십팔계 등의 유체有體의 법法 곧 사법事法이고, 도리승의제는 사제四諦의 인과因果 등의 이법理法이다. 제3 증득세속제(방편안립제)와 제3 증득승의제는 모두 이법理法이지만, 증득세속제는 수행의 과정을 위주로 하고 증득승의제는 수행의 결과로서 이공二空이 드러내는 진여를 말한다. 따라서 여기에서 얕고 깊음의 차이가 생겨난다. 제4 승의세속제와 제4 승의승의제에서 승의세속제는 언어에 의해 나타내 보이는 것이지만 승의승의제는 언어를 떠난 것이다.

義。有如實有。無如實無。有無不虛名之爲諦。【已上】二勝義諦。舊名第一義諦。亦名眞諦。二諦章云。勝謂殊勝。義有二種。一境界名義。二道理名義。【云云】心反事理。境界名義。非心反理。道理名義。又章云。諦者實義。事如實事。理如實理。理事不謬。名之爲諦。【已上】瑜伽論。說四重世俗。唯識論。立四重勝義。二門合爲四重二諦。廣如章釋。恐繁不錄。

기 그러므로 자신의 견해만 믿고 다른 사람의 말을 받아들이지 않는다. 가령 근기가 둔하고 들은 것이 적은 사람을 만났을 때, 그가 파척한 것에 떨어져서 그가 말한 것을 따르면 바로 말하기를 "이 사람은 정신이 총명하고 정직한 사람이다."라고 한다.

만약 총명하고 글의 의미를 잘 아는 사람을 만났을 때, (상대방이) 교묘하게 뜻을 잘 세워 그가 파척한 것에 떨어지지 않으면, 바로 말하기를 "(도리에서) 벗어나고 (도리를) 잃었다."라고 하고, 말하기를 "마음이 미혹되었다."라고 한다. 자신의 이해가 어둡고 아둔하여 뜻을 추구하여 파척할 수 없음을 알지 못하고 말하기를 "그의 마음이 바르지 않아서 나의 뜻에 미치지 못한다."라고 한다. 이것은 집에서 기르는 개가 토끼를 뒤따라가지만 (계속) 바라만 보는 형국이라 미칠 수 없게 되면 바로 말하기를 "이미 넘어섰다."라고 하고 멈춰 서서 뒤돌아보는 것과 같은 것이다.

由是獨特[1]自見。不受他言。設遇鈍根少聞之人。墮其所破。從其所言者。即云。此人神明正直。若值聰明解文義者。巧能立義。不墮其破者。便言脫失。謂是心惑。未識自解昧鈍。不能逐破意。謂彼心不正。未及我意。此猶家狗逐兔[2]望不能及。便謂已超。止而顧見。

1) ㉿ '特'을 '持'라고 하였다.(갑본) 이하 동일하다. 2) ㉿ '兎'를 '免'이라고 하였다.(갑본)

집 저 손감의 견해를 일으키는 사람이 여래께서 비밀스러운 뜻을 설한 것을 알지 못하여 의타법依他法을 제거하여 없앤 것을 도리어 진실한 것이라고 하고, 자신의 견해를 굳게 지키면서 다른 사람이 이치에 맞게 분별하여 가르쳐 주는 것을 전혀 믿고 받아들이지 않는 것이다.

> 彼損減者。不解如來密意所說。撥依他法。還爲眞實。堅執自見。都不信受他人如理分別敎示也。

기 이 손감의 견해를 일으키는 사람은 간략하게 두 가지 어리석음에 의거하여 불법을 잃고 파괴하기 때문에 중죄를 이룬다. 첫째는 하열한 것을 들어 올려 높은 것이라고 하는 어리석음이고, 둘째는 적은 지식에 의한 견해를 특별히 여겨 자랑하면서 많은 지식에 의한 견해를 비방하는 어리석음이다.

> 此損減人。略由二愚。失壞佛法。故成重罪。一擧下爲高愚。二特小誹多愚。

ⓑ 개별적으로 밝힘

ⅰ. 손감에 의해 일어나는 첫 번째 어리석음 : 하열한 것을 높은 것이라고 하는 것

첫 번째 어리석음이라는 것은 다음과 같다. 이 손감의 견해는 모든 견해 가운데 가장 하열하고 또한 외도의 아견我見만도 못하다. 그 이유는 무엇인가? 이 사람은 가장 효능이 좋은 약을 복용하고도 도리어 중병에 걸린 것이다. 중병의 상태는 병이 없는 것과 매우 비슷하다. 그러므로 다시 이 병을 치유할 수 있는 의술은 없고 또한 이 병을 스스로 알아차리는 사람도 드물다. 마치 근본무명根本無明의 지극한 어둠이 반야般若의 밝음과 그 모양이 지극히 비슷한 것과 같으니, 똑같이 주체(能)와 대상(所)이 드러

나지 않기 때문이다. 주체와 대상이 모두 드러나지 않기 때문에 저 무명은 가장 소멸시키기 어렵다. 이 병을 치유하기 어려운 것도 또한 그러하다는 것을 알아야 한다.

第一愚者。此損減見。於諸見中。最在底下。亦復不如外道我見。其故何耶。此人服最深藥。變[1)]成重病。重病之狀。極似無病。是故更無醫術能治此病。亦尠有人自覺是患。猶如根本無明極闇。與般若明。其狀極似。同無能所故。俱無所所故。故彼無明。最難可滅。此病難治。當知亦爾。

1) ㉺ '變'을 '反'이라고 하였다.(갑본)

집 "근본무명"은 바로 미세한 어둠이니 끊어야 할 장애이다. "반야의 밝음"은 바로 비추어서 분명히 아는 체이니 끊는 지혜이다. 어둠이 미세하기 때문에 밝음과 비슷하다. 그러므로 이 무명은 지극히 끊기 어렵다. 실제로 이 무명의 모습은 『기신론』에 나온다. 그 논에서 두 가지 장애를 설하였으니, 첫째는 번뇌애煩惱礙[45]이고 둘째는 지애智礙[46]이다.[47]

根本無明。卽微細闇。是所斷障。般若明。卽照了體。是能斷智。闇微細故。與明相似。故此無明極難斷。實此無明相。出起信論。彼論之中。說二種礙。一煩惱礙。二者智礙。

---

45 번뇌애煩惱礙 : 근본지根本智를 막는 장애. 근본무명에 의해 일어나는 지말무명枝末無明으로,『起信論』에서는 여섯 가지 염심을 제시하였다.
46 지애智礙 : 후득지後得智를 막는 장애. 그 체가 무지하고 혼미하여 분별할 수 있는 것이 없으니 세간자연업지世間自然業智를 막는다. 후득지란 근본지에서 인발引發하는 지혜이다. 곧 의타기성依他起性이 허깨비와 같은 것임을 통달하는 지혜로, 능분별能分別과 소분별所分別의 작용이 있다. 이와 달리 근본지는 능분별도 없고 소분별도 없다.
47 『起信論』(T32, 577c)에서 "또한 염심의 뜻이란 번뇌애라고 하는 것이니 진여근본지眞如根本智를 장애할 수 있기 때문이고, 무명의 뜻이란 지애라고 하는 것이니 세간자연업지(후득지)를 장애할 수 있기 때문이다.(又染心義者。名爲煩惱礙。能障眞如根本智故。無明義者。名爲智礙。能障世間自然業智故。)"라고 한 것을 참조할 것.

번뇌애라는 것은 육염심六染心이다. 『기신론』에서 말하기를, "(염심은 여섯 가지가 있다.) 어떤 것이 여섯 가지인가? 첫째는 집상응염執相應染이니 이승二乘의 해탈[48]과 신상응지信相應地[49]에 의지하여 멀리 떠났기 때문이다.[이상][50]라고 하였다. 그 논의 소『요기』의 저자 지음]에서 "'집상응염'이라는 것은 바로 의식意識이니 견번뇌見煩惱와 애번뇌愛煩惱[51]에 의해 증장하는 뜻이고 추분별집麁分別執[52]과 상응하기 때문이다. 만약 이승인이라면 아라한의 지위에 이르러서야 견번뇌와 수번뇌修煩惱를 끝내 떠나기 때문이다. 만약 보살을 논하면 십해十解 이상에서 멀리 여읠 수 있기 때문이다. 여기에서 '신상응지'라고 한 것은 십해의 지위에서 신근信根이 성취되어 물러나 잃는 일이 없는 것을 신상응이라고 한다.[이상]"[53]라고 하였고, (또 말하기를) "이 지위[54]에 들어갈 때 이미 인공人空을 얻고 견번뇌와 수번뇌가 현행할 수 없기 때문에 '떠나기 때문'이라고 하였다.[이하 생략]"[55]라고 하였다.

---

48 이승二乘의 해탈 : 분단생사分段生死의 번뇌만 소멸하였고 아직 일체의 해탈은 얻지 못한 단계를 가리킨다.
49 신상응지信相應地 : 십해十解의 지위에서 신근信根이 성취되어 물러나 잃는 일이 없는 단계를 가리킨다.
50 『起信論』(T32, 577c).
51 견번뇌見煩惱와 애번뇌愛煩惱 : 견번뇌는 견혹見惑이라고도 한다. 견도위에서 끊어지는 번뇌로, 이치에 미혹된 것, 곧 이치를 대상으로 하여 일어나는 이지적 번뇌를 가리킨다. 애번뇌는 애혹愛惑·사혹思惑·수혹修惑·수번뇌修煩惱 등이라고도 한다. 수도위에서 끊어지는 번뇌로, 사물을 대상으로 하여 일어나는 정의적 번뇌를 가리킨다.
52 추분별집麁分別執 : 『起信論疏』 권상(T44, 210a)에서 "위경違境과 순경順境을 분별하여 탐욕·분노 등을 일으키는 것을 추분별집착상이라고 한다.(分別違順. 起貪瞋等. 是名麁分別執著相.)"라고 한 것을 참조할 것.
53 『起信論疏』 권상(T44, 215a).
54 이 지위 : 『起信論』의 생략된 구절에 의거하면 삼현三賢의 지위를 가리킨다. 삼현이란 보살 수행 계위를 40단계로 분류한 것 중 십지 이전의 30단계, 곧 십해十解·십행十行·십회향十迴向을 가리킨다.
55 『起信論疏』 권상(T44, 215a).

煩惱礙者。是六染心。論云。云何爲六。一者執相應染。依二乘解脫及信相
應地遠離故。【已上】彼論疏【記主】云。執相應染者。卽是意識。見愛煩惱。所
增長義。麁分別執而相應故。若二乘人。至阿羅漢位。見修煩惱。究竟離故。
若論菩薩。十解已上。能遠離故。此言信相應地者。在十解位。信根成就。
無有退失。名信相應。【已上】入此位時。已得人空。見修煩惱。不得現行。故
名爲離。【云云】

『기신론』에서 "둘째는 부단상응염不斷相應染이니 신상응지에 의지하여 방편을 수학하면서 점점 버리다가 정심지淨心地를 얻고서 완전히 떠나기 때문이다.【이상】"[56]라고 하였고, 『기신론소』에서 "'부단상응염'이라는 것은 다섯 가지 의意[57] 가운데 상속식相續識이니 법집法執과 상응하여 상속하여

---

56 『起信論』(T32, 577c).
57 다섯 가지 의意 : 『起信論』(T32, 577b)에서 "다음에 생멸인연이라는 것은 이른바 중생이 심에 의지하여 의·의식이 전변하기 때문이다. 이 뜻은 무엇인가? 아리야식(알라야식)에 의거하여 무명이 있다고 설하니, 불각不覺에 일어나서 (업식), 능히 보고(전식) 능히 나타내며(현식) 능히 경계를 취하고(지식) (그 경계에 대해) 염을 일으켜 상속하기 때문에(상속식) '의'라고 한다. 이 의에 다시 다섯 가지 이름이 있으니 어떤 것이 다섯 가지인가? 첫째는 업식이라고 하니, 무명의 힘에 의해 불각에 마음이 움직이기 때문이다. 둘째는 전식이라고 하니, 움직인 마음에 의해 상을 볼 수 있기 때문이다. 셋째는 현식이라고 하니, 이른바 일체의 경계를 나타낼 수 있으니 마치 밝은 거울이 사물의 형상을 나타내는 것과 같이 현식도 또한 그러하여 그 오진五塵을 따라 대상이 이르면 바로 나타내어 앞뒤가 없다. 어느 때든지 저절로 일어나서 항상 앞에 있기 때문이다. 넷째는 지식이라고 하니, 염법과 정법을 분별하기 때문이다. 다섯째는 상속식이라고 하니, 염이 상응하여 끊어지지 않기 때문이다. 과거의 한량없는 시간 동안 지은 모든 선악의 업을 주지住持하여 잃어버리지 않게 하기 때문에, 다시 현재와 미래의 고통과 즐거움 등의 과보를 성숙시켜 어긋남이 없게 하기 때문에, 현재에 이미 지나간 일이 갑자기 생각나게 하고 미래의 일에 대해 불각에 망념을 일으켜 생각하게 한다.(復次。生滅因緣者。所謂衆生依心。意意識轉故。此義云何。以依阿梨耶識。說有無明。不覺而起。能見。能現。能取境界。起念相續。故說爲意。此意復有五種名。云何爲五。一者名爲業識。謂無明力不覺心動故。二者名爲轉識。依於動心能見相故。三者名爲現識。所謂能現一切境界。猶如明鏡。現於色像。現識亦爾。隨其五塵。對至卽現。無有前後。以一切時。任運而起。常在前故。四者名爲智識。謂分別染淨法故。五者名爲相續識。以念相應不斷

생겨나는 것이다. '부단'이란 바로 상속의 다른 이름이다. 십해의 지위에서부터 유식관唯識觀의 심사방편尋思方便[58]을 닦고 초지에 도달하여 삼무성三無性[59]을 증득하면 법집분별法執分別이 현행할 수 없기 때문에 '정심지를 얻고서 완전히 떠나기 때문이다.'라고 하였다."[60]라고 하였다.【이상 두 가지 염심은 육식 가운데 있다.】

論云。二者不斷相應染。依信相應地。修學方便。漸漸能捨。得淨心地究竟離故。【已上】疏云。不斷相應染者。五種意中之相續識。法執相應相續生起。不斷卽是相續異名。從十解位。修唯識觀尋思方便。乃至初地。證三無性。法執分別。不得現行。故言得淨心地究竟離也。【已上二種。在六識中。】

『기신론』에서 "셋째는 분별지상응염分別智相應染이니 구계지具戒地[61]에

故。住持過去無量世等善惡之業令不失故。復能成熟現在未來苦樂等報無差違故。能令現在已經之事忽然而念。未來之事不覺妄慮。)"라고 하였다.
58 심사방편尋思方便 : 심사는 심구尋求라고도 한다. 대상에 대해 그 뜻과 이치를 대략적으로 관찰하는 마음 작용이다. 상대어인 사찰伺察은 대상에 대하여 그 뜻과 이치를 세밀하게 관찰하는 마음 작용이다. 방편은 수단·가행의 뜻이다.
59 삼무성三無性 : 일체법을 유有의 관점에서 변계소집성·의타기성·원성실성의 세 가지 자성으로 분류한 것에 대하여, 공空의 관점에서 차례대로 상무자성相無自性(상무성)·생무자성生無自性(생무성)·승의무자성勝義無自性(승의무성)을 안립한 것. 첫째, 상무자성은 변계소집성은 허망분별에 의해 만들어진 것이니 허공의 꽃처럼 자상自相(사물의 고유한 형상·특질)이 없음을 나타낸 말이다. 둘째, 생무자성은 의타기성은 여러 가지 연緣에 의해 생겨난 것이므로 실재성이 없음을 나타낸 말이다. 셋째, 승의무자성은 모든 존재 가운데 최고의 존재이며 최고의 가치를 갖는 것, 곧 원성실성에는 주관과 객관의 대립이 없다는 것을 나타낸 말이다. 그 자성이 전혀 없는 것은 아니기 때문에 종종 "원성실성은 존재한다."라고 말하지만, 이는 주관과 객관 등의 현상 세계가 존재하는 방식과는 본질적으로 다른 것이기 때문에, 그러한 현상 세계가 존재하지 않는 곳에 나타나는 비현상적 세계를 부정적인 방식으로 설명한 것이다.
60 『起信論疏』 권상(T44, 215a).
61 구계지具戒地 : 삼취정계를 구족하는 지위라는 뜻. 보살 십지 중 두 번째인 이구지離垢地를 가리킨다. 계율을 잘 지켜 마음의 번뇌가 없어지는 단계이다.

의지하여 점점 떠나다가 무상방편지無相方便地[62]에 이르러서 완전히 떠나기 때문이다.【이상】"[63]라고 하였고, 『기신론소』에서 "'분별지상응염'이라는 것은 다섯 가지 의意 가운데 네 번째인 지식智識이다. 7지 이전에는 두 가지 지혜가 일어날 때는 현행할 수 없지만 관觀에서 나와 사물(事)을 반연하여 제멋대로 마음이 작용할 때는 또한 현행할 수 있기 때문에 '점점 떠나다가'라고 하였다. 7지 이상에서는 오랜 시간 동안 관에 들기 때문에, 이 말나식末那識[64]이 영원히 현행하지 않으므로 '무상방편지에 이르러서 완전히 떠나기 (때문이다.)'라고 하였다. 이 제7지는 무상관無相觀에 가행加行이 있고 공용功用도 있기 때문에 '무상방편지'라고 한다."[65]라고 하였다.

論云。三者分別智相應染。依具戒地漸離。乃至無相方便地究竟離故。【已上】
疏云。分別智相應染者。五種意中第四智識。七地以還。二智起時。不得現行。出觀緣事。任運心時。亦得現行。故言漸離。七地以上長時入觀。故此末那永不現行。故言无相方便地究竟離。此第七地。於无相觀。有加行有功用。故名無相方便地也。

---

62 무상방편지無相方便地 : 보살 십지 중 일곱 번째인 원행지遠行地를 가리킨다. 삼계의 번뇌를 끊고 삼계를 멀리 떠나는 단계이다.
63 『起信論』(T32, 577c).
64 말나식末那識 : '말나'는 Ⓢ manas의 음역어. 유식학파에서 심식心識을 여덟 가지로 분류한 것 중 제7식을 가리키는 말. 말나의 의역어는 의意이기 때문에 말나식은 의식意識이라고 할 수 있다. 다만 이때 제6식인 의식意識을 간별할 수 없는 문제가 발생하기 때문에, 현장은 이를 말나식이라고 번역하였다. 제6식인 의식은 의근意根에 의한 식이라는 뜻이고, 말나식인 의식은 의식하는 식이라는 뜻이다. 말나가 생기하여 독자적인 인식 작용을 일으키는 원인은 제8식인 알라야식에 있는 습기에 있지만, 말나의 또 다른 특색은 알라야식을 인식 대상으로 한다는 점이다. 말나는 알라야식을 아我라고 오인하는 작용, 곧 자아의식이라고 할 수 있다. 말나에 의해 자아가 있다는 견해(我見), 자아에 대한 무지(我癡), 자아에 대한 어떤 규정을 하고 그것에 의해 자만심을 갖는 것(我慢), 자신의 몸에 대한 애착(我愛) 등 네 가지 번뇌가 생겨난다.
65 『起信論疏』 권상(T44, 215a).

『기신론』에서 "넷째는 현색불상응염現色不相應染이니 색자재지色自在地에 의지하여 여읠 수 있기 때문이다.【이상】"⁶⁶라고 하였고,『기신론소』에서 "'현색불상응염'이라는 것은 다섯 가지 의意 가운데 세 번째인 현식現識이다. 밝은 거울 속에 색상을 나타내는 것과 같기 때문에 '현색불상응염'이라고 한다. '색자재지'는 제8지⁶⁷이다. 이 지위에서는 이미 정토의 자재함을 얻어 예토穢土의 추색麁色이 현행할 수 없으므로 '여읠 수 있기 때문이다.'라고 하였다.【이상】"⁶⁸라고 하였다.

論云。四者現色不相應染。依色自在地能離故。【已上】 疏云。現色不相應染者。五種意中第三現識。如明鏡中現色像故。名現色不相應染。色自在地。是第八地。此地已得淨土自在。穢土麁色。不能得現。故說能離也。【已上】

『기신론』에서 "다섯째는 능견심불상응염能見心不相應染이니 심자재지心自在地에 의지하여 여읠 수 있기 때문이다.【이상】"⁶⁹라고 하였고,『기신론소』에서 "'능견심불상응염'이라는 것은 이 다섯 가지 의意 가운데 두 번째인 전식轉識이다. 움직이는 마음에 의지하여 능견을 이루기 때문이다. '심자재지'는 제9지⁷⁰이다. 이 지위에서는 이미 사무애지四無礙智⁷¹를 얻어서

---

66 『起信論』(T32, 577c).
67 제8지 : 보살 십지 중 여덟 번째 계위인 부동지不動地를 가리킨다. 무생법인無生法忍을 얻어 번뇌에 의해 흔들리지 않으며, 의도적으로 노력하지 않아도 저절로 수행이 이루어지는 단계이다.
68 『起信論疏』 권상(T44, 215a).
69 『起信論』(T32, 577c).
70 제9지 : 보살 십지 중 아홉 번째 계위인 선혜지善慧地를 가리킨다. 법을 설함이 자재하고 번뇌가 없으며, 지혜가 증대하여 자재하고 걸림이 없는 단계이다.
71 사무애지四無礙智 : 사무애변四無礙辯이라고도 한다. 법무애지法無礙智·의무애지義無礙智·사무애지辭無礙智·변무애지辯無礙智이다. 자유자재하고 걸림이 없는 네 가지의 이해하는 능력(智解)과 언어를 구사하는 능력(辯才). 어느 측면으로 보나 모두 지혜를 본질로 하기 때문에 '사무애지'라 하고, 이해하는 능력으로 말할 경우 '사무애

장애를 가진 능연能緣(반연하는 마음)이 현행하여 일어날 수 없으므로 '여읠 수 있기 때문이다.'라고 하였다.【이상】"[72]라고 하였다.

> 論云。五者能見心不相應染。依心自在地能離故。【已上】 疏云。能見心不相應染者。是五意內第二轉識。依於動心。成能見故。心自在地。是第九地。此地已得四無礙智。有礙能緣。不得現起。故說能離也。【已上】

『기신론』에서 "여섯째는 근본업불상응염根本業不相應染이니 보살진지菩薩盡地에 의지하여 여래지如來地에 들어가서 여읠 수 있기 때문이다.【이상】"[73]라고 하였고,『기신론소』에서 "'근본업불상응염'이라는 것은 이 다섯 가지의 의意 가운데 첫 번째인 업식業識이다. 무명의 힘에 의해 불각不覺의 마음이 움직이기 때문이다. '보살진지'라는 것은 제10지[74]이니 그 무구지無垢地[75]가 이 지위에 속하기 때문이다.【이하 생략】"[76]라고 하였다. 법장法藏의 『기신론의기』에서 "십지의 마지막 마음은 금강유정金剛喩定이니

해'라 하며, 상대와 상황에 따라 자유롭게 언어로 표현하는 능력으로 말하면 '사무애변'이라 한다. 또한 중생을 교화하는 네 가지 법이기 때문에 사화법四化法이라고도 한다. 제9지인 선혜지(미묘한 사무애혜를 성취하여 시방에 두루 미치도록 뛰어나게 법을 설하는 지위)에서 성취하는 지혜로 간주된다. 법무애는 명신名身(단어)·구신句身(문장)·문신文身(낱낱의 글자) 등을 소연所緣(대상)으로 하는 걸림이 없는 지혜를 가리킨다. 의무애는 소전所詮(언어에 담긴 뜻)의 의義(의미)를 소연으로 하는 걸림이 없는 지혜를 가리킨다. 사무애는 모든 종류의 언사를 소연으로 하는 걸림이 없는 지혜를 가리킨다. 변무애는 바른 이치에 의거하여, 중생의 근기에 맞추어, 걸림이 없이 자유자재하게 설법할 수 있는 지혜를 가리킨다.

72 『起信論疏』 권상(T44, 215b).
73 『起信論』(T32, 577c).
74 제10지 : 보살 십지 중 열 번째인 법운지法雲地를 가리킨다. 허공과 같은 법신과 큰 구름과 같은 지혜로 모든 것을 두루 가득 채우고 덮이게 하는 단계이다.
75 무구지無垢地 : 보살의 십지 중 제2지 혹은 보살 수행 52위 중 제51 등각위等覺位를 가리키는데 여기서는 후자의 의미로 쓰였다.
76 『起信論疏』 권상(T44, 215b).

이 무구지에서 미세한 습기에 물든 심념心念이 모두 없어지기 때문이다. (『기신론』) 앞의 글에서 '(미세념微細念을 멀리 떠났기 때문에) 마음의 본성을 볼 수 있어서 마음이 바로 상주常住하니 (이것을 구경각究竟覺이라고 한다.)'라고 하였으니, 그러므로 '여읠 수 있기 때문이다.'라고 하였다."[77] 라고 하였다.【이상 세 가지 염심은 제8식 가운데 있다.】

論云。六者根本業不相應染。依菩薩盡地。得入如來地能離故。【已上】 疏云。根本業不相應染者。是五意內第一業識。依無明力。不覺心動故。菩薩盡地者。是第十地。其無垢地。屬此地故。【云云】法藏疏云。謂十地終心。金剛喩定。是無[1]地中。微細習氣心念都盡故。上文云。得見心性。心則常住。故云能離也。【已上三種染。在第八識中。】

1) 옝『起信論義記』에 따르면 '是無'는 '無垢'이다.

『기신론내의약탐기起信論內義略探記』【태현太賢 지음】에서 말하였다.

內義略探記【太賢】云。

🔹 이 여섯 가지 염심은 무엇을 원인으로 삼아 비로소 일어나는 것인가?

🔹 처음의 세 가지 염심은 무명을 원인으로 삼고 경계를 연으로 삼아 비로소 일어난다. 나중의 세 가지 염심은 수염본각隨染本覺[78]을 원인으로 삼고 근본무명을 연으로 삼아 비로소 일어난다. 말하자면 무명주지

---

77 『起信論義記』 권하(T44, 268a). 『起信論義記』는 『起信論疏』라고도 한다.
78 수염본각隨染本覺 : 유전문流轉門, 곧 염染을 따라 분별하는 생멸문에서 본각의 성질을 떠나지 않은 마음이다. 상대어는 성정본각性淨本覺으로, 환멸문還滅門, 곧 진여문에 있는 본래부터 자성청정한 본각을 가리킨다.

無明住地(무명의 근원이 되는 가장 미세한 번뇌)가 진여眞如를 오염시켜 염심染心을 이룰 수 있기 때문이다.【이하 생략】[79]

問。此六種染以何爲因方起。答。初三種染。無明爲因。境界爲緣方起。後三種染。隨染本覺爲因。根本無明爲緣方起。謂無明住地。能染眞如。成染心故。【云云】

또 말하였다.

又云。

㊁ 이 여섯 가지 염심 가운데 몇 가지가 상응하는 것이고 몇 가지가 상응하지 않는 것인가?

㊁ 처음의 세 가지는 상응하는 것이고 나중의 세 가지와 무명은 상응하지 않는 것이다. 무엇 때문인가? 처음의 세 가지는 경계에 의해 일어나므로 또한 거칠게 나타나기 때문에 심왕과 심소가 모두 상응한다.【중략】 나중의 세 가지와 무명은 심체心體에 의해 일어나고 또한 매우 미세하기 때문에 심왕·심소가 구별되지 않는다. 그러므로 '불상응'이라고 하였다.【이하 생략】[80]

問。此六染中。幾是相應。幾不相應。答。初三是相應。後三及無明是不相應。何者。初三是依境起故。且麁顯故。心王心所皆相應。【乃至】後三及無明。依心體起。亦極細故。無王數別。故云不相應。【云云】

---

[79] 『起信論內義略探記』(T44, 418c).
[80] 『起信論內義略探記』(T44, 419a).

또 말하였다.

又云。

문 이 능의能依인 염심染心과 저 소의所依인 무명이라는 이들 두 가지 법을 두 가지 장애(二障)에 배대할 수 있는가?
답 여섯 가지 염심은 번뇌장煩惱障[81]이고 근본무명은 소지장所知障[82]이다.

問。此能依染心。彼所依無明。是等二法。配二障不也。答。六種染心。是煩惱障。根本無明。是所知障。

문 이 뜻은 아직 자세하지 않으니 다시 그 취지를 밝혀 주기 바란다.
답 우선 두 가지 뜻이 있다.
첫째, 이승二乘(소승과 대승)의 공통된 장애인 십사十使[83]의 번뇌가 생사의 세계를 유전하게 만들어 열반의 과를 장애하는 것을 번뇌장이라고

---

[81] 번뇌장煩惱障 : 아집我執(人我見)으로 말미암아 발생하는 장애. 탐욕·분노·어리석음 등의 여러 번뇌에 의해 업을 일으키고 생을 윤택하게 함으로써 중생의 몸과 마음을 괴롭히고 삼계를 생사윤회하게 하여 열반의 과를 얻는 것을 장애하는 것이다.
[82] 소지장所知障 : 법집法執(法我見)으로 말미암아 발생하는 장애. 탐욕·분노·어리석음 등의 여러 번뇌에 의해 미혹됨으로써 보리의 묘지妙智를 장애하여 제법의 사상事相과 실성實性을 알지 못하게 하는 것이다.
[83] 십사十使 : 열 가지의 근본번뇌. 십수면十隨眠·십견十見 등이라고도 한다. 탐욕·분노·어리석음·오만과 인과의 이치를 알지 못하여 결정적인 믿음을 내지 못하는 것(疑), 유신견有身見(자신의 몸이 오온五蘊이 임시로 화합한 것임을 알지 못하고 실제로 자신의 몸이 있다고 집착하는 것), 변집견邊執見(자신이 사후에 단멸한다고 집착하는 것과 자신이 사후에도 영원히 머물러 소멸하지 않는다고 집착하는 것의 두 가지가 있음), 사견邪見(인과의 이치를 부정하는 것), 견취견見取見(저열한 식견으로 하열한 일을 뛰어난 것이라고 생각하는 것), 계금취견戒禁取見(이치에 맞지 않는 계를 하늘에 태어나는 원인이라고 믿는 것)이다.

한다. 보살만의 장애인 법집法執 등의 미혹에 의해 알아야 할 경계에 미혹하여 보리의 과를 장애하는 것을 소지장이라고 한다.

둘째, 일체의 염을 움직이고 상을 취하는 것 등의 마음이 여리지如理智[84]의 고요한 성품을 어기는 것을 번뇌애煩惱礙라고 한다. 근본무명이 혼미하여 불각에 여량지如量智[85]의 각찰覺察하는 작용을 어기는 것을 지애智礙라고 한다. 지금 이 논에서는 뒤의 뜻에 의거하기 때문에 여섯 가지 염심을 번뇌애라고 하고 무명주지를 지애라고 하였다.【이하 생략】[86]

問. 此意未委.[1) 願更明其旨. 答. 且有二義. 一二乘通障十使煩惱. 能使流轉. 障涅槃果. 名煩惱障也. 煩惱[2)]別障. 法執等惑. 迷所知境. 障菩提果. 名所知障也. 二一切動念. 取相等心. 違如理智寂靜之性. 名煩惱礙. 根本無明昏迷不覺. 違如量智覺察之用. 名爲智礙. 今此論中. 約後義故. 說六種染心. 名煩惱礙. 無明住地. 名爲智礙.【云云】

1) ㉠『起信論內義略探記』에 따르면 '委'는 '審'이다. 2) 『起信論別記』에 따르면 '煩惱'는 '菩薩'이다.

지애라는 것은 이전의 여섯 가지 염심의 소의인 근본무명이 이것이다. 『이장의二障義』【『요기』의 저자가 지음】에서 "근본무명이란 저 여섯 가지 염심의 소의所依(근거)인 근본으로, 가장 극단적으로 미세하고 어둡고 불각인 것이다. 안으로 자성이 일여一如이고 평등한 것을 알지 못하지만 아직 밖으로 향하여 차별상을 취할 수는 없기 때문에 능취와 소취가 나뉘어서 달

---

84 여리지如理智 : 진실한 이치와 합치하는 절대적 지혜. 근본지根本智·무분별지無分別智 등이라고도 한다. 주관과 대상의 차별이 없는 참된 지혜로 진제를 비추는 것이다.
85 여량지如量智 : 현상계의 차별상을 분명하게 아는 지혜. 후득지後得智라고도 한다. 차별을 관조하는 지혜로, 속제를 비추는 것이다.
86 『起信論內義略探記』(T44, 419b). 두 차례의 문답 가운데 뒷부분은 원효가 『起信論別記』(T44, 237c)에서 서술한 것을 문답 형식으로 정리한 것이다.

라지는 것도 없다. 이에 진명眞明(참된 인식)과 그 상이 매우 근접하다. 그러므로 이 무명은 그것(진명)에 가장 어긋나니 마치 어린 사미沙彌가 화상和上[87] 가까이에 앉아 있는 것과 같다.【이상】"[88]라고 하였다.

> 其智礙者。已前六染所依根本無明是也。二障義【記主】云。根本無明者。彼六染心所依根本。最極微細冥闇不覺。內迷自性一如平等。未能外向取差別相。故無能取所取別異。乃與眞明。其相大[1]近。故此無明。於彼最違。如下沙彌而和上[2]近也。【已上】
>
> 1) 연『二障義』에 따르면 '大'는 '太'이다.　2) 연『二障義』에 따르면 '上' 뒤에 '坐'가 누락되었다.

"반야의 밝음"이라는 것은 여래의 지혜이다. 오직 여래의 지혜라야 이 무명을 끊을 수 있으니 등각等覺 이전에는 분명하게 알 수 없다. 그러므로 이 무명은 지극히 끊기 어렵다.

> 其般若明者乃如來智也。唯如來智斷此無明。等覺已還不能了知。故此無明極難可斷。

앞에서 미혹에 대해 설명한 것은 은밀문隱密門에 의거한 것이다. 『유가사지론』 등의 현료문顯了門에도 또한 이러한 뜻이 있다. 상응하는 것에 따라서 준거로 삼을 수 있다.

87　화상和上 : ⓢ upādhyāya의 와전된 음역어. 덕이 높은 스님을 가리키는 말. 바른 음역어는 오파다야鄔波陀耶이고 의역어는 친교親敎이다. 구자어龜玆語의 와전이라는 설도 있고, 인도의 속어에서 오사吾師를 오사烏社라고 하였는데 우전국于闐國에서 이를 화사和社·화사和闍(khosha) 등이라고 하였고 이것이 중국에 전해져 화상이 되었다는 설도 있다.
88　『二障義』(H1, 795a).

上來所迷。依隱密門。若瑜伽等。顯了門中。亦有此義。隨應可准。

🗨 『유가사지론』・『성유식론』 등의 논서에 따르면 무명은 종류가 많은데 어떤 것을 근본무명이라고 하는 것인가?

🗨 제6식과 상응하며 이치에 미혹되어 능히 업을 일으키는 것을 근본으로 삼는다. 『인왕경소』【양분良賁 지음】 권3에서 "근본무명이라는 것은 『성유식론』에서 '제7식과 함께 항상 현행하는 무명은 비록 항상 상속할지라도 능히 업을 일으키지 않는다. 제6식과 함께하며 이치에 미혹되어 일어난 것은 오직 능히 복을 일으키는 것 등의 제행을 취하니, 연緣하여 생겨나는 것의 시초가 되는 것을 근본으로 삼는다.【이하 생략】'라고 한 것과 같다."[89]라고 하였다.

問。若依瑜伽唯識等論。無明多種。何者言根本無明耶。答。第六相應迷理能發業者爲根本也。仁王經疏【良賁】第三云。根本無明者。如唯識云。第七識俱恒行無明。雖恒相續非能發業。第六識俱迷理趣[1]者。唯取能發福等諸行。緣生之首。爲根本矣。【云云】

---
1) ㉮『仁王經疏』에 따르면 '趣'는 '起'이다.

🗨 게송으로 설한 것과 같다.

如偈說云。

　유에 대한 집착을 제거하기 위해
　여래께서는 그것의 공을 말씀하셨네.

---
89 『仁王經疏』 권중(T33, 460c).

어떤 사람이 다시 공에 집착한다면
어떤 부처님도 교화하지 못하시네.⁹⁰

爲除有執故。如來說其空。
若人復執空。諸佛所不化。

집 『중관론』 권2에서 "[『중론』 게송] 대성께서 공법을 설하신 것은 모든 견해를 떠나게 하기 위함이었네. 만약 다시 공이 있다는 견해를 지닌다면 어떤 부처님도 교화하지 못하시네. [청목 해석] 대성께서는 62가지의 모든 견해와 무명·애착 등의 모든 번뇌를 파척하기 위해 공을 설하였는데, 만약 어떤 사람이 공에 대해 다시 견해를 일으키면 이 사람은 교화할 수 없다. 비유하면 병이 있으면 약을 복용해야 치유할 수 있는데, 만약 약이 다시 병을 일으키면 치유할 수 없는 것과 같다.【이상】"⁹¹라고 하였다. 지금 기記에서 '약을 복용하여 병을 이루는 것'을 밝힌 한 단락의 글은 저 논의 뜻을 취한 것이다. 유에 집착하는 병을 제거하기 위해 공이라는 약을 주었는데 공이 다시 병이 된다면 어떤 약으로 치유할 수 있겠는가?

中觀論第二云。大聖說空法。爲離諸見故。若復見有空。諸佛所不化。大聖爲破六十二諸見。及无明愛等諸煩惱故說空。若人於空復見生者。是人不可化。譬如有病。須服藥可治。若藥復爲病。則不可治。【已上】今記所明。服藥成病。一段文者。撮彼論意。爲除有病。與空藥。空復爲病。何藥治之。

기 또한 다시 이러한 견해를 지녔어도 그 견해가 분명하지 않은 것으

---

90 『中論』 권2(T30, 18c). 문장이 꼭 일치하지는 않는다. 뒤의 주석을 참조할 것.
91 『中論』 권2(T30, 18c). 전반부는 용수龍樹가 설한 게송이고 후반부는 청목靑目이 이를 해석한 것이다.

로 말미암아 멋대로 신심을 일으키게 한다. 만약 이러한 견해에 의지하여 마음을 닦아 분명해지고 통하는 경지에 도달하면, 반드시 신심을 무너뜨리고 크게 잘못된 견해에 떨어져 무수겁無數劫[92] 동안 무간지옥無間地獄에 떨어져 고통을 받는다.

又復此見。由其解昧。漫起信心。若依此見。修心明利。必撥信心。墮大邪見。於無數劫。受無間苦。

집 공견에 대한 견해를 지녔으나 결정적이지 않으니 이것을 "이해가 분명하지 않은 것"이라고 하였다. 이때에는 여전히 인과의 도리를 믿는다. 불완전했던 견해가 결정적인 것이 되니 이것을 "분명해지고 통하는 경지에 도달하면"이라고 하였다. 그러므로 인과의 도리를 부정하고 크게 잘못된 견해에 떨어지니, 불법을 잃고 파괴하며 자신을 손상하고 다른 사람도 손상한다. 그러므로 반드시 큰 고통을 받는다.

其空見解。而未決定。是云解昧。此時猶信因果道理。偏解決定。是云明利。故撥因果。墮大邪見。失壞佛法。損自損他。由此必得受大苦也。

『보살선계경』 권2에서 말하였다.

善戒經第二云。

어떤 사람이 일체법이 공하다고 설한다면 이 사람은 구성원과 함께

---

92 무수겁無數劫 : ⓢ asaṃkhyeya-kalpa. '무수'는 ⓢ asaṃkhyeya의 의역어로 무앙수無央數라고도 하며, 음역어는 아승기阿僧祇이다. 아승기는 고대 인도에서 사용되던 52수 가운데 52번째에 해당하는 수이다.

머물거나 함께 말하거나 논의하거나 포살설계布薩說戒[93]해서는 안 되니, 만약 함께 머물거나 내지 포살설계한다면 큰 죄를 얻는 것을 알아야 한다. 무엇 때문인가? 공의 뜻을 이해하지 못했기 때문에 이 사람은 자신을 이롭게 할 수 없고 다른 사람도 이롭게 할 수 없다. 그러므로 대승경전에서 말하기를, "만약 공을 이해하지 못하면 어리석은 사람보다 더 심각하다."라고 하였다. 무엇 때문인가? 어리석은 사람은 '색色은 아我이고 내지 식識은 아我이다'라고 말한다. 아견我見을 가진 이는 불법을 무너뜨리지는 않지만 공의 뜻을 이해하지 못한 사람은 불법을 영원히 무너뜨리니, 깨뜨리고 잃어버리며 없어지고 사라지게 한다. 아견을 일으킨 사람은 삼악도三惡道에 태어나는 과보를 받지 않지만, 공의 뜻을 이해하지 못한 사람이 다른 사람을 위해 널리 설하면 이 사람은 반드시 아비지옥阿鼻地獄에 떨어진다는 것을 알아야 한다.【이하 생략】[94]

若有人說。一切法空。當知是人。不中共住共語論議布薩說戒。若與共住。乃至說戒。則得大罪。何以故。不解空義故。是人不能自利利他。是故大乘經說。若不解空。甚於癡人。何以故。愚癡之人。說色是我。乃至識是我。有我見者。不壞佛法。不解空義。永壞佛法。破失滅沒。生我見者。不至三惡。不解空義。爲人廣說。當知是人。必到阿鼻。【云云】

기 그러므로 보살은 다른 사람들이 그러한 사람을 따르는 일이 생겨날 것을 매우 슬퍼하여 미리 경계하여 말하기를, "일체의 지혜가 있고

---

93 포살설계布薩說戒 : '포살'은 ⓢ poṣadha의 음역어로, 정주淨住라고도 의역한다. 설계라고도 하는데 이는 포살의 형식에서 유래한 명칭이다. 포살은 동일한 지역에 머무는 스님들이 보름마다 모여서 모임의 대표자가 수지해야 할 계율의 조목을 독송하는 것을 듣고, 그것을 어긴 사실이 있을 경우 이를 고백하고 참회하여 청정함을 회복하는 의식이다.
94 『菩薩善戒經』 권2(T30, 969c).

범행梵行을 함께하는 이들은 함께 머물지 말아야 한다."[95]라고 하였다. 일체의 외도가 일으킨 아견은 비록 이치에는 어긋날지라도 이러한 근심은 없다.

是故菩薩。深悲餘人有隨彼故。預誡之言。一切有智同梵行者。不應共住。一切外道所起我見。雖有乖理。而無是患。

집 『유가사지론』 권36에서 "이와 같이 (일체가) 없다고 하는 사람이라면, 일체의 지혜가 있고 범행을 함께하는 이들은 (그들과) 함께 말하지 말아야 하고 함께 머물지 말아야 한다.[이하 생략]"[96]라고 하였다. 저 (모든 것을) 제거하여 없다고 하는 이는 오직 자신을 무너뜨리는 것뿐 아니라 또한 그를 따르는 다른 사람들을 무너뜨릴 수 있다. 그와 견해를 함께할 것을 염려하여 큰 자비에 의해 그들을 추방하게 한 것이다.

瑜伽論第三十六云。如是無者。一切有智同梵行者。不應共語。不應共住。【云云】彼撥無者。非唯壞自。亦能敗壞餘隨彼者。恐同彼見。以大慈悲。令殯棄之。

기 게송으로 설한 것과 같다.

如偈說云。

차라리 수미산須彌山[97] 같은

---

95 『瑜伽師地論』 권36(T30, 488c).
96 『瑜伽師地論』 권36(T30, 488c).
97 수미산須彌山 : ⓢ Sumeru의 음역어. 의역어는 묘고산妙高山이다. 불교의 세계관에 따

아견을 일으킬지언정
실오라기만큼도
공견을 일으켜서는 안 되네.[98]

寧起我見。如須彌山。
不起空見。如毫釐許。

이 두 가지 연緣[99]에 의거하여 가장 하열한 지위에 있으면서도 (자신의 상황을) 깨닫지 못하고 증상만增上慢[100]을 일으키니, 마치 가장 아래에 있는 사미가 화상의 위에 있다고 말하는 것과 같다. 이것을 아래에 있는 것을 들어 올려 높은 것으로 여기는 어리석음이라고 한다.

由此二緣。最在底下。而其不了。起增上慢。如似最下沙彌。謂居和上之上。是謂擧下爲高愚也。

집 『광백론송廣百論頌』(『광백론본』)【제바提婆[101] 지음】에서 "차라리 저들이 아

르면 세계의 중심에 있는 산으로, 이 산을 중심으로 여러 개의 산이 동심원을 그리며 둘러싸고 있다. 그 마지막 산의 밖에 동·서·남·북으로 네 개의 큰 대륙이 있고, 다시 그 네 개의 대륙 밖을 철위산이 두르고 있다.
98 『大寶積經』 권112(T11, 634a)에서 "차라리 수미산처럼 높이 쌓이도록 아견을 일으킬지언정 공견으로 증상만을 일으켜서는 안 된다.(寧起我見。積若須彌。非以空見。起增上慢。)"라고 하였다.
99 두 가지 연緣 : 전후 문맥상 무엇을 가리키는지 확정하기는 어려운 것 같다. 진원의 주석 등을 참조하면, 한 가지는 유에 대한 집착을 제거하기 위해 설한 공의 가르침에 다시 집착하여 공견을 일으키는 것이고, 다른 한 가지는 공견을 끝까지 밀고 나가서 끝내는 인과의 도리를 부정하기에 이르는 것을 가리키는 것 같다.
100 증상만增上慢 : 아직 수행의 경지가 낮은데도 자신이 도달한 경지가 높다고 여기는 것이다.
101 제바提婆 : ⓢ Kāṇa-deva의 음역어인 가나제바迦那提婆의 약칭. 2~3세기경 활동한

집을 일으킬지언정 공무아견空無我見[102]을 내게 해서는 안 되네. 후자는 열반을 등지고 악취惡趣[103]를 향하지만 전자는 오직 열반을 등질 뿐이라네."[104]라고 하였고, 『대승광백론석론』[호법護法 지음] 권6에서 "아집은 비록 바른 이치에 칭합하는 것은 아니지만 차라리 저들이 일으키게 할 수는 있으니 과실이 가볍기 때문이다. 공무아견은 비록 바른 이치에 칭합하지만 저들이 여실하게 통달하지 못하면 이것으로 인해 모든 법이 다 없다고 비방하고 부정하니, 과실이 무겁기 때문에 차라리 저들이 일으키게 해서는 안 된다. 이 두 가지 과실의 경중은 어떠한가? 처음의 아집은 오직 열반을 등질 뿐이지만 나중의 악취공惡取空[105]은 열반을 등지고 악취를 향한다. 저 용렬한 지혜를 가진 이들이 악취공을 일으킬 때 오히려 선근善根도 싫어하니 하물며 모든 함식含識[106]이겠는가? 저들은 선과 세간을 싫어하고 등지는 것에 의해 선근을 단멸하고 함식을 훼손하니, 오직 청량한 열반을 버리고 등지는 것뿐만 아니라 또한 자신의 몸을 가지고 지옥의 불더미를 밟는 것이다. 아견을 일으키는 이에게는 이러한 일이 없다.【중략】 그러므로 계경에서 말하기를, '차라리 묘고산妙高山 같은 아견을 일으킬지언정 악취공에 의해 증상만을 일으켜서는 안 된다.'라고 하였다.【이상】"[107]라고 하였다. 지

남인도 바라문 출신의 중관학자. 중관학파의 종조인 용수龍樹의 제자로 본 학파의 주요 논서인 『百論』을 지었다.
102 공무아견空無我見 : 부처님께서 설한 공과 무아의 가르침에 대해, 일체를 모두 부정하는 것이라는 견해를 일으키는 것. 곧 악취공惡取空과 같은 뜻이다.
103 악취惡趣 : ⓢ durgati의 의역어. 악도惡道라고도 한다. 악업으로 인해 태어나는 세계. 윤회의 여섯 세계 중 하위에 속하는 세 가지, 곧 지옥·아귀·축생을 묶어서 삼악취三惡趣라고 하고 여기에 아수라를 더하여 사악취四惡趣라고도 한다.
104 『廣百論本』(T30, 184a).
105 악취공惡取空 : 제법은 연緣에 의해 생겨나서 자성이 없는 것이라는 공의 이치를 바르게 이해하지 못하여, 이 공의 이치를 일체를 부정하는 것이라고 이해하고 그것에 집착하는 것을 가리킨다.
106 함식含識 : ⓢ sattva의 의역어로 유정有情·중생衆生 등이라고도 한다. 심식心識을 함유한 중생, 곧 일체의 생물을 가리킨다. 함령含靈·함생含生·함류含類·품식稟識 등이라고도 한다. 육도의 중생을 총칭하는 말이다.

금 『요기』에서 인용한 게송은 뒤의 두 구절을 개정한 것이다.

"실오라기(毫釐)만큼도"라는 것은 지극히 작은 것을 비유한 것이다. 『사분율행사초자지기』에서 『손자산경孫子算經』[108]을 인용하여 "숫자가 처음으로 일어난 것을 홀忽[곧 누에가 입에서 처음으로 실을 토하는 것]이라 하고 홀의 열 배를 사絲라 하며, 사絲의 열 배를 호毫라 하고 호의 열 배를 이釐라 하며, 이의 열 배를 분分이라고 한다.【이하 생략】"[109]라고 하였다.

廣百論頌【提婆】云。寧彼起我執。非空無我見。後兼向惡趣。初唯背涅槃。同釋【護法】第六云。我執雖復不稱正理。而寧彼起。過失輕故。空無我見。唯[1]稱正理。然彼不能如實了達。因此誹謗[2]諸法皆無。過失重故。寧彼不起。云何此二過失輕重。謂初我執。唯背涅槃。後惡取空。兼向惡趣。彼劣慧者。惡取空時。尙厭善根。況諸含識。彼由厭背善及世間。斷滅善根。損害含識。非唯棄背淸涼涅槃。亦持自身。足地獄火。起我見者。無如是事。【乃至】故契經說。寧起我見如妙高山。非惡取空增上慢者。【已上】今記所引。改下二句。如毫釐者。喩極小也。資持記。引孫子算經云。數之始起爲忽。【卽蠶口初出。】十忽爲絲。十絲爲毫。十毫爲釐。十釐爲分。【云云】

1) ㉠『大乘廣百論釋論』에 따르면 '唯'는 '雖'이다. 2) ㉠『大乘廣百論釋論』에 따르면 '謗'은 '撥'이다.

ii. 손감에 의해 일어나는 두 번째 어리석음 : 적은 지식에 근거한 견해로 많은 지식에 근거한 견해를 비방하는 것

기 두 번째 어리석음이라는 것은 다음과 같다. 불도는 넓고 크며 걸림

---

107 『大乘廣百論釋論』 권6(T30, 219c).
108 『손자산경孫子算經』 : 남북조시대에 찬술된 수학책. 책 이름에 의해 작자를 손자라고 추정할 뿐 자세한 사실은 알 수 없다.
109 『四分律行事鈔資持記』 권중(T40, 289a).

이 없고 방소方所도 없다. 영원히 의탁할 것이 없지만 해당하지 않는 것도 없다.

第二愚者。然佛道廣蕩。無礙無方。永無所據。而無不當。

집 이하의 네 구절은 도의 체상體相을 나타내었다.
앞의 두 구절은 체상을 총괄적으로 나타내었다. 국한되고 협소한 것을 떠났기 때문에 "넓고"라고 하였고, 치우치고 집착하는 것을 떠났기 때문에 "크며"라고 하였으며, 막히는 것이 없기 때문에 "걸림이 없고"라고 하였으며, 머물러 달라붙을 것이 없기 때문에 "방소도 없다."라고 하였다.
뒤의 두 구절은 체상을 개별적으로 풀이하였다. 앞의 구절은 정情을 차단하는 것에 의거하여 밝혔고, 뒤의 구절은 덕을 나타내는 것에 의하여 밝혔다. 처음에 정을 차단한다는 것은 비유비무非有非無와 비일비이非一非異의 네 구절[110]을 모두 떨쳐 버리고 온갖 부정이 모두 사라져 언어와 생각의 길이 끊어지니, 보는 것과 듣는 것이 아득히 멀어져 한 터럭도 머물지 않고 자잘한 티끌도 남지 않는다. 그러므로 "의탁할 것이 없지만"이라고 하였다. 다음에 덕을 나타낸다는 것은 온갖 법이 모두 도이니 모두 옳지 않은 것이 없다. 유와 무, 일一과 이異가 모두 체상이니, 정을 없애고 이것을 보면 일체가 모두 옳은 것이다. 사事와 이理가 완연하고 진眞과 속俗이 모두 존재한다. 이와 같이 보고 나면 앞의 정을 차단하는 문이 바로 덕을 나타내는 것이니, 정을 차단하는 것을 떠나 별도로 덕을 나타낼 것이 없다. 그러므로 "해당하지 않는 것도 없다."라고 하였다.

---

[110] 비유비무非有非無와 비일비이非一非異의 네 구절 : 비유비무는 유·무·역유역무亦有亦無·비유비무라고 하는 네 구절의 마지막 구절을 대표로 제시한 것이고, 비일비이는 일·이·역일역이亦一亦二·비일비이라고 하는 네 구절의 마지막 구절을 대표로 제시한 것이다.

自下四句。顯道體相。上二句。總標體相。離局狹故曰廣。出偏執故曰蕩。無滯塞故曰無礙。無住着故曰無方。下二句。別釋體相。上句約遮情明。下句就表德明。初遮情者。非有非無非一非異。四句竝遣。百非斯亡。言慮路絕。視聽遙隔。不留一毫。無存纖塵。故云無所據。次表德者。萬法咸道。無不皆是。有無一異。竝是體相。亡情見之。一切皆是。事理宛然。眞俗竝存。如是見已。前遮情門。卽是表德。以遮情外無別表德。故云無不當也。

기 그러므로 말하기를, "일체의 다른 사람의 뜻이 모두 부처님의 뜻이다."라고 하였다.

故曰。一切他義。咸是佛義。

집 『유가사지론』 권88에서 "모든 세간 사람들은 다른 사람의 뜻과 어긋나는 것을 자신의 뜻으로 삼기 때문에 쟁론을 일으키지만, 여래께서는 일체의 다른 사람의 뜻을 바로 자신의 뜻으로 삼기 때문에 쟁론할 것이 없다. 오직 불쌍하게 여기는 마음으로 그로 하여금 이치를 증득하게 하기 위해 그가 있는 곳으로 가서 그를 위해 정법을 설하였으나, 온갖 삿된 집착과 어리석음에 빠진 세간 사람들이 전도된 견해에 의거하여 망령되게 자신의 뜻이라고 하고 나의 뜻이라고 하면서 차별을 일으켜서 나와 쟁론을 일으키는 경우는 제외한다.【이하 생략】"[111]라고 하였다.

瑜伽論第八十八云。由諸世間。違反[1]他義。謂爲自義。故興諍論。如來。乃以一切他義。卽以[2]自義。故無所諍。唯除哀愍。令其得義。故往他所。爲說正法。而諸我[3]執愚癡。世間顚倒。妄謂自義我義。而有差別。故興我諍。【云云】

---

111 『瑜伽師地論』 권88(T30, 794a).

1) ㉠『瑜伽師地論』에 따르면 '反'은 '返'이다. 2) ㉮ '以'는 '爲'이다. 3) ㉠『瑜伽師地論』에 따르면 '我'는 '邪'이다.

기 백가百家(여러 학파)의 주장이 옳지 않은 것이 없고 8만 가지 법문이 모두 이치에 들어갈 수 있는 것이지만, 그는 스스로 들은 것이 적으면서도 오로지 그 좁은 견해에만 매달려 그 견해를 함께하는 사람이면 (도리를) 얻었다고 여기고, 그 견해를 달리하는 사람이면 모두 (도리에서) 벗어나고 (도리를) 잃었다고 한다.

百家之說。無所不是。八萬法門。皆可入理。而彼自少聞。專其樣[1]狹見。同其見者。乃爲是得。異其見者。咸謂脫失。

1) ㉮ '樣'이 없다.(갑본)

집 어떤 사람이 말하기를, "불법에는 네 가지 종지가 있다.【첫째는 입성종立性宗이니 살바다부薩婆多部[112] 등이 세운 것이다. 둘째는 파성종破性宗이니 『성실론成實論』 등에서 세운 것이다. 셋째는 파상종破相宗이니 『중론』·『백론』 등에서 세운 것이다. 넷째는 현실종顯實宗이니 『열반경』 등에서 세운 것이다.[113]】 (여기에) 96가지 외도의

---

112 살바다부薩婆多部 : [S] Sarvāsti-vādin. 근본설일체유부根本說一切有部·유부有部라고도 한다. 소승 20부파의 하나. 근본상좌부根本上座部에서 분파하였으며 삼세의 일체법이 모두 실유實有라고 주장한 것에서 유래한 이름이다.
113 이상 불교를 그 종지에 따라 네 가지로 나눈 것은 북지北地 지론종 남도파의 개조인 혜광慧光과 북제北齊 대연사大衍寺 담은曇隱 등의 여러 학자가 세운 것이다. 규기의 『法華玄贊』(T34, 657a)과 『大乘法苑義林章』(T45, 249c), 정영사 혜원慧遠의 『大般涅槃經義記』(T37, 738c)와 『大乘義章』(T44, 483a) 등에 실려 있다. 첫째, 입성종은 인연종因緣宗이라고도 한다. 육인六因·사연四緣의 뜻을 천명하여 제법이 각각 체성이 있다고 주장한다. 곧 일체 존재는 인·연으로 말미암아 이루어지는데, 인·연에 의해 만들어진 허망한 존재를 존재하게 만드는 근거로서의 법은 실재한다고 하는 것이다. 둘째, 파성종은 가명종假名宗이라고도 한다. 제법이 모두 허망하고 임시로 지어진 것이어서 진실한 성품이 없다고 주장한다. 곧 허망한 존재를 존재하게 만드는 근거로서의 법에 대해서도 그 실재성을 부정하고 일체법을 모두 가유假有라고 하는 것이다. 셋째, 파상종은 광상종誑相宗·부진종不眞宗이라고도 한다. 제법이 허깨비와 같아서

견해를 합하여 '백가'라고 한다. 또한 백종百宗이라고도 한다."라고 하였다. 지금 『법화경현찬요집』에 의하면 "백종이라는 것에는 두 가지 설이 있다. 첫째는 '백가의 주장자인 제자諸子(여러 학자)가 지은 책의 이름을 백종이라고 한다.'라고 하였다. 둘째는 '96가지 외도이다. 불법에는 네 가지 종지가 있으니 (파성종과 파상종과 입성종과 입상종의 네 가지 종지이다. 두 가지가 함께 백종을 이룬다.)'라고 하였다.[이하 생략]"[114]라고 하였다.

여기(『요기』)에서 설한 것에 의거하면 오직 속가의 책이고 내도와 외도를 합하여 백가라고 한 것은 아니다.

有人云。佛法四宗。【一立性宗。薩婆多等。二破性宗。成實論等。三破相宗。中百論等。四顯實宗。涅槃等也】九十六種外道之見。合爲百家。亦云百宗也。今准法花要集云。百宗者二說。一云。百家諸子書。名曰百宗。二云。九十六種外道。佛法四宗。【云云】依此說者。唯是俗書。非內外合。而爲百家。

"8만 가지 법문"이라는 것은 『정심계관법발진초淨心誡觀法發眞鈔』 권상에서 진제眞諦의 설을 인용하여 말하기를, "부처님께서 처음 불도를 이루고 마침내 열반에 드실 때까지 350번 설법하셨는데 낱낱이 모두 여섯 가지 바라밀을 갖추었으니 2,100가지가 되고, (이것이) 모두 사대四大와 육진六塵의 열 가지 법을 파괴하였으니 2만 1천 가지가 된다. 또 탐욕이 많은 중생, 분노가 많은 중생, 어리석음이 많은 중생, 세 가지를 골고루 가진 중

바로 공이고 가명假名의 상相도 또 존재하지 않는다고 주장한다. 곧 일체 존재는 허깨비와 같아서 실체가 없고 그 임시로 나타낸 상도 또한 존재하지 않아서 진실한 것이 아니라는 것이다. 넷째, 현실종은 상종常宗·진종眞宗이라고도 한다. 제법은 망상에 의해 존재하는데 망상은 본래 체가 없고 반드시 진여에 의탁하여 일어난다고 주장한다. 곧 법계·진리·불성 등을 밝힌 것이다. 『涅槃經』 이외에도 『華嚴經』·『法華經』 등이 여기에 속한다.

114 『法華經玄贊要集』(X34, 192c).

생을 (교화한 것을) 배대하면 8만 4천 가지가 된다. 그러므로 게송으로 말하기를, '밝은 경지에 도달하여 중생을 교화한 날부터 학림鶴林[115]에서 열반에 드실 때까지 350번 설법하셨네. 설법할 때마다 낱낱이 모두 여섯 가지 바라밀을 갖추고 육진과 사대를 파괴하였으니 2만 1천 가지가 되고, 탐욕과 분노와 어리석음에 물든 중생과 세 가지를 골고루 가진 중생을 제도하였으니 8만 4천 가지 설법이 이루어지네.'라고 하였다.【이상】"[116]라고 하였다. 지금 큰 수를 들어 "8만 가지"라고 하였다.

言八萬法門者。發眞鈔上卷引眞諦說云。佛始成道。終至涅槃。經三百五十度說法。一一皆具六波羅蜜。成二千一百。皆破四大六塵十法。成二萬一千。又配三毒等分。成八萬四千。故偈云。光曜[1]至鶴林。三百五十說[2] 六塵幷四大。二萬有一千。貪嗔癡等分。八萬四千說。【已上】今舉大數云八萬。

1) ㉘ 『淨心誡觀法發眞鈔』에 따르면 '曜'는 '耀'이다.   2) ㉘ 전후 문맥상 '說' 뒤에 '一一皆具六'이 들어가야 타당할 것 같다.

이러한 가르침을 담은 글은 내도와 외도가 비록 다르지만 뜻을 얻어, 이를 보면 어떤 설이든 옳지 않겠는가? 뜻을 알고 이것을 관찰하면 미묘한 도리가 아님이 없다.

如此敎文。內外雖異。得意見之。何說非是。知旨觀之。無非妙道。

『능가종요』【『요기』의 저자 지음】에서 말하였다.

---

115 학림鶴林 : 부처님께서 열반에 드실 때 주변에 있던 사라수림娑羅樹林을 달리 일컫는 말. '사라'는 Ⓢ śāla의 음역어로, 견고堅固·고원高遠 등으로 의역한다. 부처님께서 열반에 드실 때 주변에 있던 사라수가 슬픔으로 인해 하얗게 변하여서 마치 학이 무리 지어 모여 있는 것처럼 되었기 때문에 학림이라고 부르기도 한다.
116 윤감允堪, 『淨心誡觀法發眞鈔』 권상(X59, 537b).

楞伽宗要【記主】云。

　모든 부처님께서 설한 일체의 가르침의 뜻은 다시 다른 취지가 없고 오직 한맛일 뿐이다. 무엇 때문인가? 비록 중생의 근기에 따라 받아들이는 가르침은 같지 않지만 모두 큰 바다와 같은 부처님의 마음에서 나온 것이기 때문이다. 비유하면 하늘에서 비를 뿌려 만물을 두루 적시면 받아들이는 분량은 비록 다르지만 그 비는 한맛인 것처럼, 모든 부처님께서 내리시는 법의 비도 또한 그러하다는 것을 알아야 한다.
　한맛이라는 것은 말하자면 큰 도리이다. 큰 도리의 맛이라는 것은 지극히 넓고 지극히 공변되어서 어떤 다툼도 조화시키지 않음이 없고 어떤 뜻도 통하지 않음이 없다. 일체의 법과 한량없는 문이 모두 그러하다고 할 것이 없으니, 그러하다고 할 것이 없기 때문에 파척하지 않는 것이 없고 세우지 않는 것도 없다. 중생으로 하여금 이 끝이 없는 도리에 수순하여 그 한계가 있는 마음을 씻어 버리고, 모든 쟁론을 그쳐서 인위적으로 작용하는 일이 없는 경지에 이르고, 인위적으로 작용하는 일이 없는 경지에 이르러서 어떤 것도 하지 않음이 없게 하고자 하는 것이다. 이것을 불도의 큰 뜻이라고 한다.【이상】

諸佛所說。一切教意。更無異趣。唯是一味。何以故。雖依物器。所受不同。皆從佛心大海出故。喻如天雨。普洽萬物。所受雖異。其雨一味。諸佛法雨。當知亦爾。一味也者。所謂大道。大道味者。至寬至公。無諍不和。無義不通。謂一切法及無量門。皆無所然。以無然故。無所不破。無所不立也。欲令衆生順此無崖之道。蕩其有限之心。息諸諍論。以至無爲。至於無爲。而無不爲。是謂佛道之大意。【已上】

　이러한즉 근기가 얕거나 깊어서 같지 않은 것에 따라서 가르침에도 임시로 삼승의 차별을 설하지만 근본은 한맛이고 평등하여 둘이 없으니, 모두 큰 바다와 같은 부처님의 마음에서 나온 것이기 때문이다.

此則隨機淺深不同。於教暫說三乘差別。本是一味。平等無二。悉從佛心大海出故。

기 어떤 사람이 갈대 대롱으로 하늘을 보면서 그 대롱 안을 보지 않은 모든 사람은 다 푸른 하늘(蒼天)을 보지 않았다고 하는 것과 같으니, 이것을 적게 아는 것을 믿어서 많이 아는 것을 비방하는 어리석음이라고 한다.

猶如有人。葦管窺天。謂諸不窺其管內者。皆是不見蒼天者矣。是謂恃少誹多愚也。

집 『장자』에서 말하기를, "대롱으로 하늘을 보고 송곳으로 땅을 가리키는 것이니 또한 작다고 하지 않겠는가?"[117]라고 하였다.【이상은 『사분율갈마소제연기』 권1의 상에 실려 있다.[118]】 "창천"이라는 것은 『옥편주玉篇註』에서 "(하늘의 다양한 이름 중) 멀리서 바라볼 때 아득한 것에 의거하면 창천이라고 한다.【이상】"라고 하였다. 지금 적게 들은 이가 그 좁은 견해를 믿고 자신이 옳고 다른 사람은 틀렸다고 하는 것은 저 대롱으로 보는 것과 같은 것이다.

莊子云。用管闚天。用針[1]指地。不亦小乎。【已上濟緣一上載之。】言蒼天者。玉篇註云。據遠視之蒼蒼然。則稱蒼天【已上】今小聞者。恃其狹見。是自非

---

117 『莊子』「秋水篇」에 나오는 글이다.
118 『四分律羯磨疏濟緣記』 권1의 1(X41, 92c).

他。同彼管見也。

1) ㉔『莊子』에 따르면 '針'은 '錐'이다.

iii. 문답으로 밝힘

기

문 경에서 말하기를 "가난하여 걸식하는 아이가 밤낮으로 다른 사람의 보배를 헤아리는 것처럼, 설한 그대로 행하지 못하고 많이 듣기만 하는 것도 또한 이와 같다."[119]라고 하였으며, 또 말하기를 "어떤 사람이 음욕·분노·어리석음과 도道를 분별한다면 이 사람은 부처님과 멀어짐이 하늘과 땅과 같으리."[120]라고 한 것과 같다. 이에 많이 듣고 얻을 것이 있다는 견해를 내면, 걸식하는 아이와 가까워지고 불도에서 멀어진다는 것을 알 수 있다. 비록 뜻을 얻었다고 할 수는 있어도 말을 잊지는 못한 것이어서,[121] 그릇되게 명예와 이익을 구함이 세속인보다 심하며, 그 편견을 일으키고 그것에 집착하는 상태에 떨어지니, 일이 뚜렷하고 확실하다.

---

119 『華嚴經』권5(T9, 428c)에서 "비유하면 어떤 사람이 물에 떠다니면서 물에 빠질 것을 두려워하다가 목말라 죽어 가는 것처럼, 설한 그대로 행하지 못하고 많이 듣기만 한 것도 또한 이와 같다네.(譬人水所漂。懼溺而渴死。不能如說行。多聞亦如是。)"라고 한 것과, 같은 책 같은 권(T9, 429a)에서 "비유하면 가난한 사람이 밤낮으로 다른 사람의 보물을 헤아리면서도 자신의 몫은 반 푼도 없는 것처럼 많이 듣기만 한 것도 또한 이와 같다네.(譬如貧窮人。日夜數他寶。自無半錢分。多聞亦如是。)"라고 한 것을 합한 것으로 보인다.

120 『大智度論』권6(T25, 107c). 진원의 풀이에서는 본문을 『諸法無行經』에 의거한 것이라고 하였는데, 본 경 권하(T15, 759c)에서는 "若有人分別。貪欲瞋恚癡。是人去佛遠。譬如天與地。"라고 하여, "及道"에 해당하는 부분이 없어서 일치하지 않고, 『大智度論』은 문장이 꼭 일치한다.

121 『莊子』「外物篇」에서 "통발은 물고기를 잡기 위해 사용하는 것이니 고기를 잡으면 그 통발을 잊고, 올무는 토끼를 잡기 위해 사용하는 것이니 토끼를 잡으면 그 올무를 잊으며, 말은 뜻을 얻기 위해 사용하는 것이니 뜻을 얻으면 그 말을 잊는다.(筌者所以在魚。得魚而忘筌。蹄者所以在免。得免而忘蹄。言者所以在意。得意而忘言。)"라고 한 것을 참조할 것.

지금 우리 학도들은 저들과 달리, 명예와 이익을 탐하지 않고 세속의 일을 버리며, 불법을 깊이 믿어 오로지 고요함을 구하며, 오직 분수를 따르는 것을 좋아하고 마음을 닦아 행위를 청결하게 하고 이해한 것이 삿되지 않고 바르다는 것을 증험에 의해 알 수 있다. 우선 유에 집착하는 것을 증익집이라고 하고 무에 취착하는 것을 손감집이라고 한다. 우리가 지향하는 종지는 유와 무를 모두 버리고 텅 비어서 의거할 것이 없는 것을 관찰의 대상으로 삼는다. 관찰하는 모양이 이와 같다면 어찌 근심할 만한 것이 있겠는가?

問。如經言。譬如貧乞兒。日夜數他寶。不能如說行。多聞亦如是。又言。若有人分別。婬[1]癡及道。是人去佛遠。猶如天與地。是知。多聞。有所得見。與乞兒近。去佛道遠。雖曰得意。而不忘言。橫求名利。甚於俗人。其墮偏執。事在灼然。令[2]我學徒。與彼一殊。不殉名利。捐棄俗事。深信佛法。專求寂靜。唯樂隨分。修心潔行。驗知所解非邪是正。且復執有曰增。取無曰損。我所趣宗。有無俱遣。蕭[3]然無據。以爲所觀。觀狀如是。何得爲患。

1) ㉾ '婬' 뒤에 '怒'가 있다.(갑본) 2) 『韓國佛敎全書』의 저본인 『大正新修大藏經』 수록본에 따르면 '令'은 '今'이다. 3) ㉾ '簫'는 '蕭'인 것 같다.

답 명예와 이익을 좇는 이가 도를 등지고 세속을 향한다면, 그가 이치를 잃는 것이 어찌 애석해할 만한 것이겠는가? (다만 지금 이들은) 세속의 그물을 끊는 것을 감수하고 장차 도의 세계(道方)로 나아가려고 하여 약을 복용하고도 질병에 걸렸으니 매우 불쌍히 여길 만하다.

우선 자신의 미혹을 알아차린 사람은 크게 미혹된 것이 아니고, 자신의 어둠을 아는 사람은 지극히 어두운 것은 아니다. 만약 그대의 마음 작용이 법상法相에 어긋나지 않아서, 진실로 의타기의 도리를 비방하여 없애지 않기 때문에 유에 집착하지 않지만 무에 떨어진 것도 아니라면, 그대는 스스로 극단을 떠나고 중도에 현묘하게 계합하여 저들 부류에 속하지 않고 저들을 홀연히 박차고 일어난 것이다. 비록 그렇다고 하더라도 자신이 중도에 계합한 것은 옳고 다른 사람의 견해는 옳지 않다고 한다면 도리어 극단의 집착에 떨어지는 것이니 청정한 지혜라고 할 수 없다.

答。逐名利者。背道向俗。其爲失理。何足可惜。堪絕世綱。[1] 將趣道方。服藥成疾。甚爲可傷。且覺自迷者。非大迷矣。知自闇者。非極闇矣。設使子之心行。不違法相。實不誹撥依他道理。故不執有。而不墮無者。子自離邊。玄會中道。不在彼類。那忽跳赴。[2] 雖然自是於中。而非於他者。還墮邊執。猶非淨智。

1) ㉑ '綱'을 '網'이라고 하였다.(갑본) 2) ㉑ '赴'를 '起'라고 하였다.(갑본)

집 『화엄경』 권5에서 "가난한 사람이 밤낮으로 다른 사람의 보배를 헤아리면서도 자신의 몫은 반 푼도 없는 것처럼, 많이 듣기만 한 것도 또한 이와 같다.[이상]"[122]라고 하였고, 『제법무행경諸法無行經』 권하에서 "탐욕은 열반이고 분노와 어리석음도 또한 이와 같네. 이 세 가지 일 가운데 한량없는 불도가 있네. 어떤 사람이 탐욕·분노·어리석음을 (불도와) 분별한다면 이 사람은 부처님과 멀어짐이 하늘과 땅과 같으리. 보리와 탐욕은 동일하지도 않고 다르지도 않으니, 모두 하나의 법문에 들어가고 평등하여 다름이 있지 않네.[이하 생략]"[123]라고 하였고, 또 말하기를 "어떤 사람이 계를 지키는 것이라거나 계를 훼손하는 것이라거나 하며 분별하면서 계율을 지키는 것에 골몰하여 다른 사람을 경멸한다면, 이 사람은 보리를 얻을 수 없고 또한 불법도 지니지 못하니, 단지 스스로 얻을 것이 있다는

---

122 『華嚴經』 권5(T9, 429a).
123 『諸法無行經』 권하(T15, 759c).

견해에 확고하게 안주하는 것에 지나지 않는다네.【이하 생략】"[124]라고 하였다. 이상은 두 경에서 본문을 모두 실은 것이다. 그러나 『요기』에서 인용한 것은 그 말을 약간 바꾸었다.

花嚴經第六[1]云。譬如貧窮人。日夜數他寶。自無半錢分。多聞亦如是。【已上】諸法無行經下卷云。貪欲是涅槃。恚癡亦如是。於此三事中。有無量佛道。若有人分別。婬[2]欲瞋恚癡。是人去佛遠。譬如天與地。菩提與貪欲。是一而非二。皆入一法門。平等無有異。【云】又云。若有人分別。是持戒破[3]戒。以持戒□[4]故。輕蔑於他人。是人無菩提。亦無有佛法。但自安住立。有所得見中。【云云】已上二經。具載本文。而記所引。少變其語。

1) ㉴『華嚴經』에 따르면 '六'은 '五'인 것 같다. 2) ㉴『諸法無行經』에 따르면 '婬'은 '貪'이다. 3) ㉴ '破'는 '毁'인 것 같다. 4) ㉴『諸法無行經』에 따르면 □는 '狂'이다.

무릇 이 질문은 앞에서 설한 두 종류의 손감집을 일으키는 이를 어리석은 사람이라고 한 것[125]과 관련하여 일어난 것이다. 이것은 비록 손감으로 인해 일어난 것이지만 또한 증익에도 통하는 것이다. 글을 살펴보면 알 수 있을 것이다.

凡此問者。乘前二類損減。名爲愚人。而所起也。此雖因損減而生。亦通增益。尋文可知。

---

124 『諸法無行經』 권하(T15, 759c).
125 『요기』에서 세 번째 쌍으로 증익과 손감을 들고, 손감 부분에서 "이 손감의 견해를 일으키는 사람은 간략하게 두 가지 어리석음에 의거하여 불법을 잃고 파괴하기 때문에 중죄를 이룬다. 첫째는 하열한 것을 들어 올려 높은 것이라고 하는 어리석음이고, 둘째는 적은 지식에 의한 견해를 자랑하면서 많은 지식에 의한 견해를 비방하는 어리석음이다."라고 한 것을 가리킨다.

기 경의 게송에서 "다른 사람의 법을 인정하지 않는 사람을 어리석은 사람이라고 하네. 희론을 지닌 이는 모두 크게 어리석은 사람이라네. 만약 자신이 옳다고 여기는 견해에 의지하면 온갖 희론이 생겨나니, 이것을 청정한 지혜라고 한다면 청정한 지혜가 아닌 것이 없으리."[126]라고 한 것과 같다.

> 如經偈云。不肯受他法。是名愚癡人。諸有戲論者。皆是大愚人。若依自是見。而生諸戲論。設此爲淨智。無非淨智者。

집 『대지도론大智度論』 권1에서 "『중의경衆義經』[127]에서 게송으로 설하여 '각각 자신이 세운 견해에 의거하여 희론이 다투어 일어나네. 그것이 옳지 않다는 것을 알 수 있다면 이것이 바른 법을 아는 것이네. 이것을 아는 것이 진실을 아는 것이고 알지 못하는 것이 법을 비방하는 것이네. 다른 사람의 법을 받아들이지 않기 때문이니 이는 지혜가 없는 사람이네. 온갖 희론을 지닌 사람은 모두 지혜가 없는 것이네. 만약 자신이 주장하는 법에 의지하면 온갖 희론이 생겨나니, 이것을 청정한 지혜라고 한다면 청정한 지혜가 아닌 것이 없으리.'라고 한 것과 같다.[이상]"[128]라고 하였

---

126 출처는 바로 뒤에 나오는 진원의 풀이와 그에 대한 역자의 주석을 참조할 것.
127 『중의경衆義經』: 몇몇 문헌에서 그 명칭이 언급되기는 하지만 현재 한역 경전에서 독립된 문헌으로 전해지는 것은 없다. 에띠엔 라모뜨 역주 『大智度論』에서 "본 경은 빨리어본 Sutta-nipāta에 수록되어 있다. 범본으로는 Atharga(의미품)라는 이름으로 전해지는데 그 일부 단편이 동투르키스탄에서 발견되었다. 같은 계열의 경전으로 지겸支謙이 한역한 『義足經』(T4, No.198)이 있다. 그런데 여기에는 헛되이 쟁론하지 말 것을 가르치는 글은 있지만 『大智度論』의 인용문과 꼭 같은 글은 나오지 않는다." 등이라고 한 것을 참조할 것.
128 『大智度論』 권1(T25, 60c). 단, 『요기』 본문에 실린 『衆義經』 인용문과 진원의 풀이에서 인용한 『衆義經』 인용문은 차이가 있다. 곧 차례대로 "是名愚癡人→是則無智人/皆是大愚人→悉皆是無智/設此爲淨智→若是爲淨智"라고 하여 글자에 변화가 있다. 판본의 차이에 의거한 것으로 보이고, 어느 것이든 그 내용에는 변화가 없기 때문

다. 지금 『요기』에서 인용한 것은 끝의 두 게송이다. 그 말은 약간 달라졌지만 대체적인 뜻은 어긋나지 않는다. 자신의 견해에 집착하여 다른 사람의 법을 받아들이지 않으면, 이것은 극단에 집착하는 것이기 때문에 어리석은 사람이라 한다. 법은 분별을 떠났고 말에 의해 미칠 수 있는 것이 아닌데, 희론이 생겨난다면 어찌 청정한 지혜라고 할 수 있겠는가? 글의 뜻이 이와 같으니 생각해 보면 알 수 있을 것이다.

智論第一云。如衆義經中偈說。¹⁾ 各各自依法。²⁾ 戲論起諍競。若能知彼非。是爲知正法。知此爲知實。不知爲謗法。不受他法故。是則無智人。諸有戲論者³⁾ 悉皆是無智。⁴⁾ 若依自見法。⁵⁾ 而生諸戲論。若是爲⁶⁾淨智。無非淨智者。【已上】今記所引。末後二偈。少變其語。大義無乖。若執自見。不受他法。是則邊執。故名愚人。法離分別。非言所及。而生戲論。何名淨智。文意如斯。思而可悉。

1) ㉠ 『大智度論』에 따르면 '說' 앞에 '所'가 누락되었다. 단, 그 미주에 따르면 송본에서는 '說'을 '所說'이라고 하였다. 2) ㉠ 『大智度論』에 따르면 '法'은 '見'이다. 단, 그 미주에 따르면 성본聖本·석본石本에서는 '見'을 '法'이라고 하였다. 3) ㉠ 『大智度論』에 따르면 '諸有戲論者'는 '作是論議者'이다. 단, 그 미주에 따르면 성본과 석본에서는 '作是論議者'라고 하였다. 4) ㉠ 『大智度論』에 따르면 '悉皆是無智'는 '眞是愚癡人'이다. 또 그 미주에 따르면 성본과 석본에서는 '皆是大愚人'이라고 하였다. 5) ㉠ 『大智度論』에 따르면 '見法'은 '是見'이다. 단, 그 미주에 따르면 송본·원본·명본·궁본에서는 '見法'이라고 하였다. 6) ㉠ 『大智度論』에 따르면 '是爲'는 '此是'이다. 단, 그 미주에 따르면 송본·원본·명본·원본에서는 '是爲'라고 하였다.

기 만약 그대의 견해가, 악취공에 떨어져 인연에 의한 유有를 비방하여 없애고 (그렇게 하여) 또한 그 무無도 없애 버려서[129] 가장 극단적인 형태의 손감이지만, 스스로 알아차리지 못한 것이라면, 그대가 가장 도에서

에, 교감주에 판본과 관련된 내용을 밝히고 번역은 각각의 본문에 의거하였다.
129 변계소집이 발생할 수 있는 근거로서의 의타기의 유를 부정함으로써, 결국 변계소집의 무도 또한 무너뜨리는 결과를 낳는 것을 말한다.

먼 것이니 도리어 걸식하는 아이와 가깝다고 할 수 있다.

> 設使子之見解。墮惡取空。誹撥緣有。亦撥其無。最極損減。而不自覺者。唯子最遠於道。乃還近於乞兒。

집 이하는 앞의 두 경¹³⁰을 총괄적으로 합한 것이다. 유와 무를 모두 없애니 가장 극단적인 형태의 손감이기 때문에, 도를 떠남이 멀고 또한 도리어 가난하여 걸식하는 아이와 가까운 것이다.

> 自下總合前二經也。有無俱撥。最極損減。故去道遠。亦還近於貧乞兒矣。

기 마치 걸식하는 아이가 "보물이 많은 사람은 부유하고 재물이 적은 사람은 가난하다. 나는 많은 보배도 없고 조금의 재물도 없다. 텅 비어서 의거할 것이 없기 때문에 나는 가난하지 않다."라고 하는 것처럼 지금 그대가 말하는 것도 그것과 같다. 이에 많은 것도 없고 적은 것도 없다는 것은 가장 극단적인 형태의 가난함이고, 유를 없애고 무를 없애는 것은 가장 극단적인 형태의 손감이라는 것을 알 수 있다.

> 如乞兒云。多寶者富。少財者貧。我無多寶。亦無少財。簫¹⁾然無據。故我非貧。今子所言。與彼同焉。是知。無多無少者。最極貧窮也。撥有撥無者。最極損減也。

---
1) ㉠ '簫'는 '蕭'인 것 같다.

집 이하는 개별적으로 앞의 『화엄경』의 비유를 실제 내용에 적용한 것

---
130 앞의 두 경 : 문에서 인용한 『華嚴經』과 『諸法無行經』의 글을 가리킨다.

이다. 이 사람은 유와 무를 모두 버렸으니 곧 걸식하는 아이와 같다. 미혹에 의한 집착에 빠진 것은 삼성三性에 의거하면 각각 네 구절과 여섯 구절로 차별화할 수 있다. 이 가운데 의타기성의 공과 유에 대해서는 예로부터 쟁론이 있어 왔다. 『요기』의 저자인 원효가 『십문화쟁론十門和諍論』과 『능가종요』에서 여러 가지 설을 두루 제시하고, 질문하고 대답하는 형식으로 따지며 파척하여 도리어 대승의 매우 심오하고 바른 뜻을 드러내었다.【지금 『요기』에서는 통틀어서 삼성과 이제에 의거하였다.】

已下別合前花嚴也。此有無俱遣。則同貪乞兒。沈迷執。約對三性。各有四句六句不同。於中依他空有。則是古來諍論。記主十門和諍論幷楞伽宗要。廣擧諸說。往復徵破。還顯大乘甚深正義。【今記通約三性二諦。】

그 여러 가지 설이라는 것은, 우선 네 가지 설을 열거하면 유有이고 무無이며, 유이기도 하고 무이기도 한 것(亦有亦無)이고, 유도 아니고 무도 아닌 것(非有非無)이다. 만약 얻음과 잃음을 판별한다면, 집착을 일으키면 네 구절이 모두 옳지 않고 집착을 떠나면 네 구절이 모두 옳다. 네 구절이 모두 옳으니 바로 바른 뜻을 드러내고, 네 구절이 모두 옳지 않으니 바로 파척한다. 네 구절이 모두 옳지 않은 것 가운데 처음의 두 가지는 지금 글에서 설한 손감의 두 가지 집착이다. 이것과 관련하여 질문하고 대답한 단락은 바로 저 제4구에 해당한다. 『요기』에는 저 유이기도 하고 무이기도 하다는 구절에 상응하는 글은 생략하여 없는데, 이는 바로 손감에 포함된다. 그 뜻은 알 수 있을 것이다.

네 구절을 모두 취하는 것은 섞이고 어지러운 견해이고, 네 구절을 모두 여읜 것은 가장 극단적인 형태의 무견無見이니, 바로 여섯 구절을 이룬다.

其諸說者。且列四說。有。無。亦有亦無。非有非無。若判得失。起執則四句
皆非。離執則四句咸是。四句咸是。卽顯正義。四句皆非。卽是破斥。四句
非中初二。今文損減二執。此問答段。卽當彼之第四句也。而今記略無彼亦
有亦無之句。卽損攝。其義可知。合取四句。是雜亂見。竝離四句。最極無
見。卽成六句。

합하고 거두는 관점에 따르면, 비록 네 구절과 여섯 구절에 의거하여
파척할지라도 요점을 취하면 오직 증익과 손감이 있을 뿐이다. 그러므로
두 가지 집착을 합하면 도리어 여러 가지 견해를 포함한다.

유이기도 하고 무이기도 한 것(雙亦)은 유에 포함되고, 유도 아니고 무
도 아닌 것(雙非)은 무에 포함된다. 그 질문하고 답변한 단락에서 거듭하
여 손감에 나아가서 이것을 파척하였다. 설령 여섯 구절 등이라고 할지라
도 앞의 두 가지를 넘어서지 않는다. (앞의 논의를) 준거로 삼아 생각하면
알 수 있을 것이다.

若就合攝。雖約四句六句破斥。取要唯在增益損減。故合二執。還攝諸見。
雙亦有攝。雙非無攝。其問答段。重就損減。以破斥之。縱六句等。不出前
二。思准可悉。

[기] 그러나 지극한 도리는 매우 희미하여 옳고 그름을 분간할 수 없고,
마음 작용은 매우 은밀하여 얻음과 잃음을 분별하기 어렵다.

然至道昏昏。是非莫分。心行蜜蜜。[1] 得失難別。

1) ㉑ '蜜蜜'을 '密密'이라고 하였다.(갑본)

[집] "지극한 도리"와 "마음 작용"을 모두 혜관慧觀이라고 하니, 지극한

도리는 관행觀行보다 앞서는 것이 없음을 말한다. 혹은 도에 의해 과에 이를 수 있기 때문이니, 요인了因[131]을 지어 열반의 과에 이르고 또 생인生因[132]을 지어 보리의 과에 이르는 것을 말한다. 그러므로 "지극한 도리"라고 하였다.

至道心行。同名慧觀。謂至極道。莫先觀行。或以道能至於果故。謂作了因。至涅槃果。又作生因。至菩提果。故云至道也。

기 오직 과거세에 심은 선근으로 품성이 질박하고 정직하여 아만我慢을 깊이 조복하고 선지식을 가까이하는 사람이라야, 우러러 성전聖典에 의지하여 마음의 거울로 삼고 스스로 내면을 자세히 관찰하여 미세한 마음 작용을 자세히 알 수 있다. 이와 같이 할 수 있는 사람이라면 다행히 악취공의 병을 다스릴 수 있을 것이다. 앞의 (게송에서 악취공에 빠진 이는) "어떤 부처님도 교화하지 못하시네."라고 한 것은 그들로 하여금 스스로 내면에 경계심을 일으켜 고치게 하기 위해서이다. 그러므로 도리어 모든 부처님께서 교화하였으니 교화하지 못한다는 말에 의해 스스로 교화하게 만들었기 때문이다.[133]

唯有宿殖善根。稟性質直。深伏我慢。近善知識者。仰依聖典。以爲心鏡。自內審觀。熟微心行。若能如是之人。幸治惡取空病。向說諸佛所不化者。爲欲令彼自內驚改。是故還爲諸佛所化。以不化言。使自化故。

---

131 요인了因 : ⑤ jñāpaka-hetu. 실상을 분명히 알 수 있게 하는 원인이 되는 것. 예를 들면 등불이 사물을 비추는 것과 같은 것이다. 이때 등불이 바로 요인이다.
132 생인生因 : ⑤ kāraka-hetu. 결과를 생성시키는 원인. 예를 들면 종자에서 싹이 나오는 것과 같은 것이다. 이때 종자가 바로 생인이다.
133 여기까지가 앞의 질문에 대해 답변한 부분이다.

집 『해심밀경解深密經』 권2(「무자성상품」이다.)에서 "만약 여러 유정이 이미 상품의 선근을 심었고, 이미 여러 가지 장애를 청정하게 하였으며, 이미 상속을 성숙하게 하였고, 이미 승해勝解[134]를 많이 닦았으며, 이미 상품의 복덕과 지혜의 자량을 쌓고 모았다고 하자. 그가 만약 이러한 법을 잘 듣고서 나의 매우 심오하고 비밀스러운 뜻을 담은 언설을 여실히 알고, 이러한 법에 대해 깊이 믿고 이해하는 마음을 일으키며, 이러한 뜻에 대해 전도가 없는 지혜로 여실히 통달한다면, 이렇게 통달한 것에 의거하여 잘 수습하기 때문에 가장 지극한 궁극적 경계를 속히 증득한다.(이하 생략)"[135]라고 하였고, 또 말하기를 "만약 여러 유정이 이미 상품의 선근을 심고(중략) 그 성품이 질박하고 정직하다고 하자. 질박하고 정직한 부류의 사람이라면, 비록 사유하고 결택하여 폐기하거나 건립할 능력은 없더라도, 자신의 견해에 취착하는 태도에 안주하지 않는다. 그가 만약 이러한 법을 잘 듣고 나서 나의 매우 심오하고 비밀스러운 뜻을 지닌 언설을 여실히 알 수 있는 능력은 없더라도 이 법에 대해 승해를 일으킨다.(이하 생략)"[136]라고 하였다.

深密經第二(無自性[1)]品)云。若諸有情。已種上品善根。淸[2)]淨諸障。已成熟相續。已多修勝解。已能積集上品福德智慧資糧。彼若聽聞如是法已。於我甚深密意言說。如實解了。於如是法。深生信解。於如是義。以無顚[3)]慧。如實通達。依此通達。善修習故。速疾能證最極究竟。(云云) 又云。若諸有情。已種上品善根。(乃至) 其性質直。是質直類。雖無力能思擇撥[4)]立。而不安住自見取中。彼若聽聞如是法已。於我甚深祕密言說。雖無力能如實解了。然於此法。能生勝解。(云云)

---

134 승해勝解 : 인식 대상에 대해 그것이 어떤 것인지를 확인하고 아는 마음 작용이다.
135 『解深密經』 권2(T16, 695b).
136 『解深密經』 권2(T16, 695b).

1) ㉠『解深密經』에 따르면 '性' 뒤에 '相'이 누락되었다. 2) ㉠『解深密經』에 따르면 '淸' 앞에 '已'가 누락되었다. 3) ㉠『解深密經』에 따르면 '顚'은 '倒'이다. 4) ㉠『解深密經』에 따르면 '撥'은 '廢'이다.

기

㉮ 만약 이것과 관련하여 스스로 마음의 병을 관찰하려면 어떤 경전에 의거해야 가장 밝게 비출 수 있겠는가?

問。若欲於此。自察心病。依何等典。最爲明鏡。

㉯『대반야경』권331에서 "(보살은) 모든 유정이 몸과 마음에 병을 지니고 있는 것을 본다. 몸의 병에는 네 가지가 있다. 첫째는 풍병風病이고 둘째는 열병熱病이며, 셋째는 담병痰病이고 넷째는 풍병 등의 여러 가지가 섞여서 일어나는 병이다. 마음의 병에도 또한 네 가지가 있다. 첫째는 탐욕의 병이고 둘째는 분노의 병이며, 셋째는 어리석음의 병이고 넷째는 오만함 등의 여러 가지 번뇌의 병이다.【이상】"¹³⁷라고 하였다.

마음의 병은 비록 많지만 총괄적으로 거두면 네 가지이다. 지금 질문에서 제시한 것¹³⁸은 우선 뒤의 두 가지에 의거한 것이다. 모든 견해의 원인(가운데 가장) 근본이 되는 것은 어리석음과 오만함이다. 만약 이 두 가지가 소멸된다면 견해는 발생하지 않기 때문이다.

大般若經第三百三十一云。見諸有情。具身心病。身病有四。一者風病。二者熱病。三者淡¹⁾病。四者風等種種雜病。心病亦四。一者貪病。二者嗔病。三者癡病。四者慢等諸煩惱病。【已上】心病雖多。總收爲四。今問所擧。且約

137『大般若經』권331(T6, 695c).
138『요기』에서 "마음의 병"이라고 한 것의 내용을 가리키는 말이다.

後二。諸見所因。癡慢爲本。若滅此二者。見不生故也。

1) ㉩『大般若經』에 따르면 '淡'은 '痰'이다.

기

답『해심밀경』에서 말한 것과 같다.

答。如深蜜¹⁾經言。

1) ㉤ '蜜'을 '密'이라고 하였다.(갑본)

만약 여러 유정이 성품이 질박하고 정직하지 않다고 하자. 질박하고 정직하지 않은 부류의 사람은 비록 사유하고 결택하여 폐기하거나 건립할 능력은 있더라도, 다시 자신의 견해에 취착하는 태도에 안주한다. 그가 만약 이러한 법을 듣는다면 나의 매우 심오하고 비밀스러운 뜻을 담은 언설을 진실 그대로 이해할 수 없다. 이러한 법에 대해 비록 믿고 이해하는 마음을 일으킨다고 해도 그 의미(義)에 대해 말 그대로 집착하여 '모든 법은 결정코 모두 자성이 없고, 결정코 생겨나지도 않고 소멸하지도 않으며, 결정코 본래 고요하며, 결정코 자성自性이 열반涅槃이다.'라고 한다.

이 인연에 의해 일체법에 대해 무견無見과 무상견無相見을 얻고, 이러한 견해에 의해 일체의 상相이 모두 무상無相이라고 하여 부정해 버리며, 제법의 세 가지 성상(변계소집상과 의타기상과 원성실상)을 비방하여 부정한다. 무엇 때문인가? 의타기상과 원성실상이 있기 때문에 변계소집상이 비로소 시설될 수 있다. 만약 두 가지 상(의타기상과 원성실상)에 대해 무상이라는 견해를 내면 그는 또한 변계소집상도 비방하여 부정하는 것이다. 그러므로 그가 세 가지 상을 비방하여 부정한다고 말한다.

그가 비록 법에 대해 믿고 이해하는 마음을 일으켰기 때문에 복덕이 늘어났다고 해도 그릇된 뜻에 집착을 일으키기 때문에 지혜를 잃고, 지혜를 잃기 때문에 광대하고 한량없는 선법善法을 잃는다.[139]

若諸有情。[1] 性非質直。非質直類。雖有力能思擇廢立。而復安住自見取中。聽[2]聞。[3] 甚深密意之[4]說。而無力[5]能如實解了。於如是法。雖生信解。而[6]於其義。隨言執著。謂一切法。決定皆無自性。決定不生不滅。本[7]來寂靜。自[8]性涅槃。由此因緣。於一切法。獲得無見及無相見。由是[9]見故。撥一切相。皆爲[10]無相。誹撥諸法三種性相。[11] 何以故。由有依他起相及圓成實相故。故[12]遍計所執相。方可施設。若於二相。[13] 見爲無相。彼亦誹撥遍計所執相。是故。說彼誹撥三相。[14] 彼雖於法。起信解故。福德增長。然於非義。起執著故。退失智慧。智慧退故。退失廣大無量善法。

1) ㉲『解深密經』에 따르면 '情' 뒤에 생략된 글이 있다. 2) ㉲『解深密經』에 따르면 '聽' 앞에 '彼若'이 생략되었다. 3) ㉲『解深密經』에 따르면 '聞' 뒤에 '如是法已於我'가 누락되었다. 4) ㉲『解深密經』에 따르면 '之'는 '言'이다. 5) ㉲『解深密經』에 따르면 '而無力'은 '能'이다. 6) ㉲『解深密經』에 따르면 '而'는 '然'이다. 7) ㉲『解深密經』에 따르면 '本' 앞에 '決定'이 누락되었다. 8) ㉲『解深密經』에 따르면 '自' 앞에 '決定'이 누락되었다. 9) ㉲『解深密經』에 따르면 '是'는 '得無見無相'이다. 지은이가 임의로 요약한 것으로 보인다. 10) ㉲『解深密經』에 따르면 '爲'는 '是'이다. 11) ㉲『解深密經』에 따르면 '三種性相'은 '遍計所執相依他起相圓成實相'이다. 지은이가 임의로 요약한 것으로 보인다. 12) ㉲『解深密經』에 따르면 '故'는 연자이다. 13) ㉲『解深密經』에 따르면 '二相'은 '依他起相及圓成實相'이다. 지은이가 임의로 요약한 것으로 보인다. 14) ㉲『解深密經』에 따르면 '相' 뒤에 생략된 글이 있다.

집 그 책(『해심밀경』) 제2권에 나온다. 여기에서 인용한 것은 말이 약간 변하고 생략되었다. 그러나 뜻은 어긋나지 않는다. 그것과 대조해 보면 알 수 있을 것이다.

出彼第二卷。此中所引。言少變略。然義不乖。對彼可見。

---

139 『解深密經』 권2(T16, 695c).

"모든 법은 결정코 모두 자성이 없다." 등이라고 한 것은 『무성섭론無性攝論』 권5에서 "이와 같이 어리석은 범부가 집착하는 모든 법은 전혀 있지 않은 것이다. 그러므로 대승에서는 모든 법이 다 자성이 없다는 것을 인정한다.[중략] 자성이 없기 때문에 생겨남이 있지 않고 생겨남이 없기 때문에 소멸함도 있지 않다. 생겨나고 소멸함이 없기 때문에 본래 고요하고 본래 고요하기 때문에 자성이 열반이다.[이상]"[140]라고 하였으니, 단지 집착한 것에 의지하여 제법의 공을 설했지만 뜻을 이해하지 못하고 말 그대로 의미(義)에 집착하는 것이다.

言謂一切法決定無等者。無性攝論第五云。如是愚夫。所執者[1]法。都無所有。故大乘中。許一切法。皆無自性。【乃至】由無自性故無有生。[2] 故卽無有滅。無生滅故本來寂靜。本寂靜故自性涅槃。【已上】但依所執。說諸法空。而不解意。如言執義。

1) ㉝『攝大乘論釋』에 따르면 '者'는 '諸'이다. 2) ㉝『攝大乘論釋』에 따르면 '生' 뒤에 '由無生'이 누락되었다.

"무견과 무상견"이라는 것은 그 경의 소【서명西明[141]이 지었다.】 권5에서 말하였다.

言無見及無相見者。彼經疏【西明】第五云。

---

140 『攝大乘論釋』 권5(T31, 408b).
141 서명西明 : 당나라 때 고종이 창건한 서명사西明寺를 가리키는 말. 이 절에 주석했던 고승의 별칭으로 자주 쓰인다. 예를 들면 원측圓測·도선道宣 등이 그러한데, 여기에서는 원측을 가리킨다. 원측(613~696)은 신라 출신의 법상종 스님이다. 법상法常·승변僧辯 등에게 배우고 『成實論』·『俱舍論』·『大毘婆娑論』 등에 통달하였다. 칙명에 의해 서명사에 머물렀다. 현장玄奘이 인도에서 돌아와 개설한 역장에 참여하였다. 현장 문하의 두 갈래 흐름 중 하나를 주도하였는데, 다른 한 갈래는 규기窺基가 주도하였다. 저술로 『成唯識論疏』·『解深密經疏』 등이 있다.

이러한 집착의 인연에 의거하여 일체법에 대해 두 가지 견해를 얻으니, 첫째는 무견이고 둘째는 무상견이다.

그런데 이 두 가지 견해에 대해서는 예전부터 두 가지 해석이 있다.

한 가지 해석은 다음과 같다. "무견이라는 것은 의타와 원성실을 덜어 없애는 것이고, 무상견이라는 것은 변계소집의 여명언상如名言相을 덜어 없애는 것이다."

다른 한 가지 해석은 다음과 같다. "무견이라는 것은 곧 『대법경경大法鏡經』[142]에서 설한 28가지 바르지 않은 견해 가운데 첫 번째인 상견相見이고 무상견이라는 것은 바로 다음의 세 가지 견해이니, 손감시설견損減施設見과 손감분별견損減分別見과 손감진실견損減眞實見[143]이다. 그러므로 『대승아비달마잡집론』에서 그 경을 해석하여 말하기를, "상견이라는 것은 대승경전에서 설한 일체의 제법은 모두 자성이 없고 생겨나지도 않고 소멸하지도 않으며, 본래 고요하며, 자성이 열반이라고 한 것 등의 말을 듣고 비밀스러운 뜻을 잘 알지 못하고 단지 이 말의 뜻에 따라 바로 승해를 일으키는 것이다. 말하자면 부처님께서 설한 일체의 제법이 결정코 자성이 없고 결정코 생겨나지 않는 것 등에 대해, 이러한 무성無

---

142 『대법경경大法鏡經』: 경록에 그 명칭이 보이지 않는다. 다만 『大乘阿毗達磨集論』・『大乘阿毗達磨雜集論』・『宗鏡錄』 등에 본 경의 명칭과 본 경에서 28가지 바르지 않은 견해를 설한 것을 인용한 글이 보인다. 『大乘阿毗達磨雜集論』 권12(T31, 751a)에 따르면 본 경에서 설한 28가지 바르지 않은 견해란 상견相見・손감시설견損減施設見・손감분별견損減分別見・손감진실견損減眞實見・섭수견攝受見・전변견轉變見・무죄견無罪見・출리견出離見・경훼견輕毀見・분발견憤發見・전도견顚倒見・출생견出生見・불립종견不立宗見・교란견矯亂見・경사견敬事見・견고우치견堅固愚癡見・근본견根本見・어견무견見於見無見・사방편견捨方便見・불출리견不出離見・장증익견障增益見・생비복견生非福見・무공과견無功果見・수욕견受辱見・비방견誹謗見・불가여언견不可與言見・광대견廣大見・증상만견增上慢見이다.
143 손감시설견損減施設見과 손감분별견損減分別見과 손감진실견損減眞實見: 『成唯識論疏義蘊』(X49, 810c)에 따르면 손감시설견은 부처님께서 설한 삼성三性을 비방하는 것이고, 손감분별견은 부처님께서 설한 삼성을 바르게 이해하지 못하는 것이며, 손감진실견은 진실한 뜻에서 물러나 다시 정진하고 닦지 않는 것이다.

性 등의 상에 집착하니, 이것을 상견이라고 한다. 그가 이와 같이 무성 등의 상에 집착할 때 바로 세 가지 성을 비방하여 부정하게 된다. (이 세 가지 성을) 비방하고 부정하는 행을 일으키면 바로 다음에 세 가지 견해가 일어나니 손감시설견과 손감분별견과 손감진실견이다."[144]라고 하였는데, 자세한 것은 그곳에서 해석한 것과 같다. 저것(『대승아비달마잡집론』)과 이 경(『해심밀경』)은 명칭에 차별이 있는 것이니, 저기에서는 무성 등의 상에 집착하는 것을 상견이라고 하였고 여기에서는 행해行解의 관점에서 유를 무라고 집착하는 것을 무견이라고 하였다. 저기에서는 삼성의 이치를 손감하는 것에 의거했기 때문에 손감견이라고 하였고, 여기에서는 삼성의 상을 부정하여 없애는 것에 의거했기 때문에 무상견이라고 하였다.【이상】"[145]

由此執着因緣故。於一切法。獲得二見。一者無見。二者無相見。然此二見。自有兩釋。一云。無見者。撥無依他及圓成實。無相見者。撥無所執如名言相。一云。無見者。卽大法鏡經卄八不正見中第一相見。無相見者。卽次三見。謂損減施設見。損減分別見。損減眞實見。故雜集論釋彼經云。言[1]相見者。謂聞大乘經中所說。一切諸法。皆無自性。無生無減。本來寂靜。自性涅槃等言。不善密意。但隨此言義。便生勝解。謂佛所說。一切諸法。定無自性。定無生等。執如是無生[2]等相。是名相見。執[3]着如是無性[4]相時。便謗三性。[5] 起誹謗行。卽次三見。謂損減施設見。損減分別見。損減眞實見。廣如彼釋。彼與此經。名差別者。彼據執着無性等相。名爲相見。此就行解。說[6]有爲無。名爲無見。彼據損減三性理故。名損減見。此據撥无三性相故。名無相見。【已上】

---

144 『大乘阿毗達磨雜集論』 권12(T31, 751a).
145 『解深密經疏』 권5(X21, 278b).

1) ㉑『大乘阿毗達磨雜集論』에 따르면 '言'은 연자이다. 2) ㉑『大乘阿毗達磨雜集論』과 『解深密經疏』에 따르면 '生'은 '性'이다. 3) ㉑『大乘阿毗達磨雜集論』에 따르면 '執' 앞에 '彼'가 누락되었다. 4) ㉑『大乘阿毗達磨雜集論』에 따르면 '性' 뒤에 '等' 이 누락되었다. 5) ㉑『大乘阿毗達磨雜集論』과 『解深密經疏』에 따르면 '性' 뒤에 '於此三性'이 누락되었다. 6) ㉑『解深密經疏』에 따르면 '說'은 '執'이다.

"이러한 견해에 의해" 등이라는 것은 『해심밀경소』에서 말하였다.

由是見故等者。疏云。

그런데 이 글을 해석하는 것에 또한 두 가지 해석이 있다.
한 가지 해석은 다음과 같다. "'무견과 무상견을 얻는 것에 의해(이러한 견해에 의해)'라는 것은 두 가지 견해를 짝하여 앞에 제시한 것이다. '일체의 상이 모두 무상이라고 하여 부정해 버리며'라는 것은 두 가지 견해에 의해 이루어지는 과실을 총괄적으로 나타낸 것이니, 일체의 세 가지 성상性相을 모두 무상이라고 하여 부정해 버리는 것을 말한다. '제법의 (변계소집상과 의타기상과 원성실상이라는 세 가지 상을) 비방하여 부정한다.'라는 것은 세 가지 상을 부정하여 없애는 과실을 개별적으로 나타낸 것이다."

다른 한 가지 해석은 다음과 같다. "'무견과 무상견을 얻는 것에 의해(이러한 견해에 의해)'라는 것은 두 가지 견해를 짝하여 앞에 제시한 것이다. '일체의 상이 모두 무상이라고 하여 부정해 버리며'라는 것은 개별적으로 무견을 나타낸 것이다. '제법의 세 가지 상을 비방하여 부정한다.'라는 것은 개별적으로 무상견을 풀이한 것이다.[이상]"[146]

然釋此文。亦有兩解。一云。由得無見無相見故[1]者。雙牒二見。撥一切相。

---

[146] 『解深密經疏』 권5(X21, 278c).

皆是$^{2)}$無相者。總顯二見所成過失。謂撥一切三種性相。皆是無相。誹謗$^{3)}$
諸法等者。別顯撥三相失。一云。由得無見無相相$^{4)}$見故者。雙牒二見。撥
一切相。皆是無相者。別顯無見。誹謗$^{5)}$諸法等者。別釋無相見。【已上】

1) ㉯ '由得無見無相見故'는 해당 경(『解深密經』)에 있는 글이다. 지금 『요기』에서는 생략하여 '由是見故'라고 한 것이다. 2) ㉯ 지금 『요기』에서는 '是'를 '爲'라고 하였다. ㉠『解深密經』에 따르면 '是'이다. 3) ㉠『解深密經』에 따르면 '謗'은 '撥'이다. 4) ㉠『解深密經』에 따르면 '相'은 연자이다. 5) ㉠『解深密經』에 따르면 '謗'은 '撥'이다.

"무엇 때문인가?"라는 것은『해심밀경소』에서 "따져 묻는 것에 두 가지 뜻이 있다. 한 가지 해석은 다음과 같다. '무엇 때문에 먼저 의타와 원성을 없애고 나중에 소집을 없앤 것인가?' 다른 한 가지 해석은 다음과 같다. '앞에서 두 가지 성은 있는 것이니 덜어서 없애는 것을 말할 수 있지만, 나중의 소집은 없는 것이니 덜어서 없앤다고 하여 무슨 과실이 있다는 말인가?'【이상】"^{147}라고 하였다.

何以故者。疏云。徵有二意。一云。何以先無依他圓成。後無所執。一云。前
二性有。可說撥無。後所執無。撥無何失。【已上】

"만약 두 가지 상에 대해 무상이라는 견해를 내면"이라는 것은『해심밀경』에서 "만약 의타기상과 원성실상에 대해서 무상이라는 견해를 내면"^{148}이라고 하였다.

"그가 비록 법에 대해" 등이라는 것은『해심밀경소』에서 "말하자면 외도가 힐난하여 '이 계위의 보살은 네 가지 일^{149}을 원만하게 갖추었고, 가

147 『解深密經疏』권5(X21, 278c).
148 『解深密經』권2(T16, 695c).
149 네 가지 일 : 앞의 『解深密經』 인용문 중 "상품의 선근을 심었고, 여러 가지 장애를 청정하게 하였으며, (선근의 힘이) 상속하는 것을 성숙하게 하였고, 이미 뛰어난 이해를 많이 닦았으며"라고 한 것을 말한다.

르침을 듣고 믿을 수 있으니, 어떻게 복덕과 지혜의 자량을 갖추지 않겠는가?'라고 하기 때문에 이렇게 통하게 하는 글을 지었다. 그가 비록 법에 대해 청정한 믿음을 일으켰기 때문에 복덕이 늘어났더라도 그릇된 뜻에 집착을 일으켰기 때문에 지혜를 잃고, 지혜를 잃었기 때문에 한량없는 선을 잃는다.【이상】"[150]라고 하였다.

若於二相見爲無相者。經云。若於依他起相及圓成實相。見爲無相。彼雖於法等者。疏云。謂外難云。此位菩薩。四事具足。聞敎能信。如何不具福智資粮。故作此過。[1] 彼雖於法。起淨信故。福德增長。於非義中。起執着故。退失智慧。由退智。[2] 失無量善。【已上】

1) ㉠『解深密經疏』에 따르면 '過'는 '通'이다.　2) ㉠『解深密經疏』에 따르면 '智' 뒤에 '故'가 누락되었다.

기 『유가사지론』에서 말하였다.

瑜伽論云。

한 부류의 사람[151]은 이해하기 어려운 대승과 상응하고 공성과 상응하지만 아직 비밀스러운 의취를 다 분명하게 나타내지 않은 매우 심오한 경전[152]을 설하는 것을 듣고, 말씀하신 것의 뜻을 여실하게 이해하지 못하여 이치와 같지 않게 허망분별虛妄分別을 일으키니, 교묘한 방편의

---

150 『解深密經疏』 권5(X21, 281b).
151 『瑜伽論記』 권9(T42, 508a)에서 "혜경惠景이 말하였다. '이것은 처음 대승을 배우는 사람 가운데 악취공을 일으킨 사람을 파척한 것이다. 그러므로 〈한 부류의 사람〉이라고 하였다.'"라고 하였다.
152 반야계 경전이 아직 요의了義(궁극적 진리를 분명하게 진술한 것)를 설하지 않았다는 것을 나타낸 것이다.

지혜가 없는 것에서 이끌려 나온 심사尋思¹⁵³에 의해 이러한 견해를 일으키고 이러한 학설을 세워서 "일체는 오직 가설된 것(唯假)일 뿐이고 이것을 진실이라고 한다. 이렇게 관찰하면 바르게 관찰한 것(正觀)이라고 한다."라고 한다.

그는 허망하고 가설된 것(虛假)이 의지하는 근거로서 실유實有하는 유사唯事¹⁵⁴를 비유非有라고 하여 없애 버린다. 이러한즉 일체의 허망하고 가설된 것도 모두 무無가 되어 버리니, 어떻게 "일체는 오직 가설된 것일 뿐이고 이것을 진실이라고 한다."라는 주장이 성립될 수 있겠는가?

이 도리에 의거하여 그는 진실과 허망하고 가설된 것에 대해서 두 가지를 모두 부정하여 전혀 있는 것이 없다고 한다.

이것을 가장 극단적으로 무無를 주장하는 사람이라고 한다는 것을 알아야 한다. 이와 같이 없다고 하는 이와 일체의 지혜가 있는 범행을 함께하는 이들은 함께 머물지 말아야 한다.

如有一類。聞說難解。¹⁾ 空性相應。未極顯了密意趣義甚深經典。不能如實解所說義趣。²⁾ 起不如理虛妄分別。由不巧便所引尋思。起如是見。立如是論。一切唯假。是爲眞實。若作是觀。名爲正觀。彼於虛假所依所處。³⁾ 實有唯事。撥爲非有。是則一切虛假皆無。何當得有一切唯假。是爲眞實。由此道理。彼於眞實及與虛假。二種俱謗。都無所有。當知。是名最極無者。如是無者。一切有智同梵行者。不應共住。

---
1) ㉠『瑜伽師地論』에 따르면 '解' 뒤에 '大乘相應'이 누락되었다. 2) ㉯ '趣'가 없

---

153 심사尋思 : 마음이 대상을 접했을 때 일어난, 대상을 알려고 하는 거칠고 조잡한 마음 작용. 상대어는 사찰伺察이다. 심사보다 더 진전하여 미세하게 분별하는 마음 작용을 가리킨다.

154 유사唯事 : ⓢ vastu-mātram. 오직 사상事象으로만 존재하는 것이라는 뜻. 언어 표현의 기체가 되는 것, 곧 언어에 의해 표현되기 이전의 인식 대상인 사물 혹은 사건을 가리키는 말이다.

다.(갑본) ㉰ 『瑜伽師地論』에 따르면 없는 것이 맞다. 3) ㉰ 『瑜伽師地論』에 따르면 '所處'는 '處所'이다.

세존께서 저 비밀스러운 뜻에 의거하여 말씀하시기를, "차라리 한 부류의 아견을 일으키는 사람이 될지언정 한 부류의 악취공을 일으키는 사람은 되지 말라."라고 하셨다.

무엇을 악취공을 일으키는 사람이라고 하는가?

사문 혹은 바라문이 있어서 "저것(B)으로 말미암기 때문에 공"이라고 해도 또한 믿고 받아들이지 않고, "이것(A)에서 공"이라고 해도 또한 믿고 받아들이지 않으니, 이러한 것을 악취공을 일으키는 사람이라고 한다. 무엇 때문인가? "저것(B)으로 말미암기 때문에 공"이라고 하니, 저것(B)은 진실로 무無이고, "이것(A)에서 공"이라고 하니, 이것(A)은 진실로 유有이다. 이러한 도리에 의거하여 공이라고 설할 수 있다. 만약 일체가 전혀 있는 것이 없다(비존재)고 설한다면 어떤 곳에서, 어떤 것을, 어떤 이유로, 공이라고 할 수 있겠는가? 또한 이것(A)으로 말미암아, 이것(A)에서 바로 공이라 한다고도 말하지 말아야 한다. 그러므로 악취공을 일으키는 사람이라고 한다.[155]

世尊依此[1]密意說言。寧如一類起我見者。不如一類惡取空者。[2] 云何名爲惡取空者。謂有沙門或婆羅門。由彼故空。亦不信受。於此而空。亦不信受。如是名爲惡取空者。何以故。由彼故空。彼實是無。於此而空。此實是有。由此道理。可說爲空。若說一切都無所有。何處何者何故名空。亦不應言由此於此即說爲空。是故名爲惡取空者。

---

[155] 『瑜伽師地論』 권36(T30, 488b). A, B는 글을 좀 더 분명히 이해할 수 있도록 하기 위해 역자가 집어넣은 것이다. 여러 주석서에 따르면 B는 변계소집성이라고 보는 것은 거의 일치하지만, A는 의타기성으로 보는 경우도 있고 의타기성과 원성실성을 합한 것으로 보는 경우도 있어서 일치하지 않는다. 뒤에 나오는 진원의 주석을 참조할 것.

---

1) ㉠『瑜伽師地論』에 따르면 '此'는 '彼'이다. 2) 『瑜伽師地論』에 따르면 '者' 뒤에 많은 문장이 생략되었다.

이 밖에도 자세하게 설하였다.[156]

乃至廣說。

일단 본질에서 벗어난 논의는 그만두고 다시 본래의 종지를 맺도록 한다. 지키는 것과 범하는 것의 경·중과 관련하여 간략한 모양은 앞에서 설한 것과 같다.

且止傍論。還結本宗。持犯輕重。略相如前。

집 저 논 권36에 나오는 것이다. 이것은 처음 대승을 배우는 사람 가운데 악취공을 일으키는 사람을 파척하는 것이기 때문에 "한 부류의 사람"이라고 하였다.

부처님께서 처음 불도를 이루고 성문인聲聞人[157]을 위해 사제四諦[158]의 가르침을 설하여 네 가지 과(四果)[159]를 얻게 하였다. 그런데 그 가운데 부

---

156 여기까지가 질문에 대해 답변한 부분이다.
157 성문인聲聞人 : 성문승聲聞乘과 같은 말. 부처님의 가르침을 직접 듣고 사제의 이치를 관찰하여 아라한과阿羅漢果를 얻어 회신멸지灰身滅智의 열반에 도달하는 근기를 가진 이를 일컫는 말이다.
158 사제四諦 : 성문승을 깨달음으로 이끄는 네 가지 근본적인 진리. 고제苦諦(일체는 고통이라는 진리)·집제集諦(고통의 원인은 집착이라는 진리)·멸제滅諦(고통을 소멸한 경지인 열반이 있다고 하는 진리)·도제道諦(고통의 소멸로 이끄는 실천도가 있다는 진리) 등을 가리킨다.
159 네 가지 과(四果) : 성문승이 수행하여 얻는 과를 네 단계로 나눈 것. 성문사과聲聞四果라고 한다. 차례대로 수다원須陀洹([S] srotāpanna, 預流), 사다함斯多含([S] sakṛdāgāmi, 一來), 아나함阿那含([S] anāgāmi, 不還), 아라한阿羅漢([S] arhat, 無學)이다.

정성인不定性人[160]은 대승에 들어가는 것을 감당할 수 있으니, 부처님께서 이들을 위해 『반야경』을 설하여 집착하는 것을 파척하기 위하여 모든 법이 공임을 나타내었다. 처음 대승을 배우는 사람이 이러한 설을 듣기 때문에 "(매우 심오한 경전을) 설하는 것을 듣고" 등이라고 하였다.

논에는 "이해하기 어려운(難解)"이라는 글자 뒤에 "대승과 상응하고(大乘相應)"라는 한 구절이 있는데, 지금 『요기』에서는 이것을 생략하였다. 저 『반야경』에서는 아직 의타기성과 원성실성이 유라는 것을 설하지 않았기 때문에 "아직 (비밀스러운 의취를) 다 (분명하게 나타내지 않은 매우 심오한 경전)" 등이라고 하였다.

> 出彼論第卅六卷。此破初學大乘人中惡取空者。故云一類。佛初成道。爲聲聞人。說四諦敎。令得四果。而其中有不定性人。堪入大乘。佛爲此等。說般若經。爲破所執。顯萬法空。初學之人。聞如是說。故云聞諸[1)]等。論難解字下。有大乘相應一句。今記略之。彼般若經。未說依他圓成是有。故云未經[2)]等。

1) ㉠ '諸'는 '說'인 것 같다. 2) ㉠ '經'은 '極'인 것 같다.

---

160 부정성인不定性人 : 종성이 정해지지 않은 사람. 첫째, 중생을 불도를 성취할 수 있는 능력의 차이에 따라 세 부류로 묶은 것 중 하나이다. 세 가지란 첫째는 정정취正定聚이니 반드시 깨달음을 얻을 것이 예정된 중생이고, 둘째는 사정취邪定聚이니 반드시 지옥에 떨어질 것이 예정된 중생이며, 셋째는 앞의 두 가지 중 어디에도 속하지 않아서, 좋은 연을 만나면 정정취를 이루고 나쁜 연을 만나면 사정취를 이룰 것이 예정된 중생이다. 둘째, 법상종에서 중생을 근기에 따라 다섯 가지로 분류한 것 중 하나이다. 첫째는 보살정성菩薩定性이니 보살도를 닦아 불과를 증득할 것이 예정된 중생이고, 둘째는 성문정성聲聞定性이니 성문도를 닦아 아라한과를 이룰 것이 예정된 중생이며, 셋째는 독각정성獨覺定性(緣覺定性)이니 독각도를 닦아 벽지불과辟支佛果를 이룰 것이 예정된 중생이다. 넷째는 부정성不定性이니 보살정성·성문정성·독각정성의 세 가지 성품 중 어느 하나를 결정적으로 갖지 않고, 그중 하나 혹은 둘이나 셋을 지닌 것을 일컫는 말이다. 다섯째는 무성유정無性有情이니 삼승의 무루지無漏智의 종성이 전혀 없어서 궁극적으로 인간과 하늘에 태어나는 것 이상의 과보를 얻을 수 없는 중생이다.

또한 경의 뜻이 오직 변계소집성을 준거로 삼아 공이라고 설한 것임을 알지 못하고 경에 의거하여 줄곧 일체가 모두 공이라고 집착하기 때문에 "여실하게 이해하지 못하여" 등이라고 하였다. 삼성三性과 이제二諦는 일체가 허망하고 가설된 것이어서 전혀 있는 것이 없다고 하면서 그가 이와 같이 집착하기 때문에 "일체는 오직 가설된 것일 뿐이고" 등이라고 하였다.

"그는 (허망하고 가설된 것이 의지하는 근거인 실유하는 유사)를" 이하는 둔륜遁倫의 『유가론기』에서 말하기를, "혜경惠景[161]이 말하였다. '무릇 허망하고 가설된 것은 반드시 실재하는 사상事象(實事)에 의거한 것이다. 실재하는 사상이 없다면 가설된 것도 또한 성립되지 않는다. 그대는 어째서 〈일체는 오직 가설된 것일 뿐이고 (이것을) 진실이라고 한다.〉고 하는 것인가?' 원측圓測[162]이 말하였다. '논주가 다른 말로 파척하여 말하였다. 〈그대가 이미 의타를 없애 버렸기 때문에 그것에 의거하여 발생하는 변계도 또한 없다. 이미 변계가 없는데 어떻게 원성실이 있어서 이것을 진실이라고 할 수 있겠는가? 이러한즉 두 가지 성(二性, 의타기성과 원성실성)을 손감하는 것이다.〉[이상]"[163]라고 하였다.

又不能知。經意唯約遍計所執說空。依經總執一切皆空。故云不能如實等。三性二諦。一切虛假。都無所有。彼如是執。故云一切唯假等。彼於下。遁倫記云。景云。凡是虛假。必依實事。實事若無。假[1]不立。汝云何言一切唯假。名爲眞實。測云。論主轉破言。汝旣撥無依他故。能依遍計所執亦無。

---

161 혜경惠景 : 생몰 연대나 행적을 알 수 있는 자료는 없다. 여러 학자들의 연구 결과를 종합하면 신라 출신으로 당나라에서 활동한 저명한 유식학자로 추정된다. 『瑜伽師地論疏』・『瑜伽師地論文迹』 등의 다양한 유식 관련 주석서를 지은 것으로 알려져 있지만 현재 전해지는 것은 없다. 둔륜의 『瑜伽論記』에서 규기・신태神泰・원측과 더불어 그 학설이 가장 많이 인용되는 인물이다.
162 원측圓測(613~696) : 신라 출신의 법상종 스님. 앞의 '서명西明'에 대한 주석을 참조할 것.
163 『瑜伽論記』 권9(T42, 508b).

既無遍計。何當得圓成實是爲眞實。是則損減二性。【已上】

1) ㉠『瑜伽論記』에 따르면 '假' 뒤에 '亦'이 누락되었다.

"이러한 (도리에) 의거하여" 이하는『유가론기』에서 말하기를, "혜경 법사가 해석하였다. '그대는 본래 진실인 것을 부정하였다. 진실인 것이 없으면 가설된 것도 또한 없으니 또한 가설된 것을 부정하는 것이라고 한다. 그러므로 〈두 가지를 모두 부정하여〉라고 하였다. 바로 정情의 과실이 그것에 귀속된다면 극단적으로 무를 주장하는 사람이라고 한다. 공견이 이미 이루어지고 나면 행위가 외도와 같아진다.'[이상]"[164]라고 하였다.

由此下。記云。景師解云。汝本謗實。實無假亦無。亦名謗假。故云二種俱謗。卽情過屬彼。名極無者。空見旣成。行同外道。【已上】

『유가사지론』에서는 "범행을 함께하는 이들은(同梵行者)"이라는 구절 뒤에 말하기를, "함께 말하지 말고 함께 머물지 말아야 한다. 이와 같이 없다고 하는 이는 자신을 무너뜨릴 수 있고 또한 세간에서 그 견해를 따르는 이도 파괴할 수 있다."[165]라고 하였다.

"세존께서 저 비밀스러운 뜻에 의거하여 말씀하시기를" 등이라고 한 것은 지금『요기』에서는 중간의 여러 구절을 생략하였다.[166]

論。同梵行者句下云。不應共語不應共住。如是無者。能自敗壞。亦壞世間隨彼見者。世尊依彼密意說言等。今記則略中間諸句。

164『瑜伽論記』권9(T42, 508b).
165『瑜伽師地論』권36(T30, 488c).
166 생략된 부분은 바로 뒤에서 진원이 제시한 글을 참조할 것.

"차라리 (한 부류의 이견을 일으키는 사람이) 될지언정" 이하는 『유가론기』에서 말하였다.

寧如下。記云。

원측이 말하였다. "이것은 『무진의경無盡意經』[167]에 나오는 글을 제시한 것이니 그 경에서 이러한 설을 지었다. 問 이와 같다면 무엇 때문에 『불장경佛藏經』에서 무를 설한 허물은 가볍고 유를 설한 허물은 무겁다[168]고 하였는가? 解 목적이 각각 다르기 때문에 서로 어긋나지 않는다. 『불장경』은 이치를 나타내기 위한 것이다. 무상無相은 이치에 수순하므로 허물이 가볍고, 유상有相은 이치에 어긋나므로 허물이 무겁다. 『무진의경』은 행을 밝히기 위한 것이다. 유를 닦는 것은 행에 수순하므로 허물이 가볍고, 무견은 행에 어긋나므로 허물이 무겁다.【이상】"[169]

測云。此擧無盡意經文。彼經作此說。問。若爾何故。佛藏經。說無過輕。說有過重。解云。所爲各異。故不相違。佛藏經。爲顯理。無相順理。所以過輕。有相乖理。所以過重。無盡意經。爲辨行。修有見[1)]順行。所以過輕。無見乖行。所以過重。【已上】

1) 연 『瑜伽論記』에 따르면 '見'은 연자이다.

---

167 『大方等大集經』「無盡意菩薩品」을 가리킨다. 『大正新修大藏經』 권13에 수록되어 있다. 단, 해당 글은 찾을 수 없다.
168 『佛藏經』 권상 「諸法實相品」(T15, 782c)에서 제법의 공함을 설하고 이후 여러 품에서도 이런 주제를 다루고 있지만 내용이 꼭 일치하는 글은 없다. 다만 여러 주석서에서 『佛藏經』이라고 하고 인용한 내용이 현재 『大正新修大藏經』에 수록된 『佛藏經』에서 찾을 수 없는 경우가 많다. 이것으로 미루어 볼 때 다른 『佛藏經』이 있거나, 혹은 특정 경전을 가리키는 것이 아니라 부처님께서 설한 경전을 통틀어서 일컫는 말로 볼 수도 있는데, 이 경우 보살장경菩薩藏經과 상대하는 뜻으로 볼 수 있다.
169 『瑜伽論記』 권9(T42, 508b).

『유가사지론』에서 다음에 그 이유를 설하여 말하였다.

論次下說所以云。

무엇 때문인가? 아견을 일으키는 사람은 오직 알아야 할 경계에 미혹되었을 뿐이고 일체의 알아야 할 경계를 부정한 것은 아니니, 이러한 원인에 의거하여 온갖 악취에 떨어지지는 않는다.【중략】 모든 학처學處[170]에 대해 게으름을 일으키지 않는다. 악취공을 일으킨 사람은 알아야 할 경계에 미혹하고 또한 일체의 알아야 할 경계를 부정한 것이니, 이러한 원인에 의거하여 온갖 악취에 떨어진다.【중략】 모든 학처에 대해 심하게 게으름을 일으킨다. 이와 같이 실유實有인 사상事象을 손감하는 것은 부처님이 설한 법과 비나야毘奈耶[171]를 심하게 무너뜨리는 것이다.【이상】[172]

何以故。起我見者。唯於所知境界迷遣。[1] 不謗一切不[2]知境界。不由此因。墮諸惡趣。【乃至】於諸學處。不生慢緩。惡取空者。亦所知境界迷遣[3] 亦謗一切所知境界。由此因故。墮諸惡趣【乃至】於諸學處。[4] 生慢緩。如是損減實有事者。於佛所說法毗那[5]耶。甚爲失壞。【已上】

1) ㉠『瑜伽師地論』에 따르면 '遣'은 '惑'이다. 2) ㉠『瑜伽師地論』에 따르면 '不'은 '所'이다. 3) ㉠『瑜伽師地論』에 따르면 '遣'은 '惑'이다. 4) ㉠『瑜伽師地論』에 따르면 '處' 뒤에 '極'이 누락되었다. 5) ㉠『瑜伽師地論』에 따르면 '那'는 '奈'이다.

---

170 학처學處 : ⓢ śikṣā-pada의 의역어. 배워야 할 것이라는 뜻. 일반적으로 계율을 가리키는 말로 쓰인다.
171 비나야毘奈耶 : ⓢ vinaya의 음역어. 몸과 마음과 입에서 일어나는 번뇌를 조화시켜 악행을 굴복시키도록 하기 때문에 조복調伏, 악의 불꽃을 불어 끄기 때문에 멸滅, 세간의 법률과 같이 죄를 판결하여 벌을 주는 역할을 하기 때문에 율律 등으로 의역한다.
172 『瑜伽師地論』 권36(T30, 488c).

『유가사지론』에서 이것[173]의 다음에 악취공을 일으킨 사람을 밝혔는데, 지금 『요기』에서는 중간의 글을 생략하였다.

論此次下明惡取空。[1] 今記則略中間文也。
1) ㉠ 『瑜伽師地論』에 따르면 '空' 뒤에 '者'가 누락되었다.

"무엇을 (악취공을 일으킨 사람이라고) 하는가?" 이하는 『유가사지론약찬』에서 말하였다.

云何下。略纂云。

논에서 악취공을 해석하는 가운데 "'저것(B)으로 말미암기 때문에 공'이라고 해도 또한 믿고 받아들이지 않고, '이것(A)에서 공'이라고 해도 또한 믿고 받아들이지 않으니"라고 한 것은 진실한 뜻은 변계소집의 무無에 의거하여 공이고 이 의타기성과 원성실성에 변계소집이 공이라고 한 것인데, 두 가지를 모두 믿지 않는 것을 말하니, 이것을 악취공이라고 한다.【이상】[174]

解[1] 惡取空中。由彼故空。亦不信受。於此而空。亦不信受者。謂眞實義。由遍計所執無故名空。於此依他圓成上遍計所執空。二俱不信。此名惡取空。【已上】
1) ㉠ 『瑜伽師地論』에 따르면 '解' 앞에 '論'이 누락되었다.

『유가론기』에서 말하였다.

---

173 이것 : 『요기』에서 『瑜伽師地論』을 인용하면서 아견을 일으키는 사람을 설한 것 중 생략한 부분이 있고, 지금 『조람집』 바로 앞에서 『瑜伽師地論』의 해당 부분을 서술한 것을 가리킨다.
174 『瑜伽師地論略纂』 권10(T43, 137b).

記云。

"'저것(B)으로 말미암기 때문에 공'이라고 해도 또한 믿고 받아들이지 않고"라는 것은, 진실한 뜻은 변계소집에 의거하여 공이라고 하는 것이라고 해도 믿고 받아들이지 않는 것을 말한다. "'이것(A)에서 공'이라고 해도 또한 믿고 받아들이지 않으니"라는 것은 다음과 같다. 신태神泰[175]가 말하기를 "(진실한 뜻은) 이 의타기성에 원성실성이 있는 것이라고 해도 또한 믿지 않는 것이다."라고 하고, 또 해석하기를 "이 의타기성과 원성실성에 변계소집성이 없기 때문에 공이라고 한다."라고 하였다. 원측이 말하기를 "이 의타기성에 변계소집성이 없기 때문에 공이다."라고 하였다.【이상】[176]

由彼故空。亦不信受者。謂眞實義。由遍計所執無[1]故名空。而不信受。於此而空。亦不信受者。泰云。於此依他性上。而有圓成實性。亦不信受。又釋。於此依他起圓成實性上。無遍計所執性故。而說名空。測云。於此依他性上。無遍計故空。【已上】

---
1) ㉠『瑜伽論記』에 따르면 '無'는 연자이다.

"무엇 때문인가?" 이하는 법사[177]가 말하였다.

何以故下。師云。

---

175 신태神泰 : 당나라 때 스님. 645년 현장이 홍복사弘福寺에서 역경할 때 역장에 참여하여 증의의 소임을 맡았다. 저술로 『俱舍論疏』·『攝大乘論疏』·『掌珍論疏』 등이 있다.
176 『瑜伽論記』 권9(T42, 508c).
177 법사 : 본문에서는 '사師'라고만 하여 누구인지 밝히지 않았지만【이상】이라는 글자를 뒤에 넣었으므로 특정 책을 인용한 것을 알 수 있고, 그 내용이 『瑜伽師地論略纂』에만 보이기 때문에, 본서의 저자인 규기窺基를 가리키는 것으로 생각된다.

무엇 때문인가? 변계소집으로 말미암으니 그것은 진실로 없는 것이고, 의타기성과 원성실성으로 말미암으니 이것은 진실로 있는 것이다. 만약 이러한 이치를 짓는다면 그대는 공이라고 설할 수 있다.[이상]¹⁷⁸

何者。¹⁾ 若作此理。汝可說空。【已上】

1) ㉠『瑜伽師地論略纂』에 따르면 '者'는 '以故'이다. 또한 '故' 뒤에 '由遍計所執彼實是無由依他圓成此實是有'가 누락되었다.

『유가론기』에서 말하였다.

記云。

혜경이 말하였다. "말하자면 변계소집의 허망하고 가설된 것으로 말미암기 때문에 공이니 그것은 진실로 없는 것이다. 이 이언법성離言法性(궁극적 진리)의 의타기 등에 허망하고 가설된 것이 없는 것을 설하여 공이라고 한다. 이것(이언법성)은 진실로 있는 것이다. 이러한 도리에 의거하기 때문에 공이라고 설할 수 있다. 만약 이언자성離言自性(궁극적 진리)도 또한 전혀 없는 것이라고 한다면 전도된 정情으로 계탁하고 집착함에 있어서 반드시 의탁할 것이 있어야 하는데, 어떤 곳에 의탁하여서 일으킬 수 있겠는가? 그러므로 '어떤 곳에서'라고 하였다. 만약 의탁할 곳이 있으면 능의와 소의가 있는 것인데 이 두 가지 중 어느 것이 공인가? 그러므로 '어떤 것을'이라고 하였다. 만약 능의와 소의가 모두 공이라고 한다면 능의는 허망하니 공이라고 설할 수 있지만, 소의는 진실된 것인데 어떤 이유로 공이라고 하는 것인가? 또한 소의에 의거하기 때문에 능의가 허망하다고 말하지 말아야 한다. 능의가 공이기 때문에 이 소의

---

178 『瑜伽師地論略纂』 권10(T43, 137c).

에 대해서 또한 공이라고 설하는 것이다. 이러한 것들에 집착하니 이것을 바로 악취공을 일으키는 사람이라고 한다."【중략】

원측이 말하였다. "'어떤 곳에서'라는 것은 의타가 없음을 질책한 것이다. '무엇을'이라는 것은 변계가 없음을 질책한 것이다. '어떤 이유로'라는 것은 공인 까닭을 질책한 것이다.【이상】"[179]

景云。謂由遍計所執虛誑故空。彼實是無。於此離言法性依他起等。無虛誑說爲空。此實是有。由此道理。可說爲空。若說離言自性。亦都無者。倒情計執。必有依託。依託何處。而得起耶。故云何處。若有依託。卽有能依所依。於此二。何者是空。故云何者。若言能依所依二俱空者。能依虛妄。可說爲空。所依眞實。何故名空。亦不應言由所依故。能依虛妄。能[1)]空故。於此所依。亦說爲空。如此等執。是卽名爲惡取空者。【乃至】測云。何處者噴無依他。何者者噴無遍計。何故者噴空所以。【已上】

1) ㉘『瑜伽師地論』에 따르면 '能' 뒤에 '依'가 누락되었다.

问 무엇을 선취공善取空을 일으킨 사람이라고 하는가?

問。云何名爲善取空者耶。

답 논에서 다음에 말하기를, "무엇을 다시 선취공을 일으킨 사람이라고 하는가? 이것(A)에 저것(B)이 있는 것이 없음으로 말미암으니, 바로 저것(B)으로 말미암기 때문에 바르게 관찰하여 공이라고 한다. 다시 이것(A)에 나머지(C)는 진실로 있는 것으로 말미암으니, 바로 나머지(C)로 말미암기 때문에 진실 그대로 있다는 것을 안다. 이와 같은 것을 공

---

[179] 『瑜伽論記』 권9(T42, 508c).

성을 깨달아 들어가고 진실 그대로여서 전도가 없는 것이라고 한다.【이상】"[180]라고 하였고, 『유가사지론약찬』에서 "'선취공을 일으킨 사람'이라는 것은 의타성(A)인 이것(A)에 저 변계소집(B)이 공한 것으로 말미암는다. 곧 변계소집(B)인 저것(B)이 없는 것으로 말미암아 바르게 관찰하여 공이라고 한다. 의타(A)를 볼 때에는 소집(B)이 없음을 알기 때문에, 다시 의타상(A)인 이것(A)으로 말미암으니 이것(A) 때문에 나머지(C) 원성실(C)은 있는 것이다. 곧 원성실(C)인 나머지(C)로 말미암기 때문에 여실히 있다는 것을 안다.【이상】"[181]라고 하였다.[182]

答。論次下云。云何復名善取空者。謂於[1)]此。彼無所有。卽由彼故。正觀爲空。復由於此。餘實是有。卽由餘故。如實知有。如是名爲悟入空性如實無倒【已上】纂云。善取空者。謂由於依他性此故彼遍計所執空。卽由所執彼無故。正觀爲空。以見依他時。知無所執故。後[2)]由依他相此故餘圓成實是有。卽由圓成餘故如實知有。【已上】

---
1) ㉡『瑜伽師地論』에 따르면 '於' 앞에 '由'가 누락되었다. 2) ㉡『瑜伽師地論略纂』에 따르면 '後'는 '復'이다.

2) 얕게 이해하는 것과 깊게 이해하는 것의 문

(1) 범망계본 자찬훼타계를 대상으로 판별한다는 것을 밝힘

기 다음에 두 번째로, 지키는 것과 범하는 것과 관련하여 얕게 이해하는 것과 깊게 이해하는 것을 밝히는 것은 다음과 같다.

---
180 『瑜伽師地論』 권36(T30, 488c).
181 『瑜伽師地論略纂』 권10(T43, 137c).
182 이상의 번역문에 A, B, C라고 한 것은 좀 더 이해하기 쉽게 하기 위해 역자가 집어넣은 것이다. A는 의타기성이고 B는 변계소집성이며 C는 원성실성이다.

앞에서 설한 자찬훼타계를 헤아려서 지키는 것과 범하는 것에 대해 얕게 이해하는 것과 깊게 이해하는 것의 모양을 나타낸다. 다라계본에서 "모든 중생을 대신하여 비방을 당하는 일을 감수하며, 나쁜 일은 자신에게 돌리고 좋은 일은 다른 사람에게 주어야 하거늘, 스스로 자기의 덕을 드러내고 다른 사람의 좋은 일을 숨기며 다른 사람으로 하여금 비방을 당하도록 한다면, 이는 보살의 바라이죄이다."[183]라고 한 것과 같다.

次第二明持犯淺深者。乘前所說讚毀之戒。以顯持犯淺深之相。如多羅戒本云。常[1]代[2]衆生。受加毀辱。惡事自向己。好事與他人。若自讚[3]揚己德。隱他人好事。令他受毀辱[4]者。是爲[5]波羅夷罪。

1) ㉷『梵網經』에 따르면 '常'은 '應'이다. 2) ㉷『梵網經』에 따르면 '代' 뒤에 '一切'가 누락되었다. 3) ㉷『梵網經』에 따르면 '讚'은 연자이다. 4) ㉷『梵網經』에 따르면 '辱'은 연자이다. 5) ㉷『梵網經』에 따르면 '爲'는 '菩薩'이다.

집 이에 지금 『요기』가 의거하는 근본 경전은, 오로지 『범망경』에 의지하고 그 개별적인 모양을 풀이할 때는 『유가사지론』을 준거로 삼았음을 알 수 있다. 그러므로 다라계본을 인용하여 지키는 것과 범하는 것을 얕게 이해하는 것과 깊게 이해하는 것의 모양을 나타내었다.

是知今記所依本經。專憑梵網。解其別相。准瑜伽論。故引戒本。而顯持犯淺深相也。

(2) 자찬훼타계를 얕게 이해하는 것과 깊게 이해하는 것의 사례를 밝힘

기 이 동일한 글에 의거하여 얕게 이해하는 것과 깊게 이해하는 것의

---

183 『梵網經』(T24, 1004c).

차이가 생겨나니, 어떤 것인가?

依此一文。淺深¹⁾解。何者。

1) ㉮ '深' 뒤에 '異'가 있다.(갑본)

① 얕게 이해하는 것

하사下士(하근기)는 이것을 듣고 말 그대로 이해하여 "자신을 비방하고 다른 사람을 칭찬하는 것은 반드시 복업福業이고, 자신을 칭찬하고 다른 사람을 비방하는 것은 결정코 죄를 범하는 것이다."라고 한다. 이와 같이 한결같이 말 그대로 취하기 때문에 장차 그 복덕을 닦을 때 복덕이 되는 행은 적고 죄업은 많아진다. 그 죄를 버리고자 하여 죄 하나를 버리지만 복 세 가지를 제거하게 된다. 이를 지키는 것과 범하는 것을 얕게 아는 것의 허물이라고 한다.

下士聞之。齊言取解。自毀讚他。必是福業。自讚毀他。定爲犯罪。如是一向。隨言取故。將修其福。福行少而罪業多。欲捨其罪。却罪一而除福三。是謂淺識持犯過也。

② 깊게 이해하는 것

ㄱ. 총괄적으로 밝힘

상사上士(상근기)는 이것을 듣고 의취를 깊게 이해하여 한 귀퉁이를 제시한 것으로 바로 세 귀퉁이를 반추할 수 있고, 하나의 글에 대해 매번 네 구절에 의해 판별한다. 그러므로 자세히 판별하여 흘려버리는 것이 없기 때문에, 어떤 복도 버린 것이 없고 어떤 죄도 판별할 것이 없다. 이를 지키는 것과 범하는 것을 깊게 이해하는 것의 덕이라고 한다.

> 上士聞之。掬[1]解意趣。舉一隅。便以三隅而變。[2] 就一文。每用四句而判。由是審別。無所濫故。無福而遺。[3] 無罪而辨。是謂深解持犯德也。
> 1) ㉑ '掬'을 '探'이라고 하였다.(갑본) 2) ㉑ '變'을 '反'이라고 하였다.(갑본) 3) ㉑ '遺'를 '遣'이라고 하였다.(갑본)

집 『논어』에서 "한 귀퉁이를 제시한 것으로 세 귀퉁이를 반추할 줄 모르면 다시 알려 주지 않는다.【이상】"[184]라고 한 것이다. 지금 그 말을 빌려서 판별의 뜻을 나타내었다.

> 舉一隅便以等者。論語云。舉一隅。不以三隅反。則不復也。【已上】今借彼語。以顯判意也。

기 "네 구절에 의해 판별한다."라고 한 것은 다음과 같다.

> 言四句而判者。

(첫 번째 구절은) 어떤 경우에는 자신을 비방하고 다른 사람을 칭찬하는 것이 복이고, 자신을 칭찬하고 다른 사람을 비방하는 것이 죄가 되는 것이다. (두 번째 구절은) 어떤 경우에는 자신을 비방하고 다른 사람을 칭찬하는 것이 죄이고, 자신을 칭찬하고 다른 사람을 비방하는 것이 복이

---

184 『論語』「述而篇」에서 "분발하지 않으면 열어 주지 않고 애쓰지 않으면 촉발시켜 주지 않으며, 한 귀퉁이를 제시한 것으로 세 귀퉁이를 반추할 줄 모르면 다시 알려 주지 않는다.(不憤不啓。不悱不發。舉一隅不以三隅反。則不復也。)"라고 한 것과 관련된 말이다.

되는 것이다. (세 번째 구절은) 어떤 경우에는 자신을 비방하고 다른 사람을 칭찬하기도 하고 또 자신을 칭찬하고 다른 사람을 비방하기도 하는데, 어떤 경우는 죄가 되고 어떤 경우는 복이 되는 것이다. (네 번째 구절은) 어떤 경우에는 자신을 비방하고 다른 사람을 칭찬하는 것을 하지 않고 자신을 칭찬하고 다른 사람을 비방하는 것도 하지 않는데, 어떤 경우는 복이 되고 어떤 경우는 죄가 되는 것이다.

> 或有自毀讚他是福。自讚毀他是罪。或有自毀讚他是罪。自讚毀他是福。或有若毀讚若讚毀。或罪或福。或有非毀讚非讚毀。或福或罪。

ㄴ. 개별적으로 밝힘

ㄱ) 첫 번째 구절

첫 번째 구절은 다음과 같다. 어떤 사람이 중생이 치욕을 당하는 것에 깊이 연민을 일으켜 그가 받는 치욕을 끌어다 자신을 향하게 하고 자신이 받아야 할 영예를 미루어서 상대방에게 주려고 하여, 이러한 뜻에서 자신을 비방하고 다른 사람을 칭찬하였다면 이것은 복이다. 만약 자신이 그 영예를 받고 그로 하여금 치욕을 당하게 하고자 하여, 이러한 뜻에서 자신을 칭찬하고 다른 사람을 비방하였다면 이것은 죄이다.

> 第一句者。如人深愍衆生受辱。欲引他所受辱向己。推自所應受榮與他。此意自毀讚他是福。若欲自受其榮。令他受辱。此意自讚毀他。是罪。

ㄴ) 두 번째 구절

두 번째 구절은 다음과 같다. 만약 그 당시 세간의 풍속에서 일반적으로 행해지는 것이, 자신을 칭찬하고 다른 사람을 비방하는 사람은 대체로 싫어하고 자신을 낮추고 다른 사람을 높이는 사람은 매번 공경한다는 것을 알고, 또는 그를 비방하면 그가 반드시 나를 비방할 것이고 내가 만약 그를 칭찬하면 그가 도리어 나를 찬미할 것을 안다고 하자. 이것을 알기 때문에 교묘하게 자신이 높이 칭찬받을 것을 구하여 자신을 비방하고 다른 사람을 칭찬한다면 이것은 중죄이다. 만약 다른 사람이 집착하는 것은 이치에 어긋나서 버리는 것이 옳고 자신이 내적으로 이해한 것은 도리에 맞아 닦아야 하는 것임을 알아서, 단지 불법을 건립하여 유정에게 이익을 주려고 자신을 칭찬하고 다른 사람을 비방한다면 이것은 큰 복이 된다.

> 第二句者。如知時世風俗所習。多憎自讚毀他之人。每敬自謙揚他之士。又知毀彼。彼必告我。我若讚他。他還美我。由此知故。巧求自高。自毀讚他。是爲重罪。若知他人所執。非理可捨。自內所解。是道應修。直欲建立佛法。饒益有情。自讚毀他。是爲大福。

집 모든 유정이 혹은 잘못된 스승을 따르고 혹은 잘못된 생각에 의거하여 이치에 맞지 않은 견해에 집착하고, 이때 보살이 그 견해를 버리고 바른 이치에 머물게 하기 위해, 불법을 건립하여 유정을 이익 되게 하기 위해, 자신을 칭찬하여 바른 것이라고 하고 다른 사람을 비방하여 잘못된 것이라고 한다면, 이것은 복을 짓는 것이다. 단지 진실로 다른 사람을 이롭게 하려는 마음을 갖추고 있다는 관점에서 말한 것이니, 이러한 판별에 함부로 의탁하면 반드시 형망刑網(법의 그물)에 떨어질 것이다. 『대승광백론석론』 권6에서 "진실로 다른 사람에게 이익과 즐거움을 주려는 마음이 있으면 대승에 의해 잘못된 것을 꺾고 바른 것을 세워야 한다."[185]라고 하였다.

> 若諸有情。或隨邪師。或依邪念。執非理見。于時菩薩。爲捨彼見。令住正理。欲立佛法。益有情故。自讚爲正。毁他爲邪。則是福也。但約眞實有利他心。濫倚此判。必墮刑網。百[1]論[2]第六云。若有眞實利益[3]他心。應以大乘。摧邪立正。
>
> 1) ㉠ '百' 앞에 '廣'이 누락된 것 같다. 2) ㉠ '論' 뒤에 '釋'이 누락된 것 같다. 3) ㉠ 『大乘廣百論釋論』에 따르면 '益'은 '樂'이다.

ㄷ) 세 번째 구절

기 세 번째 구절이라는 것은 다음과 같다.

예를 들어 성품이 가식적인 한 부류의 사람이 있어, 세간의 여러 사람을 속여서 다른 사람의 장점을 깎아내리고 자신의 단점을 덮으려고 하고, 이러한 뜻에 의거하여 교란하는 말을 지어서, 자신에 대해서는 소소한 장점을 들어 허물이라고 하면서 비방하고 다른 사람에 대해서는 단점을 공덕이라고 하면서 칭찬하며, 자신에 대해서는 큰 단점을 들어 공덕이라고 하면서 찬양하고 다른 사람에 대해서는 장점을 허물이라고 하며 억압한다고 하자.

또 성품이 질박하고 정직한 한 부류의 사람이 있어, 세간의 모든 사람들을 깨우쳐 주고 이끌어서 선을 알고 악을 판별하며 죄를 버리고 복을 닦게 하려고 하고, 이러한 뜻에 의거하여 정직하게 말하고 회피하지 않아서, 자신의 악을 보면 반드시 꾸짖고 다른 사람의 선을 들으면 바로 칭찬

---

185 『大乘廣百論釋論』 권6(T30, 222a). 『조람집』에서는 『百論』이라고 하였지만 본서에는 이 문장이 없다. 오식誤植 · 오사誤寫 혹은 진원의 착오일 개연성도 있다.

하며, 자신의 덕을 알게 되면 빠르게 칭찬하고 다른 사람의 죄를 알면 바로 나무란다고 하자.

앞의 사람이 비방하고 칭찬하는 것과 찬양하고 억압하는 것은 바로 속이고 아첨하는 것으로 인해 죄를 짓는 것이다. 뒤의 사람이 꾸짖고 칭찬하는 것과 칭찬하고 나무라는 것은 모두 충실하고 정직한 것으로 인해 복을 짓는 것이다.

第三句者。如有一類。性多訕僞。爲欲訕惑世間諸人。凌[1]他所長。覆自所短。由此意故。作矯亂言。毁己小長爲過。讚他所短爲功。揚己多短爲德。抑他所長爲失。又有一類。稟性質直。爲欲開導世間諸人。識善別惡。捨罪修福。由斯志故。直言無僻。[2] 見自惡而必告。聞他善而卽歎。覺己德而還褒。知彼罪而直貶。前人毁讚揚抑。直是訕諂之罪。後士告歎褒貶。竝爲忠直之福也。

1) ㉣ '凌'을 '陵'이라고 하였다.(갑본) 2) ㉣ '僻'을 '避'라고 하였다.(갑본) ㉠ 두 가지 모두 뜻이 통한다.

집 "(앞의 사람이) 비방하고 칭찬하는 것"은 자신을 비방하고 다른 사람을 칭찬하는 것이고, "찬양하고 억압하는 것"은 자신을 칭찬하고 다른 사람을 비방하는 것이니 모두 죄를 짓는 것이다. 뒤에서 "꾸짖고 칭찬하는 것과 칭찬하고 나무라는 것"이라고 한 것도 차례대로 또한 그러하니 모두 복을 짓는 것이다.

毁讚卽自毁讚他。揚抑是自讚毁他。竝是罪也。下告歎褒貶。如次亦爾。竝是福也。

ㄹ) 네 번째 구절

기 네 번째 구절이라는 것은 다음과 같다.

예를 들어 고매한 사람이 있어, 성품이 대범하고 훌륭하여, 정신이 자유롭고 거침이 없고 본래의 꾸밈이 없는 모습을 지키니,[186] 처음과 끝을 알지 못하고[187] 화와 복을 섞어서 하나로 돌아가게 하고 다른 사람과 나를 잊어서 둘이 없는 것으로 여기며, 그 정신이 항상 즐겁고 이러한 경지에 노닐기 때문에 또한 자신을 비방하고 다른 사람을 칭찬하는 것도 하지 않고 또한 자신을 찬양하고 다른 사람을 억압하는 일도 하지 않는다고 하자.

또한 매우 어리석은 사람이 있어, 품성이 둔하고 질박하여, 옳고 그름을 알지 못하니, 콩과 보리도 구별하기 어렵고 선이 선이라는 것을 알지 못하고 악이 악이라는 것을 알지 못하며, 그 뜻이 항상 혼미하여 싫어하는 것과 좋아하는 것을 잊어버리기 때문에 또한 자신을 낮추고 다른 사람을 찬미하는 일도 없고 다시 자신을 칭찬하고 다른 사람을 꾸짖는 일도 없다고 하자.

이것(뒤의 것)은 매우 어리석은 사람이니 혼돈에 의해 행하여 죄를 짓는 것이고, 저것(앞의 것)은 매우 지혜로운 사람이니 순수하고 질박함에 의해 행하여 복을 짓는 것이다.[188]

---

[186] 본래의 꾸밈이~모습을 지키니 : "抱朴"에 대한 해석이다.『老子』에서 "소박함을 드러내고 질박함을 품으며, 사사로움을 줄이고 욕심을 줄인다.(見素抱樸. 少私寡欲)"라고 한 것을 참조할 것.

[187] 『莊子』「大宗師」에서 "나고 죽음을 반복하면서 처음과 끝을 알지 못한다.(反覆終始. 不知端倪)"라고 한 것을 참조할 것. 진원의 해석에 따르면 분별심을 일으키지 않는 것을 형용한 말이다.

[188] 이상 네 구절에 의해 판별한 것을 도표로 나타내면 다음과 같다. 먼저 도표에 적힌 번호의 내역은 다음과 같다. ① 자신=비방, ② 자신=칭찬, ③ 타인=비방, ④ 타인=칭찬 ; 1=①+④, 2=②+③.

第四句者。如有高士。性是弘懿。放神苞[1]朴。不知端兒。[2] 混禍福而歸一。

	외적 행위	죄·복	내적 의도
첫 번째 구절	1=①+④	복	타인의 치욕을 자신이 감당하고 자신의 영예를 중생에게 주기 위한 의도에서 행한 것
	2=②+③	죄	타인을 치욕당하게 하고 자신이 영예를 얻으려는 의도에서 행한 것
두 번째 구절	1=①+④	죄	-세간의 풍속이 자신을 낮추고 타인을 높이는 사람을 좋아하고, 그 반대인 사람은 싫어하는 것을 알아서 그렇게 행한 것 -타인을 비방하면 나를 비방할 것이고 칭찬하면 나를 칭찬할 것임을 알아서 그렇게 행한 것
	2=②+③	복	자신이 이해한 것은 도리에 맞고 타인이 이해한 것은 이치에 어긋나는 것임을 알아서 그렇게 행한 것
세 번째 구절	1+2	1=①+④ ① 자신의 소소한 장점=비방 ④ 타인의 단점=칭찬	죄	위선적인 사람이, 타인의 장점을 깎아내리고(A) 자신의 단점은 은폐하려고 하여(B) 그렇게 한 것 ○ A가 이루어지는 것 : 타인의 단점에 대한 비방을 포기하는 척함으로써(1-④) 타인의 장점을 억압하는 성과를 이룸(2-③) ○ B가 이루어지는 것 : 자신의 소소한 장점에 대한 칭찬을 포기하는 척함으로써(1-①), 자신의 큰 단점을 은폐하는 성과를 이룸(2-②)
		2=②+③ ② 자신의 큰 단점=찬양 ③ 타인의 장점=억압		
	1+2	1=①+④ ① 자신의 악=비방 ④ 타인의 선=칭찬	복	정직한 사람이, 타인으로 하여금 선악을 바르게 판별하는 안목을 길러 죄를 버리고 복을 닦게 하기 위하여 그렇게 한 것
		2=②+③ ② 자신의 선=칭찬 ③ 타인의 악=비방		
네 번째 구절	1과 2를 모두 행하지 않음	복	분별심을 떠난 지혜로운 사람의 마음 작용에 의거한 것
	1과 2를 모두 행하지 않음	죄	옳고 그름을 판별하지 못하는 어리석은 사람의 마음 작용에 의거한 것

忘彼我爲無二。其神常樂。遊是處故。亦不自毀讚他。亦不自揚抑彼。又有
下愚。稟性鈍朴。莫知是非。難別菽麥。不識善之爲善。不了惡之爲惡。其
意常昏。忘憎愛故。亦無自謙美他。復無自褒貶他。此爲下愚。渾鈍³⁾之罪。
彼是上智純朴之福也。

1) ㉠ '㔀'를 '抱'라고 하였다.(갑본) 2) ㉠ '兒'를 '倪'라고 하였다.(갑본) 3) ㉠ '鈍'을
'沌'이라고 하였다.(갑본)

집 "홍弘(대범하고)"은 큰 것이다. "각慤" 자는 잘못이고 "의懿" 자를 써
야 한다.¹⁸⁹ ("의"는) 『옥편』에서 "(그 음은) 어於와 기冀의 반절이다. (뜻
은) 한결같이 항상 훌륭한 것이다."라고 하였다. "단端"은 처음(正)이다.
"예倪"는 『옥편』에서 "(그 음은) 어魚와 계雞의 반절이고 오吾와 예禮의 반
절이다. (뜻은) 자연의 분한이다.【이상】"라고 하였다. 좋아하는 것과 싫어
하는 것을 분별하지 않고 옳은 것과 그릇된 것을 판별하지 않는 것을 일
컬어 말하기를, "처음과 끝을 알지 못하고"라고 하였다.

弘謂大也。慤字誤。宜作懿字。玉篇云。於冀切。專久而美也。端謂正也。倪
玉篇云。□¹⁾雞吾禮二切。自然之分。【已上】謂不知好惡不辨是非云。不知端
倪也。

1) ㉡ 『玉篇』에 따르면 □는 '魚'이다.

ㄷ. 맺음

기 이것을 네 구절로 죄와 복을 판별하는 것이라고 한다. 앞의 두 구
절에 의거하면 복업이 도리어 중죄의 환난이 되고 죄업을 짓는 행위가 다

---

189 『조람집』에서 진원이 대본으로 삼은 『요기』가 어떤 것인지 확인할 수는 없다. 현재 『韓
國佛敎全書』에 수록된 『요기』에는 "의懿"라고 되어 있기 때문에 이러한 주석은 의미
가 없다.

시 큰 선이 된다.[190] 뒤의 두 구절을 살펴보면 거짓말은 충성스러운 말과 거리가 없고 매우 지혜로운 사람은 매우 어리석은 사람과 자취가 동일하다.[191] 이에 수행자에게 지키는 것과 범하는 것의 요점은 단지 자신이 한 행위의 득실을 정밀하게 관찰하는 것에 있으니, 다른 사람이 한 행위의 덕과 환난을 쉽게 판별해서는 안 된다는 것을 알아야 한다. 지키는 것과 범하는 것을 얕게 이해하는 것과 깊게 이해하는 것의 의미가 그러하다.

是謂四句以判罪福。依前兩句。則福業變[1)]作重患。罪行更爲大善。尋後二句。則誑語。與忠談無隔。上智共下愚同迹。是知。行者持犯之要。只應微察自之得失。不可輒判他之德患。持犯淺深。意趣然矣。

1) ㉮ '變'을 '反'이라고 하였다.(갑본)

2. 승의제에 의거하여 서술한 것 : 궁극적 관점에서 자세하게 지키는 것과 범하는 것을 밝히는 문

기 세 번째[192]로 궁극적 관점에서 지키는 것과 범하는 것을 밝히는 것

---

190 첫 번째 구절과 두 번째 구절에서 외적으로는 동일한 행위인데, 그 내적 의도에 의해 죄와 복이 뒤집히는 것을 말한다. 앞의 도표를 참조할 것.
191 세 번째 구절과 네 번째 구절에서 내적 의도는 지혜와 어리석음으로 명백하게 구별되는데, 외적으로 나타난 행위는 동일한 것을 말한다. 앞의 도표를 참조할 것.
192 원효는 『요기』의 앞의 글에서 "지키는 것과 범하는 것의 요점에는 간략하게 세 가지 문이 있다. 첫째는 경계와 중계의 문이고 둘째는 얕게 이해하는 것과 깊게 이해하는 것의 문이며 셋째는 궁극적인 관점에서 지키는 것과 범하는 것을 밝히는 문이다."라고 하여, 본론에 해당하는 부분을 셋으로 나누었지만, 진원은 앞의 둘을 세속제라고 하여 하나로 묶고, 마지막 한 가지를 승의제라고 하여 두 단락으로 분과하였다. 따라

은 다음과 같다.

第三明究竟持犯者。

1) 앞의 두 문에서는 아직 궁극적인 관점에서 지키는 것과 범하는 것의 뜻을 밝히지 않았음을 나타냄

비록 앞에서 설한 법문에 의거하여 경죄와 중죄의 성질을 알 수 있고 아울러 얕음과 깊음의 양상을 알 수 있다고 하더라도, 계상戒相에 대해 진실 그대로 이해하지 못하고 죄와 죄가 아닌 것에 대해 아직 두 극단(邊)을 떠나지 못한 사람은, 궁극적으로 지켜서 범하지 않는 것을 이룰 수 없고 청정한 계바라밀에 도달할 수 없다.

雖依如前所說法門。能識輕重之性。兼知淺深之狀。而於戒相。不如實解。
於罪非罪。未離二邊者。不能究竟持而無犯。不趣淸淨戒波羅蜜。

집 앞의 두 문이 아직 궁극적인 관점에서 지키는 것과 범하는 것의 뜻을 밝히지 않았음을 나타냈다. 앞에서 서술한 것은 세속의 문의 관점에서 우선 경죄와 중죄, 깊게 이해하는 것과 얕게 이해하는 것의 뜻을 판별했기 때문이다. 만약 앞에서 설한 것에 의거하여 집착하면서 진실된 것이라고 한다면 삼륜三輪[193]을 없애지 않은 것이고 두 극단을 떠나지 않은 것이

서 진원의 분과에 따르면 두 번째에 해당하고, 원효의 분과에 따르면 세 번째에 해당한다.
193 삼륜三輪 : 보통 보시하는 물건, 보시하는 주체, 보시를 받는 대상을 가리키는 말로 쓰인다. 세 가지에 전부 집착하지 않는 것을 삼륜청정三輪淸淨이라 한다. 본서에서는 계와 관련하여 수지해야 할 계, 계를 수지하는 사람, 계를 위범하는 것(죄)을 가리킨다.

니, 곧 궁극적으로 청정하게 계를 수지한 것이 아니다.

顯前二門未明究竟持犯之義。上來所述。約世俗門。且判輕重淺深義故。若依前說。執而爲實。不亡三輪。不離二邊。卽非究竟淸淨持戒也。

2) 궁극적인 관점에서 지키는 것과 범하는 것의 뜻을 밝힘 : 삼륜이 청정해야 궁극적으로 계를 지켜서 범하지 않을 수 있음을 밝힘

(1) 삼륜이 청정함을 밝힘

① 계가 얻을 만한 상이 없음을 밝힘

기 그 이유는 무엇인가? 계는 저절로 생겨나지 않고 반드시 온갖 연에 의탁하며, 온갖 연에 의탁하기 때문에 결코 자체의 상이 없다.

其故何耶。然戒不自生。必託衆緣。[1] 故。決無自相。

---
1) ㉮ '緣' 뒤에 옛 판본에는 '託衆緣'이 있다.(갑본)

집 『사분율개종기四分律開宗記』 권1에서 "계는 두 가지에서 생겨나니 인연因緣과 증상연增上緣이다. 인연이라는 것은 곧 계를 갈구하는 마음과 과거의 동류인同類因[194]과 생득선生得善(선천적으로 얻은 선)과 가행선加行善(후천적 노력으로 얻은 선)의 오온五蘊을 통틀은 것과 계와 동시에 존재하는 법과 능히 만들어 내는 대종大種[195]이 모두 인연이다. 증상연이라는 것은 체에

---
194 동류인同類因 : 결과와 동류인 원인을 가리키는 말. 예를 들면 선행의 선한 오온은 후행의 선한 오온에 대해 동류인이 된다.
195 능히 만들어 내는 대종大種 : 물질적 요소를 구성하는 네 가지 근본 요소인 사대종四

두 가지가 있다. 첫째는 직접적인 것이고 둘째는 간접적인 것이다. 직접적인 연이라는 것은 화상和上[196]·아사리阿闍梨[197]·승의僧衣(승복)[198]·계 등의 여러 가지 연이니, 계에 있어서 영향력을 가지는 것이 이것이다. 간접적인 연이라는 것은 이 계가 생겨날 때 여러 법이 장애하지 않는 것이 이것이다.[이상]"[199]라고 하였다.

開宗記第一云。戒從二生。謂是因緣及增上緣。言因緣者。卽祈戒心。過去同類。通生得加行善五篇。[1] 及戒俱有法。幷能造人。[2] 總是因緣。言增上緣者。體有二種。一親。二疎。言親緣者。謂和上闍和[3]僧衣界等諸緣。於戒有力者是。言疎緣者。此戒生時。諸法不障者是。[已上]

1) ㉩『四分律開宗記』에 따르면 '篇'은 '蘊'이다. 2) ㉫ '人'은 '大'인 것 같다. ㉩ 다른 것은 할주割註의 형식인데, 이 부분만 방주傍註의 형식으로 교감이 이루어지고 있다. 『四分律開宗記』에 따르면 '大'이다. 3) ㉩『四分律開宗記』에 따르면 '和'는 '梨'이다.

기 연에 나아가도 계가 아니고 연을 떠나도 계가 없으며, 나아간 것을 제외하고 떠난 것을 제외하고 중간에서도 얻을 수 없다.

大種을 가리킨다. 곧 지대地大·수대水大·화대火大·풍대風大이다. 지대는 견고성, 곧 물체를 보지保持하고 저항하게 하는 성질을 가리킨다. 수대는 습윤성, 곧 물체를 포섭하여 흩어지지 않게 하는 성질을 가리킨다. 화대는 온난성, 곧 성숙하게 하는 성질을 가리킨다. 풍대는 운동성, 곧 물체를 동요하게 하는 성질을 가리킨다. 물질을 만들어내는 주체라는 의미를 나타내어 능조사대能造四大라고도 한다. 반면에 이들 사대에 의해 만들어진 것, 곧 색경·성경·향경·미경·촉경을 소조오경所造五境이라 한다.

196 화상和上 : 수계와 관련해서는 수계자에게 계를 줄 것을 승단에 요청하는 일을 담당하는 스님. 곧 수계자의 은사 스님을 가리킨다.
197 아사리阿闍梨 : Ⓢ ācārya의 음역어. 제자를 가르치고 그 자신이 그들의 모범이 되는 스님을 가리키는 말. 아차리야阿遮梨耶라고도 음역하며, 궤범軌範이라 의역한다. 수계의 의식을 진행하는 아사리, 수계자의 교육을 담당하는 아사리 등으로 세분화된다.
198 승의僧衣(승복) : 여기에서는 수계자가 계를 받기 전에 받아서 착용하는 승복을 가리킨다.
199 회소懷素(634~707), 『四分律開宗記』 권1(X42, 342b).

即緣非戒。離緣無戒。除即除離。不得中間。

집 "연"은 여러 가지 연을 말한다. 연이 그대로 계가 아니고 연 이외에 계가 없기 때문에 "연에 나아가도 계가 아니고" 등이라고 하였다. 또 다른 뜻을 말하면 "연은 바로 종자이다. 무표색無表色[200]인 계체戒體[201]는 종자에 의해 세워지기 때문에 종자를 '연'이라고 한다."라고 한다.

緣謂諸緣。緣卽非戒。緣外無戒。故云卽緣非戒等也。又一義云。緣卽種子。無表戒體依種子立。故以種子而云緣也。

기 이와 같이 계를 구해도 영원히 있지 않으니 자성이라고 할 만한 것이 성취되지 않기 때문이다. 온갖 연에 의탁하는 것이어서 또한 계가 없는 것은 아니니, 토끼의 뿔이 인연이 없는 것과는 같지 않기 때문이다.[202]

如是求戒。永不是有。可言自性。不成就故。而託衆緣。亦不無戒。非如兔角

---

200 무표색無表色 : 외부로 표출되지 않는 색. 안근眼根 등의 오근五根과 색경色境 등의 오경五境이 변괴變壞·질애質礙의 성질을 갖추고 있어서 감각기관에 의해 파악되는 것이라면, 무표색無表色은 어업이나 신업 등과 같이 다른 사람에 의해 인지될 수 있는 물리적 행동에 의해 유발된 것이므로 '색'으로 간주하되, 행위자의 내면에 잠복되어 다른 사람에게 인지되지 않는 것이기 때문에 '무표'라고 한다.
201 계체戒體 : 계를 받음으로써 갖추어지는 방비지악防非止惡의 공능을 가리킨다. 작계作戒란 계를 받을 때 몸과 입과 뜻에 나타나는 작업作業을 가리킨다. 무작계는 무표계無表戒라고도 한다. 계를 받을 때 작계한 연緣에 의해 몸속에 생겨나는 업체業體를 가리킨다. 이렇게 생겨난 업체는, 처음 발생하는 연은 몸과 입과 마음의 동작(작계)에 의거한 것이라도, 일단 생기하고 나면 몸과 입과 마음의 조작을 빌리지 않고 항상 상속하기 때문에 '무작'이라 한다. 또한 외적인 형상으로 나타나지 않기 때문에 '무표'라고 한다. 작계는 몸과 입과 마음의 동작이 그칠 때 동시에 사라지지만 무작계는 일생 동안 항상 상속하면서 방비지악의 공능을 일으키기 때문에 무작계체라고 한다.
202 "계는 저절로 생겨나지 않고"부터 여기까지는 법장의 『梵網經菩薩戒本疏』 권1(T40, 607c)에서 설한 것과 거의 같다.

無因緣故。

집 『삼무성론三無性論』 권하에서 "이 색 등의 부류는 있는 것도 아니고 없는 것도 아니기 때문이다. 말한 것과 같은 체는 성취되지 않기 때문에 있는 것이 아니고, 체가 결정코 성취되지 않는다고는 말할 수 없기 때문에 없는 것이 아니다.[이상]"[203]라고 하였으니, 변계소집은 있지 않고 의타기성은 없지 않다. 그러므로 두 가지 성에 나아가서 계의 있음과 없음을 판별하였다.

三无性論下卷云。此色等類。非有非無故。如所言體不成就故非有。由不可言爲體決成就故非無。[已上] 所執非有。依他非無。故約二性。判戒有無也。

② 죄와 사람도 얻을 만한 상이 없음을 밝힘

기 계의 상을 설한 것과 같이 죄의 상도 또한 그러하다. 계와 죄의 상과 같이 사람의 상도 또한 그러하다.

如說戒相。罪相亦爾。如戒罪相。人相亦然。

집 앞에서 계가 얻을 만한 상이 없음을 자세하게 밝혔다. 지금은 예시한 것에 의해 그 죄와 사람의 뜻을 가리켜 보였다. 죄에 대해서는 "죄는 저절로 생겨나지 않는다. 반드시 온갖 연에 의탁한다." 등이라고 할 수 있다. 사람에 대해서는 "사람은 저절로 존재하지 않는다." 등이라고 할 수 있다. 이러한즉 삼륜의 모습은 연에 의해 생겨나서 허망하고 가설된 것

---

203 『三無性論』 권하(T31, 876b).

(虛假)이고 체를 얻을 수 없으니 결정적 성품이 없기 때문이다.

前細明戒不可得相。今例指其罪及人義。罪中可云罪自不生必託衆緣等。人中可云人不自有等。此則三輪之相。緣生虛假。體不可得。無定性故。

『대지도론』권14에서 말하였다.

智論十四云。

또한 중생은 얻을 수 없기 때문에 살생의 죄도 또한 얻을 수 없고, 죄를 얻을 수 없기 때문에 계도 또한 얻을 수 없다. 무엇 때문인가? 살생의 죄가 있기 때문에 계가 있다. 만약 살생의 죄가 없다면 또한 계도 없다.
〖문〗 지금 중생이 앞에 나타나 있는데, 어째서 중생을 얻을 수 없다고 말하는 것인가?
〖답〗 육안으로 보는 것은 이것을 보는 것이 아니라고 한다. 만약 혜안으로 관찰한다면 중생을 얻을 수 없다.【이상】[204]

復次衆生。不可得故。殺罪亦不可得。罪不可得故。戒亦不可得。何以故。以有殺罪故。則有戒。若無殺罪。則亦無戒。問曰。今衆生現有。云何言衆生不可得。答曰。肉眼所見。是爲非見。若以慧眼觀。則不得衆生。【已上】

법장의『범망경보살계본소』에서 말하였다.

藏梵網疏云。

---

[204] 『大智度論』권14(T25, 163c).

㊂ 살생이 이미 그러하여 연으로부터 생겨나서 반드시 자성이 없으니, 자성이 없기 때문에 죄가 있지 않아야 한다.
㊉ 자성이 없지만 죄를 얻는 경우가 있으니, 다시 자성이 없는데 과보를 얻는 경우가 있다.[205] 일체법이 모두 그러하다.【이하 생략】[206]

問。殺旣[1]從緣。必無自性。以無自性故。應無有罪。答。有無自性[2]罪。還得[3]無自性[4]報。一切法皆爾。【云云】

1) ㊇『梵網經菩薩戒本疏』에 따르면 '旣' 뒤에 '爾'가 누락되었다. 2) ㊇『梵網經菩薩戒本疏』에 따르면 '性' 뒤에 '得'이 누락되었다. 3) ㊇『梵網經菩薩戒本疏』에 따르면 '得'은 연자이다. 4) ㊇『梵網經菩薩戒本疏』에 따르면 '性' 뒤에 '得'이 누락되었다.

(같은 책에서) 또 말하였다.

又云。

㊂ 살생의 성질이 공한 것을 알았다면 살생을 하더라도 죄가 없어야 한다.
㊉ 공은 죄를 다스리는 것이다. 공을 알면 반드시 살생하지 않고 살생한다면 반드시 공을 알지 못하는 것이니, 그러므로 또한 죄가 있다. 만약 죄가 없다고 말하면서 살생을 하는 것은 잘못된 견해 때문이니, 죄

---

205 법선法銑의『梵網經疏』권상(X38, 540c)에서 동일한 질문을 일으키고 답하기를, "죄는 비록 성품이 공하지만 미혹된 정情으로 유有라고 집착하기 때문에 죄의 근거가 있다. 만약 선예왕仙預王처럼 공의 이치를 증득하여 자비심에 의해 살생하였다면 죄가 있지 않다.(罪雖性空。迷情執有。故有罪根。若證空理。悲心行殺。如仙預王。則無有罪。)"라고 한 것을 참조할 것. 선예왕의 사례는 36권본『涅槃經』권11(T12, 434c)에서 "부처님께서 전생에 선예왕이었을 때 대승경전을 비방하는 바라문을 죽였는데, 이러한 인연으로 이후부터 지옥에 떨어지는 일이 없었다."라고 한 것을 참조할 것.
206 『梵網經菩薩戒本疏』권1(T40, 610a).

가 다른 어떤 것보다 무겁다. 어찌 죄가 없다고 말할 수 있겠는가?[207]

問。知殺性空。殺應無罪。答。空是治罪法。[1)] 知空必不殺。殺必不了空。故亦有罪。若謂無罪。而作殺者。以邪見故。罪重於餘。何得言無罪。

1) ㉢『梵網經菩薩戒本疏』에 따르면 '法'은 연자이다.

『범망경』권상에서 말하였다.

梵網經上云。

불자여, (둘째는) 계이다.[208] 유도 아니고 무도 아닌 계(非非戒)이니 받는 이가 없다. 십선계十善戒[209]는 어떤 스승도 설법한 적이 없다. 거짓말과 도둑질에서부터 삿된 견해에 이르기까지[210] 모인 것이 없다. 자慈·양良·청淸·직直·정正·실實·정견正見·사捨·희喜·등等은 이 열 가지 계의 체성體性이니, (이것에 의해) 여덟 가지 전도顚倒[211]를 제지하여 일체의

207 『梵網經菩薩戒本疏』권1(T40, 610a).
208 이하는 『梵網經』에서 십발취를 설한 것 중 두 번째인 계심戒心을 설하는 것이기 때문에 역자가 임의로 "둘째는"을 집어넣었다. 『梵網經』에서 설한 십발취는 보살 수행 52계위 중 제11~제20에 해당하는 십주와 같은 것으로 해석하는 것이 일반적이다.
209 십선계十善戒 : 인간·하늘 등의 선도善道에 태어나게 하는 원인이 되는 열 가지 업을 짓도록 하는 계. 불살생不殺生·불투도不偸盜·불사음不邪淫·불망어不妄語·불양설不兩舌·불악구不惡口·불기어不綺語·불탐不貪·부진不瞋·불사견不邪見이다.
210 십선계에 의해 제거되는 십악을 일컫는 말. 십악은 일반적으로 살생·투도偸盜·사음邪淫·망어·양설兩舌·악구惡口·기어綺語·탐욕貪欲·진에瞋恚·사견邪見 등을 가리킨다.
211 여덟 가지 전도顚倒 : 유위법에 대한 네 가지 전도와 무위법에 대한 네 가지 전도를 함께 일컫는 말. 유위법에 대한 네 가지 전도는 범부가 생사유위법生死有爲法에 대해 네 가지 잘못된 견해를 일으켜 집착하는 것이다. 곧 영원하지 않은 것에 대해 영원하다고 집착하는 것을 상전도常顚倒라고 하고, 즐거운 것이 아닌 것에 대해 즐거운 것이라고 집착하는 것을 낙전도樂顚倒라고 하며, 아我라고 할 만한 것이 없는데 아라고 집착하는 것을 아전도我顚倒라고 하고, 청정하지 않은 것인데 청정하다고 집착하는

성품을 떠나, 하나의 도에 계합하여 청정해진다.【이상】²¹²

若佛子。戒。非非戒。無受者。十善戒。無師說法。欺盜乃至邪見無集者。慈良淸眞正實正見捨喜等。是十善¹⁾體性。制止八倒。一切性離。一道淸淨。【已上】

1) ㉭『梵網經』에 따르면 '善'은 '戒'이다.

『범망경고적기』에서 말하였다.

古迹云。

"유도 아니고 무도 아닌 계"라는 것은 유와 무의 극단을 떠났기 때문에 거듭해서 "아니고·아닌"이라고 하였다. 무엇 때문인가? 받는 이가 없기 때문이다. 또 "십선계는 어떤 스승도 설법한 적이 없다."라는 것은 능설能說(설한 주체)이 없는 것을 말한 것이니, 어찌 소설所說(설한 내용)이 있겠는가? 받는 사람과 주는 사람과 받아야 할 계를 얻을 수 없기 때문에 삼륜三輪이 공이다.

"거짓말과 도둑질에서부터 삿된 견해에 이르기까지 모인 것이 없다."라는 것은 방지해야 할 악이 체가 공하여 모인 것이 없음을 밝힌 것이다. 도리어 온갖 인연에 의해 만들어진 것에 속하니 결정적 성품이 없기

것을 정전도淨顚倒라고 한다. 무위법에 대한 네 가지 전도는 성문·연각이 비록 유위법에 대한 네 가지 전도를 바르게 통찰하여 벗어났더라도 다시 진리를 바르게 이해하지 못하여 열반무위법涅槃無爲法에 대해 네 가지 잘못된 견해를 일으켜 집착하는 것이다. 곧 영원함, 즐거움, 걸림이 없는 뛰어난 자아, 청정함의 네 가지 덕을 갖춘 열반에 대해 영원하지 않고 즐겁지 않으며 걸림이 없는 자아도 없고 청정하지도 않다는 견해를 일으켜 집착하는 것이다. 보살은 유위와 무위의 여덟 가지 전도를 모두 끊어 없앤다.

212 『梵網經』 권상(T24, 998a).

때문이다.【중략】

열 가지 악을 방지할 때 유위와 무위의 여덟 가지 전도를 제지하고 유·무의 성품을 떠나니 한맛에 계합하여 청정해진다.【이상】[213]

非非戒者。離有無邊。重言非非。何者。無受者故。及十善戒無師說法。謂無能說。寧有所說。受者[1]及所受戒。不可得故。三輪空也。欺盜乃至邪見無集受者。明所防惡體空無集。還屬衆緣。無定性故。【乃至】防十惡時。制止有爲無爲八倒。有無[2]離。一味淸淨。【已上】

---

1) ㉠『梵網經古迹記』에 따르면 '者' 뒤에 '授者'가 누락되었다. 2) ㉠『梵網經古迹記』에 따르면 '無' 뒤에 '性'이 누락되었다.

(2) 계 자체의 상에 대한 그릇된 이해와 바른 이해의 실제 사례를 논함

① 그릇된 이해

기 만약 이 가운데 있지 않다는 것에 의거하여 전혀 없다고 본다면 비록 범한 것은 아니라고 할 수는 있지만 영원히 계를 잃는 것이니, 계의 유사상唯事相[214]을 비방하고 없애 버리는 것이기 때문이다. 또 이 가운데 그것이 없지 않다는 것에 의거하여 있다고 계탁한다면 비록 능히 지키는 것이라고 말할 수는 있지만 지키는 것이 바로 범하는 것이 되니, 계의 진실 그대로의 상을 어기고 거스르는 것이기 때문이다.

若於此中。依不是有。見都無者。雖謂無犯。而永失戒。誹撥戒之唯事相故。

---

213 『梵網經古迹記』 권1(T40, 691a).
214 계의 유사상唯事相 : 계가 지닌 존재론적 성격을 나타낸 말. 곧 유사唯事의 특성을 가진 것임을 나타내는 말로 보인다.

又於此中。依其不無。計是有者。雖曰能持。持卽是犯。違逆戒之如實相故。

② 바른 이해

보살이 계를 닦는 것은 이와 같지 않다. 비록 지키는 사람과 지켜야 할 것이 있다고 계탁하지는 않더라도 계의 유사唯事를 비방하여 없애 버리지는 않는다. 그러므로 끝내 계를 잃어버리는 큰 허물은 짓지 않는다. 비록 죄와 죄가 아닌 것이 없다고 보지는 않더라도 계의 진실한 상을 어기고 거스르지 않는다. 그러므로 계를 범하여 얻는 미세한 죄를 영원히 여읜다. 이러한 교묘한 방편과 심오한 지혜의 방편에 의거하여 영원히 삼륜을 잊고 두 극단(邊)에 떨어지지 않아야 비로소 계바라밀을 원만하게 이루는 경지에 나아간다.

> 菩薩修戒。則不如是。雖不計有能持所持。而不誹撥戒之唯事。是故終無失戒巨過。雖不見無罪與非罪。而不違逆戒之實相。是故永離犯戒細罪。由是巧便深智方便。永忘三輪。不墮二邊。方趣具足戒波羅蜜。

집 "두 극단"이라는 것은 곧 유와 무의 극단이다. 이 두 극단을 떠나는 것이 바로 경에서 말한 "유도 아니고 무도 아닌 계"이다.

> 言二邊者卽有無邊。離此兩邊。卽經所言非非戒也。

문 "륜"이라는 것은 무슨 뜻인가?

답 『성유식론의연成唯識論義演』에서 보시의 삼륜의 상을 풀이하여 말하기를, "'륜'이란 전전한다는 뜻이다. 나의 몸이 있기 때문에 재물이 있고 재물이 있기 때문에 저 앞에 있는 사람에게 보시한다. 그러므로 '륜'이라

한다.【이상】"²¹⁵라고 하였다. 지금 여기에서는 사람이 있기 때문에 살생의 죄가 있고 살생의 죄가 있기 때문에 계가 있음을 말한 것이다. 우선 살생계의 관점에서 말하였으니 나머지 계도 이것에 준하여 알 수 있다. 또한 삼륜의 상은 보시와 계가 비록 다르지만 륜의 뜻은 동일하다. 그러므로 그것을 준거로 삼았다.

> 問。輪者何義耶。答。義演。釋施三輪相云。論¹⁾者。展轉義也。由有我身。卽有財物。由有財物。卽施彼前人。故云輪也。【已上】今謂。由有人故。卽有殺罪。由有殺罪。是故有戒。且約殺戒。餘戒准知。又三輪相。施戒雖異。輪義是同。故准彼也。

1) 엥 『成唯識論義演』에 따르면 '論'은 '輪'이다.

(3) 경에서 그 근거를 밝히고 해석함

기 경에서 "죄와 죄가 아닌 것을 얻을 수 없기 때문에 계바라밀을 구족하였다고 해야 한다."²¹⁶라고 하였고, 『계본』(『범망경』)에서 "계의 광명이 입에서 나오는데 연緣이 있는 것이니 인因이 없지 않기 때문이다. 색도 아니고 마음도 아니며, 있는 것도 아니고 없는 것도 아니며, 인과법因果法이 아니지만, 모든 부처님의 본원이며 보살의 근본이다."²¹⁷라고 한 것과 같다.

> 如經言。罪非罪。不可得故。應具足戒波羅蜜。戒本云。戒光從口出。有緣非無因。¹⁾非色非心。非有非無。無²⁾因果法。諸佛之本原。菩薩之根本。

---

215 『成唯識論義演』 권12(X49, 854a).
216 『大品般若經』 권1(T8, 218c). 글자는 약간 다르지만 뜻은 같다.
217 『梵網經』 권하(T24, 1004b).

1) ㉠『梵網經』에 따르면 '因' 뒤에 '故'가 생략되었다. 2) ㉠ 저본인『大正新修大藏經』에 따르면 '無'는 '非'이다. 또한『梵網經』에서도 '無'는 '非'이다.

집『대품반야경』권1에서 "죄와 죄가 아닌 것을 얻을 수 없기 때문에 시바라밀尸波羅蜜[218]을 구족한다.【이상】"[219]라고 하였고『대지도론』권14에서 "또 보살이 죄와 죄가 아닌 것을 얻을 수 없다면 이때를 시라바라밀이라고 한다. **문** 어떤 사람이 악을 버리고 선을 행하면 이것을 계를 수지하는 것이라고 하는데, 어째서 죄와 죄가 아닌 것을 얻을 수 없다고 하는 것인가? **답** 잘못된 견해와 거친 마음을 얻을 수 없다고 하는 것이 아니다. 만약 제법의 모양에 깊이 들어가 공삼매空三昧를 행하면 혜안으로 관찰하기 때문에 죄를 얻을 수 없고, 죄가 없기 때문에 죄가 아닌 것도 또한 얻을 수 없는 것이다."[220]라고 하였다.

大品般若經第一云。罪不罪不可得故。應具足尸羅波羅蜜【已上】智論十四云。復次若菩薩。於罪不罪。不可得。是時名爲尸羅波羅蜜。問曰。若人捨惡行善。是爲持戒。言[1]罪不罪不可得。答曰。非爲邪見麁心。言不可得。深[2]入諸法相。行空三昧。慧眼觀故。罪不可得。罪無故。不罪亦不可得。

1) ㉠『大智度論』에 따르면 '言' 앞에 '云何'가 누락되었다. 2) ㉠『大智度論』에 따르면 '深' 앞에 '若'이 누락되었다.

기 이 가운데 "계의 광명"이라고 한 것은 계와 광명이 둘이 아니고 다르지도 않으며, 밝고 맑은 것과 뒤섞이고 물들여진 것이 모두 한맛이라는 것을 나타내기 위해서이다. 그러므로 계의 광명을 연하여 계의 진실한 상

218 시바라밀尸波羅蜜 : ⓢ śīla-pāramitā. '시'는 ⓢ śīla의 음역어인 시라尸羅의 약칭이며 계戒라고 의역한다. 계율을 수지하고 항상 스스로 성찰하여 악업을 다스리고 신심을 맑게 하는 것이다.
219『大品般若經』권1(T8, 218c).
220『大智度論』권14(T25, 163b).

을 나타내었다.

此中言戒光者。爲顯戒之與光。無二無別。明¹⁾淨雜染同一味故。故緣戒光。
顯戒實相。

---
1) ㉠ '明' 뒤에 '淸'이 있다.(갑본)

【집】 계를 외울 때를 말한다. 부처님의 입에서 계를 외울 때마다 광명이 나오기 때문에 "계의 광명"이라고 하였다. (계를) 외우는 것과 (광명이) 나오는 것이 같은 시간에 이루어지기 때문에 "둘이 아니고 다르지도 않은 것"이라고 하였다. 방호하는 사람과 방호해야 할 것, 비추는 사람과 비추어지는 것이 그 성품이 한맛이어서 차별이 없기 때문에 "밝고 맑은 것과 뒤섞이고 물들여진 것이 모두 한맛이기 때문이다."라고 하였다.

법장 법사의 해석은 이것과 약간 다르다. 그 소에서 "(또 해석한다.) 이 계법은 무명의 어둠을 무너뜨리니 작용에 따라 '광명'이라고 하였다. 또 해석한다. 부처님의 입에서 나오는 광명 가운데 계의 광명을 내기 때문에 연에 따라 이름을 삼아서 '광명'이라고 하였다."²²¹라고 하였다.

謂當誦時。從佛口中。誦戒出光。故云戒光。誦出俱時。故云無二無別。能
防所防。能照所照。其性一味。無差別。故云。明淨雜染同一故也。法藏師
釋。與此稍異。彼疏云。以此戒法。破無明暗。從用名光。又釋。從佛口光中。
出戒光故。從緣爲名。故云光也。

【기】 계는 자성이 없고 반드시 다른 연을 빌리기 때문에 "연이 있는 것이니"라고 하였다. 연이 있다는 말은 있다고 하는 것에 의거한 것은 아니

---
221 『梵網經菩薩戒本疏』 권1(T40, 607c).

다. 다만 그것이 유래한 원인이 없지 않음을 나타낸 것이다. 그러므로 "인이 없지 않기 때문이다."라고 하였다.

戒無自性。必藉他緣。故曰有緣。有緣之言。非據是有。直顯不無其所從因。故曰非無因。

집 법장의 소에서 "혹은 이렇게 해석한다. 스승이 주는 것을 연으로 삼고 보리심을 원인으로 삼아서 자성이 없는 계가 비로소 일어나기 때문에 '연이 있고 인이 없지 않다.'[222]라고 하였다."[223]라고 하였다.

法藏疏云。或師授爲緣。菩提心爲因。無自性戒。方得發起。故云有緣非無因也。

기 인이 없지 않은 계의 성질은 (물질의 특성인) 질애質礙(공간을 점유하는 성질)가 있는 것도 아니고, 또한 (마음의 특성인) 연려緣慮(대상을 취하여 사유하는 것)가 있는 것도 아니기 때문에 "색도 아니고 마음도 아니며"라고 하였다.

非無因戒性。非質礙。亦非緣慮。故曰非色非心。

집 『범망경소』[『요기』의 저자가 지음]에서 "여기에서 계체戒體라는 것은 오직 그릇된 것을 방호하는 뜻을 계로 삼으니, (물질의 특성인) 질애의 뜻이 없기 때문에 '색도 아니고'라고 하였고, (마음의 특성인) 연려가 없기 때

---

222 법장의 주석에 따라서 해석한 것이기 때문에 『요기』의 해석과 차이가 있다.
223 『梵網經菩薩戒本疏』 권1(T40, 607c).

문에 '마음도 아니며'라고 하였다."²²⁴라고 하였다.

梵網疏【記主】云。此戒體者。唯以防非義爲戒故。非質礙義故非色。非緣慮
義故非心也。

기 비록 색과 마음이 아니지만 색과 마음을 떠나서도 영원히 얻을 수 없다. 비록 얻을 수 없더라도 계가 없는 것은 아니다. 그러므로 "있는 것도 아니고 없는 것도 아니며"라고 하였다.

雖非色心。而離色心。永不可得。雖不可得。而非無戒。故曰非有非無。

집 법장의 소에서 "(유와 무를 떠났다는 것은 이러한 뜻이다.) 연緣하여 일어난 계는 결정코 자상이 없다. 연에 나아가도 계가 아니고 연을 떠나도 계가 없으며, 나아간 것을 제외하고 떠난 것을 제외하고 중간에서도 얻을 수 없다. 이와 같이 계를 구하여도 영원히 있지 않다. 그러나 이렇게 있지 않은 계가 없는 것은 아니다.【중략】또한 변계소집이 아니기 때문에 있지 않고 연에 따라 좇아 일어났기 때문에 없지 않은 것일 수도 있다. 또한 연에 따라 일어났기 때문에 있지 않고 변계소집이 아니기 때문에 없지 않은 것일 수도 있다. 그러므로 '있는 것도 아니고 없는 것도 아니며'라고 하였다."²²⁵라고 하였다.

法藏疏云。謂緣起之戒。決無自相。卽緣非戒。離緣無戒。除卽除離。不得
中間。如是求戒。永不是有。然不無此不有之戒【乃至】又可非所執故不有。

---

224 『梵網經菩薩戒本私記』권상(X38, 279a).
225 『梵網經菩薩戒本疏』권1(T40, 607c).

從緣起故非無。又從緣起故不有。非所執故不無。故云非有非無也。

기 비록 계가 없지 않지만 과를 떠났으니 인이 없고, 인을 떠났으니 과가 없기 때문에 "인과법이 아니지만"이라고 하였다. 계가 인의 성품(因性)을 이루는 것은 비록 얻을 수 없지만 모든 부처님의 과는 반드시 계를 빌려서 원인으로 삼는다. 그러므로 "모든 부처님의 본원이며"라고 하였다. 계가 과성果性이 되는 것은 비록 얻을 수 없지만 계는 반드시 보리심菩提心이라는 원인을 빌린다. 그러므로 "보살의 근본이고"라고 하였다.

雖非無戒。而離果無因。離因無果。故曰非因果法。戒爲因性。雖不可得。而諸佛果。必藉戒因。故言諸佛之本原也。戒爲果性。雖不可得。而戒要藉菩提心因。故言菩薩之根本也。

집 『요기』의 저자가 지은 소에서 말하였다.

記主疏云。

"인과법이 아니지만"이라는 것은 세 가지 설이 있다.
한 가지 설은 다음과 같다. "인과를 얻을 수 없기 때문에 '인과법도 아니지만'이라고 하였다."
다른 한 가지 설은 다음과 같다. "세간의 인과법이 아니고 출세간의 인과법이기 때문에 '인과법도 아니지만'이라고 하였다."
다른 한 가지 설은 다음과 같다. "작계作戒[226]에 의해 훈습된 종자인

---

[226] 작계作戒 : 계를 받을 때 법대로 동작하는 몸과 입과 뜻의 세 가지에 나타나는 작업作業을 가리킨다.

무작계無作戒²²⁷의 체에는 두 가지 뜻이 있다. 첫째는 그릇된 것을 방호하는 뜻이 있고 둘째는 공덕의 뜻이 있다. 종자가 (그릇된 것을 방호한 것을 원인으로 하여) 불과佛果를 낳을 수 있는 것은 계가戒家 가운데 공덕의 뜻이 있는 것이고, (종자가 공덕을 지니고 있으므로) 그릇된 것을 방호할 수 있는 것은 공덕가功德家 가운데 계의 뜻이 있는 것이다. 그러므로 계가 (가운데 있는) 공덕의 뜻에 의해 바야흐로 불과를 낳을 수 있으니 인과의 뜻이 있는 것이다. (그러나) 대공덕가大功德家 가운데 그릇된 것을 방호하는 것은 부처님과 부처님이 행하신 인과의 뜻은 아니기 때문에 '인과법도 아니지만'이라고 하였다."²²⁸

非因果法者。有三說。一云。因果不可得。故言非因果法。一云。非世間因果之法。是出世因果法。故云非因果法。一云。作戒所薰種子。無作戒體。即有三¹⁾義。一者防非義。二者功德義。種子能生佛果者。是戒家中功德義。能防非者。功德家中戒體²⁾義。是故戒家功德義。方得能生佛果。是因果義也。功德家中防非。非佛果因果義。故言非因果法也。

1) ㉥『梵網經菩薩戒本私記』에 따르면 '三'은 '二'이다. 2) ㉥『梵網經菩薩戒本私記』에 따르면 '體'는 연자이다.

---

227 무작계無作戒 : 무표계無表戒라고도 한다. 계를 받을 때 작계作戒한 연緣에 의해 몸속에 생겨나는 업체業體를 가리킨다. 이렇게 생겨난 업체는, 처음 발생하는 연은 몸과 입과 마음의 동작(작계)에 의거한 것이라도, 일단 생기고 나면 몸과 입과 마음의 조작을 빌리지 않고 항상 상속하기 때문에 '무작'이라 한다. 또한 외적인 형상으로 나타나지 않기 때문에 '무표'라고 한다. 작계는 몸과 입과 마음의 동작이 그칠 때 동시에 사라지지만 무작계는 일생 동안 항상 상속하면서 방비지악의 공능을 일으키기 때문에 무작계체라고 한다.
228 『梵網經菩薩戒本私記』(X38, 279b).

(4) 승의제로서의 계를 실천하는 주체의 계위 문제를 밝힘

기

問 계의 모양은 이와 같이 매우 심오하고 난해하다. 이해하는 것도 오히려 어려운데 하물며 수행하는 것이겠는가? 그러므로 앞에서 설한 것과 같은 행상行相은 대지大地²²⁹의 보살이 닦는 것이고 처음 보리심을 발한 보살²³⁰이 행해야 하는 것과는 관계가 없다는 것을 알 수 있다.

問。戒相如是。甚深難解。解之尙難。況乎修行。故知。如前所說行相。唯是

---

229 대지大地 : 보살의 수행 계위인 십지 중 초지初地(환희지) 이후의 보살을 가리킨다. 『梵網經菩薩戒本私記』(X38, 280c)에서 "대지에 들어간 달기보살達機菩薩"이라고 하였는데 바로 이를 가리키는 것으로 보인다. 달기보살이란 『瑜伽師地論』 권41(T30, 517b)에서 "보살들이 보살의 정계율의에 안주하여, 훌륭한 방편으로 다른 사람의 이익을 위하여 행위함으로써, 여러 성죄性罪에 해당하는 것 가운데 적은 부분이 현행하였다면, 그렇다고 해도 이러한 인연에 의해 보살계를 범하는 일은 없고 오히려 많은 공덕을 낳는다. 예를 들어 보살이 다른 사람의 물건을 빼앗고 훔치는 도적이 재물을 탐하여 많은 중생을 죽이려고 하거나, 혹은 큰 덕을 가진 성문과 독각과 보살을 해치려고 하거나, 여러 가지 무간업無間業을 짓거나 하는 것을 보되, 이러한 일들을 보고 나서 구제하려는 마음을 일으켜 생각하기를, '내가 저 악한 중생의 생명을 끊는다면 나는 지옥에 떨어질 것이고, 만약 그의 생명을 끊지 않는다면 그는 무간업을 성취하여 장차 큰 고통을 받을 것이다. 내가 차라리 그를 죽여서 나락가那落迦(地獄)에 떨어질지언정 끝내 그로 하여금 무간지옥에서 쉴 새 없이 이어지는 고통을 받게 하지는 않겠다.'라고 하였다고 하자. 이와 같이 보살이 어떤 의도를 가지고 생각하여, 저 중생에 대해 혹은 선심善心이나 혹은 무기심無記心으로, 그 일로 인해 생겨날 모든 일들을 잘 알고 그를 미래의 나쁜 과보로부터 구제하기 위해, 매우 부끄러워하는 마음을 품고 있으면서도 그를 불쌍하게 여기는 마음 때문에 그의 생명을 끊었다면, 이러한 인연에 의해 보살계를 범하는 일은 없고 오히려 많은 공덕을 낳는다.(若諸菩薩。安住菩薩淨戒律儀。善權方便。……深生慚愧。以憐愍心。而斷彼命。由是因緣。於菩薩戒。無所違犯。生多功德。)"라고 한 것을 참조할 때 중생의 근기에 통달한 보살이라는 뜻을 가진 말로 이해된다.

230 처음 보리심을 발한 보살 : 신학보살新學菩薩·신행보살信行菩薩·초발의보살初發意菩薩·시학보살始學菩薩 등이 모두 같은 뜻이다. 처음 보리심을 발하여 불도를 배우기 시작한 보살. 보살 수행의 52계위 중 제1~제10에 해당하는 십신十信과 상응한다.

大地菩薩所修. 不關諸新發意所行.

㉠ 경에서 바로 그대가 질문한 것과 같은 것에 답하여 말하기를, "보살은 처음 보리심을 발한 이후 항상 얻을 것이 없는 법을 행하고 얻을 것이 없는 법을 원인으로 삼기 때문에 보시와 지계를 닦고, 내지 얻을 것이 없는 법을 원인으로 삼기 때문에 지혜를 닦는다."²³¹라고 하였다.

이 답의 뜻은 만약 그 행이 아직 닦은 적이 없어서 행하기 어렵다는 이유로 지금 닦지 않는다면, 지금 익히지 않기 때문에 나중에도 또한 닦지 않을 것이니, 이와 같이 오랜 시간이 지나면 더욱 어려워질 것이다. 그러므로 처음부터 그 어려움을 우러러 익히고 그 익히는 행이 점점 늘어나면서 점차 쉬운 것으로 바뀔 것이다. 이것을 처음 신행하는 보살이 대승을 얻으려는 마음을 일으켜 나아가는 것이라고 한다.

答. 經中正答如汝問言. 菩薩從初發意已來. 常行無所得法. 因無所得法. 故修布施持戒. 乃至因無所得法. 故修智慧. 此答意者. 若使彼行. 由未曾修難可行故. 今不修者. 今不習故. 後亦不修. 如是久久. 彌在其難. 故令從初. 仰習其難. 習行漸增. 轉成其易. 是謂新行發趣大意.

㉡ 경은 바로 『대품반야경』이다. 지금 그 뜻에 준하여 앞에서 질문한 것에 답하였다. 그러므로 "경에서 바로 (그대가 질문한 것과 같은 것에) 답하여" 등이라고 하였다.

經卽大品般若經也. 今准彼意. 答前所問. 故云經中正答等也.

---

231 『大品般若經』 권21(T8, 373c).

그 경 권21에서 말하였다.

彼第卄三[1]云。

1) ㉠『大正新修大藏經』에 따르면 '三'은 '一'이다. 『大正新修大藏經』 미주에서 다른 판본에는 '三'이라고 한 것도 있다고 하였으므로 판본의 차이에 따른 것일 수도 있다.

부처님께서 말씀하셨다.

"반야바라밀은 얻을 수 없기 때문에, 보살도 얻을 수 없고 행도 또한 얻을 수 없으며, 행하는 이와 행하는 법과 행하는 곳(行處)도 또한 얻을 수 없다. 이것을 보살마하살이 반야바라밀을 행하지 않는 것을 행하는 것이라고 하니, 일체의 희론을 얻을 수 없기 때문이다."

"세존이시여, 행하지 않는 것이 보살이 반야바라밀을 행하는 것이라고 한다면, 처음 보리심을 발한 보살은 어떻게 반야바라밀을 행하는 것입니까?"[232]

"수보리여, 보살은 처음 보리심을 발했을 때부터 공하여 얻을 것이 없는 법을 배워야 한다. 이 보살은 얻을 것이 없는 법을 행하기 때문에 보시와 지계와 인욕과 정진과 선정을 닦고, 얻을 것이 없는 법 때문에 지혜를 닦으며, 내지 일체종지一切種智도 또한 이와 같다."

수보리가 부처님께 말씀드렸다.

"세존이시여, 무엇을 얻을 것이 있다고 합니까, 무엇을 얻을 것이 없다고 합니까?"

부처님께서 수보리에게 말씀하셨다.

"두 가지가 있다고 하는 모든 것이 얻을 것이 있는 것이고, 두 가지가

---

[232] 『大智度論』 권83(T25, 644c)에서 "행하지 않는 것을 행하는 것이라고 한다면 처음 보리심을 발한 보살은 마음이 미혹될 것이고, 행하는 것을 행하는 것이라고 한다면 이것은 전도된 것이기 때문에 질문한 것이다."라고 해석하였다.

있지 않다고 하는 것이 얻을 것이 없는 것이다."

"세존이시여, 어떤 것들을 두 가지라고 하여 얻을 것이 있는 것이라고 합니까, 어떤 것들을 두 가지가 아니어서 얻을 것이 없다고 합니까?"

부처님께서 말씀하셨다.

"안근과 색경을 두 가지라고 하고, 내지 의근과 법경을 두 가지라고 하며, 내지 아뇩다라삼먁삼보리와 부처님을 두 가지라고 하는 것이니, 이것을 두 가지라고 하는 것이다."

"세존이시여, 얻을 것이 있는 것으로부터 얻을 것이 없는 것을 얻는 것입니까, 얻을 것이 없는 것으로부터 얻을 것이 없는 것을 얻는 것입니까?"[233]

부처님께서 말씀하셨다.

"얻을 것이 있는 것으로부터 얻을 것이 없는 것을 얻는 것도 아니고, 얻을 것이 없는 것으로부터 얻을 것이 없는 것을 얻는 것도 아니다. 수보리여, 얻을 것이 있는 것과 얻을 것이 없는 것이 평등한 것을 얻을 것이 없는 것이라고 한다. 이와 같으니 수보리여, 보살마하살은 얻을 것이 있는 것과 얻을 것이 없는 것이 평등한 법 가운데 배워야 한다. 수보리여, 보살마하살이 이와 같이 반야바라밀을 배우고 이것을 얻을 것이 없는 것이라고 한다면 과실이 있지 않다.[234] [『대반야경』 권361에서도 또한 이것과 동일하게 설하였다.[235]]

---

233 『大智度論』 권83(T25, 645a)에서 "얻을 것이 있는 가운데 얻는 것이 없는 것이라면 얻을 것이 있는 것은 곧 전도이니, 전도를 행하여 어떻게 진실을 얻을 수 있는가? 얻을 것이 없는 것 가운데 얻을 것이 없는 것을 얻는다면 얻을 것이 없는 것은 바로 있는 것이 없으니, 있는 것이 없는데 어떻게 있는 것이 없는 것을 일으킬 수 있는가?"라고 하여 두 가지 허물이 생겨나는 것에 의문을 제기하는 것으로 해석하였다.
234 『大品般若經』 권21(T8, 373c).
235 『大般若經』 권361(T6, 863a).

佛言。般若波羅蜜不可得故。菩薩不可得。行亦不可得。行者行法行處亦不可得。是名菩薩摩訶薩行不行般若波羅蜜。一切諸戲論不可得故。世尊。若不行。[1] 云何行般若波羅蜜。須菩提。菩薩從初發意以來。應學空無所得法。是菩薩用無所得法故。修布施持戒忍辱精進禪定。以無所得法故修智慧。乃至一切種智亦如是。須菩提白佛言。世尊。云何名有所得。云何名無所得。佛告須菩提。諸有二者。是有所得。無有二者是無所得。世尊。何等是二有所得。何等是不二無所得。佛言。眼色爲二。乃至意法爲二。乃至阿耨多羅三藐三菩提佛爲二。是名爲二。世尊。從有所得中無所得。從無所得中無所得。佛言。不從有所得中無所得。不從無所得中無所得。須菩提。有所得無所得平等。是名無所得。如是須菩提。菩薩摩訶薩。於有所得無所得平等法中應學。須菩提。菩薩摩訶薩。如是學般若波羅蜜。是名無所得者。無有過失。【大般若經三百六十一卷。亦同此說。】

1) ㈜『大品般若經』에 따르면 '行' 뒤에 '是菩薩摩訶薩行般若波羅蜜初發意菩薩'이 누락되었다.

『인왕경소仁王經疏』 권4에서 "'얻을 것이 있는 마음'이라는 것은 상을 취하는 마음이고, '얻을 것이 없는 마음'이라는 것은 무분별지無分別智이다.【이하 생략】"[236]라고 하였다.

仁王經疏第四云。有所得心者。取相[1] 心也。無所得心者。無分別智也。【云云】

1) ㈜『仁王護國般若經疏』에 따르면 '相' 뒤에 '之'가 누락되었다.

---

[236] 『仁王護國般若經疏』 권중(T33, 477a). 『조람집』에서는 "권4"라고 하였는데 판본의 차이일 수도 있기 때문에 그대로 두었다.

3) 맺음

가 궁극적인 관점에서 지키는 것과 범하는 것을 이와 같이 간략하게 밝혔다.

究竟持犯。略明如是。

제3장 맺으면서 보시의 서원을 보인 부분

1. 요의교에 의해 이 글을 지었음을 밝힘

기 성스러운 경전의 요의了義²³⁷를 설한 글을 우러러 의지하여 계장戒藏의 대의를 서술하고 요문要門을 열었습니다.

仰依聖典了義文. 粗述戒藏開要門.

집 이 이하는 세 번째로 맺으면서 보시의 서원을 보인 부분이다.
예전의 학자가 한 가지 해석을 제시하기를, "유통분 가운데 크게 두 가지로 나뉜다. 처음의 한 게송은 가르침을 배우는 것과 관련된 유통분이고, 뒤의 한 게송은 행을 배우는 것과 관련된 유통분이다.【이하 생략】"라고 하였다. 지금 크게 (두 가지로) 분과한 것과 같지 않다. 자세하게 분과하면 네 가지가 되니 저 글을 대조하면 알 수 있을 것이다.

---

237 요의了義 : 궁극적 진리를 분명하게 나타내어 진술한 가르침을 일컫는 말. 상대어는 불료의不了義(줄여서 不了라고도 함)로, 중생의 근기에 맞추어서 궁극적 진리를 숨기어 분명하게 나타내지 않고 방편으로서의 가르침만을 설한 것을 가리킨다. 유식종에서는 부처님의 가르침을 세 시기로 나누어서, 첫 번째 시기에는 유有의 가르침을 설하고, 두 번째 시기에는 공의 가르침을 설하였으며, 세 번째 시기에는 유식중도唯識中道의 가르침을 설하였다고 하고, 앞의 두 가지는 불료의이고 마지막 한 가지는 요의라고 하였다.

自下第三結示施願分也。古一義云。流通分中。大分爲二。初一頌是學敎流
通。後一頌卽學行流通也。【云云】今謂不同如科大分。細科爲四。對彼可知。

"성스러운 경전의 요의了義를 설한 글"이라고 한 것은 앞에서 인용한
『유가사지론』・『해심밀경』 등의 글이 이것이다. 불료의교不了義敎에 상대하
기 때문에 "요의"라고 하였다.
무릇 요의와 불료의에는 간략히 네 가지가 있다. 첫째는 법인法印과 법
인이 아닌 것의 문이고 둘째는 영원한 것과 영원하지 않은 것을 설하는 것
의 문이며, 셋째는 분명히 나타낸 것(顯了)과 비밀스럽게 숨겨 둔 것(隱密)의
문이고 넷째는 말이 간략한 것(言略)과 말이 자세한 것(語廣)의 문이다.[238]

所言聖典了義文者。上來所引瑜伽深密等文是也。對不了敎。故云了義。凡
了不了。略有四重。一法印非印門。二詮常非常門。三顯了隱密門。四言略
語廣門也。

(『대승법원의림장』)「총료간장總料簡章」에서 말하였다.

---

238 진원 자신이 출처를 밝히지는 않았지만 "요의와 불료의에는~자세한 것(語廣)의 문
이다."라고 한 것은 『大乘法苑義林章』권1(T45, 246b)에서 설한 것과 내용이 동일하
다. 바로 뒤에 나오는 인용문은 이 글에 대해 자세히 해석한 부분을 생략하고 그것을
총괄적으로 정리한 부분만 담았다. 생략된 내용은 다음과 같다. 첫째, '법인'이란 삼법
인三法印(諸行無常・涅槃寂靜・諸法無我) 혹은 사법인四法印(앞의 세 가지에 有漏皆
苦를 더한 것)을 가리킨다. 둘째, '영원한 것'이란 여래는 영원하지 않고 변하고 바뀌
는 것이라는 소승의 가르침과 상대하여 여래는 영원하고 변하지 않는다고 한 가르침
을 가리킨다. 셋째, '분명히 나타낸 것'이란 궁극적인 진리를 분명하게 나타낸 가르침
이고, '비밀스럽게 숨겨 둔 것'이란 궁극적인 진리를 나타내지 않고 비밀스럽게 숨겨
둔 가르침이다. 넷째, '말이 간략한 것'이란 계경・응송 등과 같이 간략한 형식으로 설
한 가르침이니 그 뜻이 완전히 드러나지 않아서 다시 해석해야 하는 것이고, '말이 자
세한 것'이란 이것과 다른 형식으로 설한 가르침을 가리킨다.

總料簡章云。

이 가운데 첫 번째는 유정이 잘못된 것을 버리고 바른 것에 돌아가게 하기 위해 요의와 불료의라고 한 것이다. 일체의 부처님께서 설한 경전을 요의라고 하고 외도가 설한 것을 불료의라고 한다. 두 번째는 소승을 버리고 대승으로 돌아가게 하기 위해 요의와 불료의라고 한 것이다. 일체의 대승을 모두 요의라고 하고 모든 소승의 가르침을 불료의라고 한다.
세 번째는 은밀한 것을 버리고 분명하게 나타낸 것으로 돌아가게 하기 위해 요의와 불료의라고 한 것이다. 일체의 대승 가운데 분명하게 나타낸 언교를 모두 요의라고 하고, 비록 대승이지만 법을 설한 것이 은밀한 것을 불료의라고 한다. 네 번째는 법의 광대함과 간략함을 알게 하기 위해 요의와 불료의라고 한 것이다. 모든 중송重頌[239]의 형식을 가진 경은 말이 간략하여 다하지 않은 것이 있으니 모두 불료의라고 하고, 중송의 형식을 갖지 않은 경은 말이 광대하고 다하였기 때문에 요의라고 한다.
이 네 가지 문의 요의와 불료의로 일체의 가르침의 요의언了義言과 불료의언不了義言을 풀이한다. 그러므로 대승경전은 비록 모두 요의라고 할지라도 그 가운데 다시 취하고 버려야 한다.【이하 생략】[240]

此中第一爲令有情。捨邪歸正。名了不了。一切佛經。皆名了義。外道所說。名爲不了。第二爲令捨小歸大。名了不了。一切大乘。皆名了義。諸小乘敎。名爲不了。第三爲令捨隱歸顯。名了不了。一切大乘顯了言敎。皆名爲了。雖是大乘。說法隱密。名爲不了。第四爲令知法廣略。名了不了。諸重頌經。

---

239 중송重頌 : [S] geya의 의역어로, 기야祇夜라고 음역한다. 부처님의 교설을 그 형식이나 내용에 따라 12가지로 분류한 것 중 하나이다. 앞에서 서술한 내용을 거듭해서 게송의 형식으로 다시 설한 부분을 가리킨다.
240 『大乘法苑義林章』권1(T45, 247a).

言略不盡。皆名不了。非重頌經。言廣盡故。說名爲了。以此四門了不了義。
釋一切教了不了言。故大乘經。雖皆名了。而於其中。復應取捨。【云云】

나머지 자세한 것은 그곳에서 설한 것과 같다. 번잡할 것 같아 생략
한다.

餘廣如彼。恐繁略之。

지금 글에서 "요의"는 말한 것에 준하여 알 수 있다.

今文了義。言准而悉矣。

"계장戒藏"은 지금 『요기』에서 종지를 밝히려는 것이니 바로 『범망계본』
이 이것이다. 저 『범망경고적기』에서 풀이하기를, "일체의 금계禁戒는 상
승上乘이든 하승下乘이든 모두 여기(『범망경』)에서 나온다. 그러므로 '불법
가운데 계장'이라고 하였다.【이하 생략】"[241]라고 하였다. "요문"은 지키는 것
과 범하는 것의 요문이니 곧 지금 『요기』의 글이 이것이다.

戒藏謂今記所宗。卽梵網戒本是也。彼古迹釋云。一切禁戒。上乘下乘。皆
從此出。故云佛法中戒藏也。【云云】要門者。持犯要門。卽今記文是也。

---

[241] 『梵網經古迹記』 권하(T40, 702a).

2. 지키는 것과 범하는 것에 어두운 중생을 위해 이 글을 지었음을 밝힘

기

두루 중생을 위해 법계에 하나의 등불을 사르었으니
원하옵건대 등불이 시방세계에 두루 전해지기를.

普爲法界燃一燈。願以傳燈周十方。

집 법계에서 지키는 것과 범하는 것에 어두운 이를 위해 이 하나의 글을 지어 계를 범하는 것과 범하지 않는 것을 판별한 것을 말한다. 어리석고 미혹된 가운데 홀연히 지키는 것과 범하는 것의 모양을 밝게 나타내니, 깜깜한 어둠 속에 하나의 등불을 사르는 것과 같다. 보살이 가르침을 베푼 것은 모든 중생을 두루 위한 것이기 때문에 등불이 시방세계에 두루 전해지기를 원한 것이다. 『양섭대승석론梁攝大乘釋論』[242] 권6에서 "보살

---

[242] 『양섭대승석론梁攝大乘釋論』: 『攝大乘論』에 대한 세친世親의 주석서를 한역한 것 중 진제眞諦가 한역한 것을 가리키는 말. 『攝大乘論』 및 그 주석서의 한역본 현황은 다음과 같다.

	무착無著 지음	세친世親 주석	무성無性 주석
당 현장玄奘 한역본	-『攝大乘論釋本』 (No.1594) -『唐攝論』이라고도 함.	-『攝大乘論釋』(No.1597) -『唐世親攝論』이라 하여 진제 역(No.1595)과 구별함.	-『攝大乘論釋』(No.1598) -『無性攝論』·『無性論』이라고도 함.
양 진제眞諦 한역본	-『攝大乘論』(No.1593) -『梁攝論』이라고도 함.	-『攝大乘論釋』(No.1595) -『梁世親攝論』이라 하여 현장 역과 구별함. 『梁攝論』·『梁攝論釋』이라고도 함.	
수 급다笈多 한역본		-『攝大乘論釋論』 (No.1596) -『隋論』이라고도 함.	

이 중생을 일체지지一切智智에 들어가게 하려는 뜻이 있으면 이 뜻에 의해 차례차례 전하면서 중생을 교화하고 제도하여 일체지지를 얻게 하니, 비유컨대 하나의 등불을 전하여 천 개의 등불을 사르는 것과 같다.[이하 생략]"243라고 하였다.

謂爲法界暗持犯者。制此一文。辨犯不犯。愚迷忽晴。明持犯相。如黑闇。燈一燈也。菩薩設敎。普爲一切故。願燈於十方也。梁攝大乘釋論第六云。若菩薩有意。欲令衆生。入一切智智。由此意傳傳。化度衆生。令得一切智智。譬如一燈傳燈[1)]千燈。【云云】

1) ㉪『攝大乘論釋』에 따르면 '燈'은 '然'이다.

3. 중생이 계를 깊이 이해하여 완성하고 여섯 가지 뜻과 다섯 가지 닦음을 성취하기를 서원함

기

네 구절에 의해 삼취계三聚戒를 원만하게 이루고
여섯 가지 뜻과 다섯 가지 닦음을 성취하여,

四句三聚戒圓滿。六意五修爲成辨。[1)]

위 불타선다 佛陀扇多 한역본	-『攝大乘論』(No.1592) -『魏論』이라고도 함.		

243 『攝大乘論釋』 권6(T31, 197a).

1) ㉘ '辨'을 '辦'이라고 하였다.(갑본)

집 "네 구절로 삼취계를 원만하게 이루고"라는 것은 다음과 같다. "네 구절"은 앞에서 분별한 것, 곧 찬탄하고 비방하는 것과 관련된 네 구절을 말한다. 우선 한 가지 계에 대해 지키는 것과 범하는 것의 모양을 풀이하였으니, 나머지 여러 가지 계는 이것에 준하여 이해할 수 있기 때문에 일체에 통하는 것이다.

四句三聚戒者。四句謂上所分別讚毀四句也。且約一戒。解持犯相。自餘諸戒。准此可了。故通一切也。

"여섯 가지 뜻과 다섯 가지 닦음"이라는 것은 다음과 같다.
이것은 『대승아비달마잡집론』・『섭대승론』 등에 나온다. 우선 그 상을 풀이한 것은 『양세친섭론梁世親攝論』 권9와 『당세친섭론唐世親攝論』・『무성섭론』 권7에 보인다. 지금 여러 글을 채택하여 대강의 줄거리를 간략하게 보였다. 보살이 육바라밀을 수행할 때 간략하게 다섯 가지 닦음과 여섯 가지 뜻이 있다.

六意五修者。此出雜集論攝大乘論等。且釋其相。在梁世親攝論第九。唐世親攝論無性攝論第七。今採諸文。略示梗概。菩薩修行六波羅蜜。略有五種修六種意也。

단지 "다섯 가지 닦음"이라는 것은 다음과 같다.

但五修者。

『양섭론梁攝論』에서 "논 첫째는 가행 방법加行方法을 닦는 것이다. 섭 몸과 입과 뜻으로 하는 행위가 광대하고 청정하며 가장 뛰어난 것을 이루기 때문이다."244라고 하였다.

『당론唐論』에서 "첫째는 현기하는 가행을 닦는 것이다."245라고 하였고, 『세친론』에서 "'현기하는 가행'이라는 것은 바라밀다를 현행하는 가행이다."246라고 하였으며, 『무성론』에서 "설령 바라밀다를 현기하는 가행을 떠난다고 해도 항상 끊임없이 여섯 가지 바라밀을 수습하여 속히 원만함을 얻을 수 있는 것인가, 그렇지 않은 것인가?"247라고 하였다.

梁攝論云。論曰。一加行方法修。釋曰。謂身口意業。能成廣大淸淨最勝故。唐論云。一現起加行修。世親論云。現起加行者。謂波羅蜜多現行加行。無性論云。現1)起加行。恒常無間修習六種波羅蜜多。速得圓滿。爲不爾耶。

1) 옙 문맥이 이어지도록 하기 위해서는 '現' 앞에 '設離波羅蜜多'를 더 넣어야 한다.

『양론梁論』에서 "논 둘째는 믿고 즐거워하는 것을 닦는 것이다. 섭 가르침을 듣는 것에 의거한 것이니 첫 번째 장章248에서 풀이한 것과 같다."249라고 하였다. 첫 번째 장에서 말하기를, "여섯 가지 바라밀의 바른 가르침 가운데 마음에 결코 의심이 없기 때문에 '믿고'라고 한다. 믿는 법 그대로 수행할 것을 추구하기 때문에 '즐거워하는 것'이라고 한다."250라고 하

---

244 『攝大乘論釋』 권9(T31, 217c).
245 『攝大乘論本』 권중(T31, 144c).
246 『攝大乘論釋』 권7(T31, 354b).
247 『攝大乘論釋』 권7(T31, 419b). 바로 앞의 글에서 "보살은 여섯 가지 바라밀에 의해 유식唯識에 들어가고, 이미 들어가고 나서는 청정하고 뛰어난 뜻에 포섭되는 뛰어난 과분果分인 여섯 가지 바라밀을 증득한다. 그러므로"라고 한 것에 바로 이어지는 것임을 참조할 것.
248 『攝大乘論釋』 「釋入因果勝相」의 제1장인 인과위장因果位章을 가리킨다.
249 『攝大乘論釋』 권9(T31, 217c).

였다.『당론』에서 "승해를 닦는 것이다."²⁵¹라고 하였고,『세친론』에서 "이 바라밀다와 상응하는 성스러운 가르침에 대해 비록 지극히 심오하더라도 믿고 이해하는 것이다."²⁵²라고 하였으며,『무성론』에서도 동일하게 해석하였다.²⁵³

【이상의 두 가지 닦음은 모두 지전地前의 지위에 있는 것이다.】

梁論云。論曰。二信示¹⁾修。釋曰。約聞敎如初章釋。初章云。於六度正敎中。心決無疑。故名爲信。如所信法。求欲修行。故名爲示。²⁾唐論云。勝解修。世親論云。謂卽於比³⁾波羅蜜多相應聖敎。雖極甚深。而能信解。無性論同。

【已上二修者。竝在地前位。】

1) ㉠『攝大乘論釋』에 따르면 '示'는 '樂'이다. 2) ㉠『攝大乘論釋』에 따르면 '示'는 '樂'이다. 3) ㉠『攝大乘論釋』에 따르면 '比'는 '此'이다.

『양론』에서 "⎡논⎦ 셋째는 사유思惟를 닦는 것이다. ⎡석⎦ 사유를 닦는 것에 세 가지가 있다. 좋아하고 귀중하게 여기는 것과 따라서 기뻐하는 것과 얻을 것을 원하는 것을 합하여 사유를 닦는 것이라고 한다. 또한 첫 번째 장에서 해석한 것과 같다."²⁵⁴라고 하였다. 첫 번째 장에서 "여섯 가지 바라밀을 행하는 가운데 다함이 없는 공덕을 보고 좋아하고 귀중하게 여기는 마음을 내고, 귀중하게 여기는 것에 의해 바른 것(義)을 행하지 않음이 없다. 이러한 믿고 즐거워하는 뜻을 어떤 사람이 얻을 수 있겠는가? 오직 모든 부처님·여래만이 이미 구경의 바라밀의 지위에 도달하여 이러한 뜻을 얻을 수 있으니 뛰어난 사람이 얻는 것을 알 수 있다. 뛰어난 사람에게

---

250 『攝大乘論釋』 권9(T31, 213b).
251 『攝大乘論本』 권중(T31, 144c).
252 『攝大乘論釋』 권7(T31, 354b).
253 『攝大乘論釋』 권7(T31, 419b).
254 『攝大乘論釋』 권9(T31, 217c).

서 이루어지는 것을 마음 깊이 기뻐하고 찬탄하는 것을 따라서 기뻐하는 것이라고 한다. 이렇게 따라서 기뻐하는 것에 의해 바른 것을 행하지 않음이 없다. 중생과 내가 평등하게 이렇게 청정하게 믿고 즐거워하는 뜻을 얻을 것을 원하기 때문에 얻을 것을 원하는 것이라고 한다. 이렇게 얻을 것을 원하는 것에 의해 바른 것을 행하지 않음이 없다."[255]라고 하였다.

『당론』에서 "또 작의作意를 닦는 것[256]은 여섯 가지 뜻에 포함되는 좋아하고 귀중하게 여기는 것과 따라서 기뻐하는 것과 즐거워하는 것의 작의를 닦는 것이다."[257]라고 하였고, 『세친론』에서 "'좋아하고 귀중하게 여기는 것의 작의'라는 것은 그것에 나아가서 뛰어난 공덕을 보고 깊이 좋아하는 마음을 일으키는 것이다. '즐거워하는 것의 작의'라는 것은 이미 가장 뛰어난 피안彼岸에 이른 모든 부처님께서 얻은 청정한 의도처럼 나와 저 일체의 유정도 또한 증득할 것을 원하는 것이다."[258]라고 하였고, 『무성론』에서 "'좋아하고 귀중하게 여기는 것의 작의'라는 것은 이미 얻은 바라밀다에서 공덕의 맛을 수용하는 것이다. '따라서 기뻐하는 것의 작의'라는 것은 시방 일체세계의 타상속他相續 가운데 혹은 각별한 자상속自相續 가운데 바라밀다를 깊은 마음으로 기뻐하는 것이다. '즐거워하는 것의 작의'라는 것은 미래에 내가 이것과 함께 항상 서로 떠나지 않고 뛰어나게 전변할 것을 원하는 것이다."[259]라고 하였다.

梁論曰。論云。三思惟修。釋曰。思惟修中。自有三種。愛重隨喜願得。合名思惟修。亦如初章釋。初章云。於六度行中。見無窮功德。心生愛重。由此

---

[255] 『攝大乘論釋』 권9(T31, 213c).
[256] 바로 앞의 『梁論』에서는 "사유思惟를 닦는 것"이라고 하였는데 여기서는 "작의作意를 닦는 것"이라고 한역한 것이니, 서로 같은 말이다.
[257] 『攝大乘論釋本』 권중(T31, 144c).
[258] 『攝大乘論釋』 권7(T31, 354c).
[259] 『攝大乘論釋』 권7(T31, 419b).

愛重。無不行義。如此信樂意何人能得。唯諸佛如來。已至究竟波羅蜜位。能得此意。知是勝人所得。成於勝人。深心欣護。[1] 故名隨喜。由此隨喜。無不行義。願衆生及我平等。得此淸淨信樂意。故名願得。由此願得。無不行義。唐論云。三[2]作意修者。謂修六種意樂所攝愛重隨喜欣樂作意。世親論云。愛重作意者。謂卽於彼見勝功德。深生愛味。欣樂作意者。謂如已到最勝彼岸諸佛所得淸淨意樂。願我及彼一切有情。亦當證得。無性論云。愛重作意者。謂於已得波羅蜜多。受功德味。隨喜作意者。謂於十方一切世界他相續中。或於各別自相續中。波羅蜜多深心慶喜。欣樂作意者。謂於未來。願我與此。恒不相離。及轉殊勝。

1) ㉠『攝大乘論釋』에 따르면 '護'는 '讚'이다. 2) ㉠『攝大乘論本』에 따르면 '三'은 '又'이다. 다만 진원이 전후 문맥을 고려하여 의도적으로 집어넣은 것으로 생각되지만 번역은『攝大乘論本』에 따랐다.

『양론』에서 "논 넷째는 방편승지方便勝智를 닦는 것이다. 석 무분별지無分別智에 나아가는 것이니 세 가지 뜻이 있다. 첫째는 광대한 것이고 둘째는 청정한 것이며 셋째는 속히 이루는 것이다. 이 세 가지 뜻을 갖추었기 때문에 방편승지라는 이름을 세웠다."[260]라고 하였고, 『당론』에서 "넷째는 방편선교方便善巧를 닦는 것이다."[261]라고 하였으며, 『무성론』에서 "'방편선교를 닦는 것'은 무분별지를 섭수하여 수습하는 것이다."[262]라고 하였다. 『세친론』에는 별도의 조목으로 풀이한 것이 없다.

【이상 두 가지 닦음은 모두 십지의 계위에서 행하는 것이다.】

梁論云。論曰。四方便勝智修。釋曰。卽無分別智。有三義。一廣大。二淸淨。三速成。具此三義故立方便勝智名。唐論云。四方便善巧修。無性論云。方

260 『攝大乘論釋』권9(T31, 217c).
261 『攝大乘論本』권중(T31, 144c).
262 『攝大乘論釋』권7(T31, 421b).

便善巧修者。謂無分別智攝受修習。世親論。無別條釋。【已上二修者。並在十地位。】

『양론』에서 "논 다섯째는 다른 사람을 이익 되게 하는 일을 닦는 것이다. 석 대승의 가르침에서 설한 것을 밝힌 것이다. 모든 부처님께서 비록 이미 반열반하였더라도 오히려 다시 마음을 일으킨다. 반열반은 곧 법신이고 다시 마음을 일으킨 것은 바로 응신과 화신이다. 모든 부처님께서는 이미 법신에 머물고 있지만 본원의 힘에 의해 세 가지 업을 여의면서도 중생을 이익 되게 하는 일을 따라서 저절로 응신과 화신을 나타낸다. 항상 여래의 바른 일을 버리지 않고 또 모든 바라밀을 행하기까지에 이른다. 그러므로 모든 부처님께서는 모든 바라밀을 수습한다."[263]라고 하였고, 『당론』에서 "성소작사成所作事[264]를 닦는 것은 모든 여래께서 자유롭게 불사佛事를 행하여 그치는 일이 없이 그 원만한 바라밀다에서 또다시 여섯 가지 도피안到彼岸[265]을 수습하는 것을 말한다."[266]라고 하였으며, 『세친론』에서 "'성소작사를 닦는 것'은 다음과 같다. 모든 여래께서 법신에 안주하여 공용功用(인위적 노력)이 없이 짓는 불사가 항상 그치는 일이 없다. 그 여섯 가지 바라밀다를 비록 현행할 일은 없더라도 모든 유정을 섭수하여 이익을 주기 위해서 항상 현행하여 지어야 할 일을 이룬다."[267]라고 하였고, 『무성론』에서 "'성소작사를 닦는 것'은 모든 여래의 도피안법到彼岸法은 비록 지극히 원만하지만 다른 중생을 매우 이익 되게 하려는 본원의

---

263 『攝大乘論釋』권9(T31, 217c).
264 성소작사成所作事 : 해야 할 일을 해서 마치는 것을 가리킨다. 중생을 구제하기 위해 여러 곳에서 여러 가지의 몸을 나타내면서 불사를 행하는 것이다.
265 도피안到彼岸 : ⑤ pāramitā의 의역어. 바라밀다波羅蜜多·바라밀波羅蜜 등으로 음역한다.
266 『攝大乘論本』권중(T31, 144c).
267 『攝大乘論釋』권7(T31, 356b).

힘 때문에 공용을 짓지 않고도 그 능한 것을 따라서 보시 등의 지어야 할 일을 현행한다. 이것이 바로 닦음인데 저들을 위해 닦는 것이기 때문에 또한 닦음이라고 한다."268)라고 하였다.

【이 한 가지 닦음은 불과佛果의 지위에서 행하는 것이다.】

梁論云。論曰。五利益他事修。釋曰。明大乘教中所說。諸佛雖已般涅槃。猶更起心。般涅槃卽法身。更起心卽應化二身。諸佛已住法身。由本願力。離言¹⁾三乘。²⁾ 隨利益衆生事。自然顯現應化二身。恒不捨如來正事及行諸波羅蜜。是故諸佛有諸波羅蜜修習。唐論云。五³⁾成所作事修者。謂諸如來。任運佛事。無有休息。於其圓滿波羅蜜多。復更修習六倒⁴⁾彼岸。世親論云。成所作事修者。謂諸如來。安住法身。有無功用。所作佛事。常無休息。於其六種波羅蜜多。雖無現行。然爲攝益諸有情故。恒常現行成所作事。無性論云。成所作事修者。謂諸如來。到彼安法。雖極圓滿。爲饒益他大⁵⁾本願力故。不作功用。隨彼所能。現行施等所應作事。此卽是修。爲彼修故。亦名爲修。【此一修者。在佛果位。】

1) ㉭『攝大乘論釋』에 따르면 '言'은 연자이다. 2) ㉭『攝大乘論釋』에 따르면 '乘'은 '業'이다. 3) ㉭『攝大乘論本』에 따르면 '五'는 연자이다. 다만 진원이 문맥을 고려하여 의도적으로 집어넣은 것으로 생각되지만 번역은 『攝大乘論本』에 따랐다. 4) ㉭『攝大乘論釋』에 따르면 '倒'는 '到'이다. 5) ㉭『攝大乘論釋』에 따르면 '大'는 연자이다.

『양론』에서 말하였다.

梁論云。

여섯 가지 뜻이란 다음과 같다. 첫째는 광대한 뜻이고 둘째는 오랜 시

---
268 『攝大乘論釋』 권7(T31, 421a).

간을 기약하는 뜻이며, 셋째는 환희의 뜻이고 넷째는 은덕이 있는 뜻이며, 다섯째는 큰 의지의 뜻이고 여섯째는 착하고 좋은 뜻이다.

광대한 뜻이라는 것은 만약 보살이 약간의 아승기겁 동안 무상보리無上菩提를 얻을 수 있다면[중략] 보살의 지계와 인욕 등을 행하려는 뜻이 또한 만족함이 없으니, 이것이 싫증을 내며 만족함이 없는 마음이고 이것을 보살의 광대한 뜻이라고 한다.

만약 보살이 처음 보리심을 발한 때부터 성불에 이르기까지 싫증을 내며 만족함이 없는 마음을 버리지 않는다면, 이것을 보살의 오랜 시간의 뜻이라고 한다.

만약 보살이 여섯 가지 바라밀에 의해 지은, 다른 사람을 이익 되게 하는 일에 의해 항상 견줄 것이 없는 환희를 일으킨다면, 중생이 이익을 얻는 것에 의해 (보살이) 그 마음에 환희를 일으킨 것에 미칠 수 있는 것은 없으니, 이것을 보살의 환희의 뜻이라고 한다.

만약 보살이 육바라밀을 행하여 중생을 이익 되게 하고 나서, 중생이 자신에게 큰 은덕을 베풀었음을 보지만 자신이 그들에게 은덕을 베푼 것은 보지 않는다면 이것을 보살의 은덕이 있는 뜻이라고 한다.[269]

만약 보살이 육바라밀에서 생겨난 공덕과 선근을 모든 중생에게 베풀어 주고 집착이 없는 마음으로 회향하여, 그들로 하여금 좋아하고 귀중하게 여길 만한 과보를 얻게 한다면, 이것을 보살의 큰 의지의 뜻이라고 한다.

만약 보살이 행한 육바라밀의 공덕과 선근을 모든 중생이 평등하게 모두 얻을 수 있도록 그들을 위해 무상보리로 회향한다면, 이것을 보살의 착하고 좋은 뜻이라고 한다.[이상][270]

---

[269] 중생이 오히려 자신에게 큰 은덕을 베풀었다고 생각하고, 자신이 중생에게 은덕을 베풀었다고는 생각하지 않는 것을 말한다.
[270] 『攝大乘論』 권중(T31, 125a).

六意者。一廣大意。二長時意。三歡喜意。四有恩德意。五大志意。六善好意。【乃至】[1)] 廣大意者。若菩薩若干阿僧祇劫。能得無上菩提。【乃至】是[2)]菩薩戒忍等意。亦不滿足。是無厭足心。是名菩薩廣大意。若菩薩。從初發心。乃至成佛。不捨無厭足心。是名菩薩長時意。若菩薩。由六波羅蜜所作利益他事。常生無等歡喜。衆生得益。其心歡喜。所不能及。是名菩薩歡喜意。若菩薩。行六波羅蜜。利益衆生已。見於[3)] 衆生[4)] 有大恩德。不見自身於彼有恩。是名菩薩有恩德意。若菩薩。從六波羅蜜所生功德。[5)] 施與一切衆生。以無着心廻向。爲令彼得可愛重果報。是名菩薩大志意。若菩薩所行六波羅蜜功德善根。令一切衆生平等皆得。爲彼廻向無上菩提。是名菩薩善好意。【已上】

1) ㉠ 중간에 생략된 글이 없기 때문에 '乃至'는 오류이다. 2) ㉠ 『攝大乘論』에 따르면 '是'는 연자이다. 3) ㉠ 『攝大乘論』에 따르면 '於'는 연자이다. 4) 『攝大乘論』에 따르면 '生' 뒤에 '於己'가 누락되었다. 5) 『攝大乘論』에 따르면 '德' 뒤에 '善根'이 누락되었다.

『당론』에서 "첫째는 광대한 의도(意樂)이고 둘째는 오랜 시간의 의도이며, 셋째는 환희의 의도이고 넷째는 은혜를 짊어지는 의도이며, 다섯째는 큰 의지의 의도이고 여섯째는 순수하고 선한 의도이다.【이하 생략】"[271]라고 하였다.

唐論云。一廣大意樂。二長時意樂。三歡喜意樂。四荷恩意樂。五大志意樂。六純善意樂。【云云】

이 여섯 가지의 명칭은 비록 약간 같지 않지만 해석의 뜻은 대체로 같다. 그러므로 나머지는 생략한다. 또한 지금 게재한 것은 『양론』과 『당론』

271 『攝大乘論本』 권중(T31, 144c).

이다. 『위론魏論』에서는 "여섯 가지 마음"[272]이라고 하였고, 『수론隋論』에서는 "여섯 가지 깊은 마음"[273]이라고 하였다. 또한 『대승아비달마잡집론』 권12에서도 설하였는데,[274] 명칭과 뜻을 풀이한 것이 앞과 같지 않지만 번잡할 것 같아 기록하지 않는다.

此六種名。雖少不同。釋意大同。故餘略之。又今所載依梁唐論。魏論名六[1]心。隋論名六染[2]心也。又雜集論第十二說。名目釋義。與上不同。恐繁不錄。

1) ㉢『攝大乘論』에 따르면 '六' 뒤에 '種'이 누락되었다. 2) ㉢『攝大乘論釋論』에 따르면 '染'은 '種深'이다.

4. 중생이 궁극적인 경지에 도달할 수 있기를 서원함

기
두 극단을 멀리 여의고 모든 죄를 소멸하며
평등하게 한맛을 맛보며 경계 밖에서 노닐게 하소서.

遠離二邊滅諸罪。等飡一味遊方外。

집 "두 극단"은 유와 무의 두 가지 집착을 말한다. 한맛은 곧 평등한 것이다. 앞의 구절은 끊어야 할 장애이고 뒤의 구절은 얻어야 할 과이며,

---
[272] 『攝大乘論』 권하(T31, 106b).
[273] 『攝大乘論釋論』 권7(T31, 300c).
[274] 『大乘阿毗達磨雜集論』 권12(T31, 748c).

마지막 구절은 바로 과에 속한다.

二邊謂有無二執。一味卽平等。在遊化。[1] 上句所斷障。下句所得果故。末句卽屬果也。

---
1) ㉠ '在遊化'는 탈자가 있는 것 같다.

【사본에 말하였다.】 홍안 5년(1282) 12월 즈음에 몇몇의 법려를 위해 처음 『지범요기』를 강의하기 시작하였다. 이후 혹은 경과 논의 글을 보고 혹은 다른 사람이 전한 설에 의지하고 혹은 나의 견해를 바탕으로 조금씩 이것을 기록하여 『조람집』이라고 하였다. 이것은 오직 강해를 돕기 위해 지키는 것과 범하는 것을 밝힌 것일 뿐이다.

【寫本云.】弘安五年。窮冬之比。爲三五之法侶。始開持犯之講肆。自爾已來。或勘經論文。或依他傳說。或任自愚見。漸漸記錄之。號云助覽集。是偏爲助講解。以明持犯而已。

남도 반야사般若寺[275] 변학행遍學行[276] 비구 진원 존도眞圓尊道가 기록하였다.

南都般若寺遍學行苾蒭。眞圓尊道誌。

---

275 반야사般若寺 : 일본 나라(奈良)에 위치한 진언율종眞言律宗의 사원이다. 진언율종은 진언眞言의 교지를 기초로 하여 대승계와 소승계에 의해 삼취정계三聚淨戒를 모두 수지하는 것을 원칙으로 하는 종파이다.
276 변학행遍學行 : 대승과 소승, 율종과 정토종 등과 같은 특정 사상에 갇히지 않고 모든 불법을 두루 배운다는 뜻이다.

원응 3년(1321) 정월에 서사를 마쳤다. 관예觀譽와 불자인 순섬舜暹이 집필하였다.

于時元應三年正月。書寫了。執筆。觀譽。佛子舜暹。

찾아보기

가명비안립제假名非安立諦 / 180
가행선加行善 / 255
가행심加行心 / 172
가행위加行位 / 43
개별적으로 연 것(別開) / 108
개별적인 연(別緣) / 108
개개와 제제 / 108
건도捷度 / 87
겉으로 나타난 행위(表業) / 62
게으름(懈怠) / 118
견도위見道位 / 169
견번뇌見煩惱와 애번뇌愛煩惱 / 184
견취견見取見 / 192
경구죄輕垢罪 / 71
경만輕慢 / 111
계금취견戒禁取見 / 192
계본戒本 / 87
계신戒身 / 64
계의 유사상唯事相 / 263
계체戒體 / 45, 257, 268
계학戒學 / 151
공무아견空無我見 / 201
공삼매空三昧 / 266
공통적으로 연 것(通開) / 108
공통적인 연(通緣) / 108
광대심계廣大心戒 / 158
『광백론석론廣百論釋論』 / 176
『광백론송廣百論頌』 / 200

교문教門 / 173
구경각究竟覺 / 190
구경위究竟位 / 44
구계지具戒地 / 186
구론舊論 / 76
구마라집鳩摩羅什 / 44
『구사론俱舍論』 / 50
규기窺基 / 239
근본무명根本無明 / 182, 190
근본업불상응염根本業不相應染 / 189
근본제根本制 / 85
근본지根本智 / 183
근식勤息 / 51
금강유정金剛喩定 / 189
『기신론起信論』 / 146
『기신론내의약탐기起信論內義略探記』 / 190
『기신론소起信論疏』 / 185, 187~189
『기신론의기起信論義記』 / 189

나태함(嬾惰) / 118
네 가지 과(四果) / 232
네 가지 인因 / 106
네 가지 전도 / 171
네 가지 중계 / 93
네 가지 타승처법他勝處法 / 133
『노자老子』 / 250
『논어論語』 / 245

『능가종요楞伽宗要』 / 50, 207, 217
능견심불상응염能見心不相應染 / 188
능의能依 / 192
능조사대能造四大 / 256
니계尼戒 / 88

다라계본多羅戒本 / 71, 80
다섯 가지 곡식 / 153
다섯 가지 연緣 / 107
다섯 가지 의意 / 185
단견斷見 / 169
단덕斷德 / 59
달기보살達機菩薩 / 272
달마계본達磨戒本 / 76
『당론唐論』 / 285
『당세친섭론唐世親攝論』 / 284
대망어大妄語 / 98
대법對法 / 76
『대법경경大法鏡經』 / 225
『대보적경大寶積經』 / 65, 147, 155
『대승광백론석론大乘廣百論釋論』 / 174, 201, 247
대승돈계大乘頓戒 / 74
『대승법원의림장大乘法苑義林章』 / 141, 178
『대승본생심지관경大乘本生心地觀經』 / 59
『대승아비달마잡집론大乘阿毗達磨雜集論』 / 170, 225
대지大地 / 272
『대지도론大智度論』 / 210, 259
도리세속제道理世俗諦 / 180

도리승의제道理勝義諦 / 180
도피안到彼岸 / 289
『도피안반야경到彼岸般若經』 / 174
독각정성獨覺定性 / 233
돈계頓戒 / 85
돈기頓機 / 72, 85
동류인同類因 / 255
두 가지 생사生死 / 58
둔륜遁倫 / 76, 81, 112, 234

라집羅什 / 44

마음의 병 / 221
말나식末那識 / 177, 187
망념忘念 / 114
몸의 병 / 221
무간죄無間罪 / 130
무간지옥無間地獄 / 157
무견無見 / 222, 225, 226
무구지無垢地 / 189
무명주지無明住地 / 190
무분별지無分別智 / 162
무상無相 / 173
무상견無相見 / 222, 225, 226
무상관無相觀 / 187
무상방편지無相方便地 / 187
『무성론無性論』 / 285, 286
『무성섭론無性攝論』 / 167, 168, 284

무성유정無性有情 / 233
무수겁無數劫 / 197
무작계無作戒 / 271
무작계체無作戒體 / 48
무지無知 / 111
『무진의경無盡意經』 / 236
무표계無表戒 / 48
무표색無表色 / 257
무표업無表業 / 62

바라이죄波羅夷罪 / 71
바라제목차波羅提木叉 / 83
바라제목차율의波羅提木叉律儀 / 82
『반야경般若經』 / 173
『반야등론석般若燈論釋』 / 162
반야사般若寺 / 295
반야般若의 밝음 / 182
반열반般涅槃 / 114
방일放逸 / 111
방편안립제方便安立諦 / 180
『백론百論』 / 173
번뇌애煩惱礙 / 183, 193
번뇌의 치성함 / 111
번뇌장煩惱障 / 192
번뇌전煩惱纏 / 111, 114
『범망경梵網經』 / 73, 261
『범망경고적기梵網經古迹記』 / 81, 94, 262
『범망경보살계본사기梵網經菩薩戒本私記』 / 269, 271
『범망경보살계본소梵網經菩薩戒本疏』 / 93, 259

『범망경소梵網經經疏』 / 47, 60, 97
범망계본梵網戒本 / 71
『범망보살계경소주梵網菩薩戒經疏註』 / 74
법신法身 / 59
법운지法雲地 / 189
법장法藏 / 93, 127, 189
법집法執 / 168, 174
법집분별法執分別 / 186
『법화경현찬섭석法華經玄贊攝釋』 / 144
『법화경현찬요집法華經玄贊要集』 / 50, 160, 172, 206
변계소집遍計所執 / 174, 269
변계소집성遍計所執性 / 168, 176
변역생사變易生死 / 58
변집견邊執見 / 192
변학행遍學行 / 295
별별해탈別別解脫 / 83
별해탈別解脫 / 83
별해탈계경別解脫戒經 / 82
별해탈률의別解脫律儀 / 82
『보살계본소菩薩戒本疏』 / 60
『보살계본종요菩薩戒本宗要』 / 61, 94, 122, 138
『보살선계경菩薩善戒經』 / 85, 90
『보살영락본업경菩薩瓔珞本業經』 / 73
보살정성菩薩定性 / 233
『보살지지경菩薩地持經』 / 76
보살진지菩薩盡地 / 189
복덕인 것 / 123
본경本經 / 73
본론本論 / 73
본사本師 / 43
본수체本受體 / 48
부단상응염不斷相應染 / 185

부정성不定性 / 233
부정성인不定性人 / 232
부정지不正知 / 114
분단생사分段生死 / 58
분별지상응염分別智相應染 / 186
불가회죄不可悔罪 / 71
불각不覺 / 189
불공주不共住 / 72
불료의不了義 / 280
불료의교不了義敎 / 279
『불장경佛藏經』 / 236
『불지론佛地論』 / 141
비나야毘奈耶 / 237
비인非人 / 149

사나舍那 / 43
사념처관四念處觀 / 160
사무애변四無礙辯 / 188
사무애지四無礙智 / 188
『사미경소沙彌經疏』 / 153
사바라이법 / 93
『사분율四分律』 / 83
『사분율개종기四分律開宗記』 / 255
『사분율함주계본四分律含注戒本』 / 84
『사분율함주계본소四分律含注戒本疏』 / 83
『사분율함주계본소행종기四分律含注戒本疏行宗記』 / 84
『사분율행사초자지기四分律行事鈔資持記』 / 48, 55
사상事象 / 129
사십팔경계 / 80

사정취邪定聚 / 233
사제四諦 / 232
사중계四重戒 / 90
사중세속四重世俗 / 179
사중세속제四重世俗諦 / 180
사중승의四重勝義 / 179
사중승의제四重勝義諦 / 180
사중이제四重二諦 / 179
사현似現 / 177
사화법四化法 / 189
살바다부薩婆多部 / 205
삼륜三輪 / 254, 262
삼무성三無性 / 186
『삼무성론三無性論』 / 258
삼성三性 / 168
삼신三身 / 58
삼신보리三身菩提 / 59
삼아승기겁三阿僧祇劫 / 142
삼취三聚 / 84
삼취계三聚戒 / 58
삼취정계三聚淨戒 / 58
상견常見 / 169
상견相見 / 225, 226
상인법上人法 / 98
색자재지色自在地 / 188
생득선生得善 / 255
생인生因 / 219
서명西明 / 224
『선생경善生經』 / 90, 97
선서善逝 / 59
선취공善取空 / 241
선혜지善慧地 / 188
섭선법계攝善法戒 / 58
성문사과聲聞四果 / 232

성문인聲聞人 / 232
성문정성聲聞定性 / 233
성소작사成所作事 / 289
『성유식론成唯識論』 / 169, 179, 195
『성유식론의연成唯識論義演』 / 264
성중계性重戒 / 97
세 가지 연緣 / 107
세간세속제世間世俗諦 / 180
세간승의제世間勝義諦 / 180
세속제世俗諦 / 70, 178
『세친론』 / 286
소망어小妄語 / 98
소승과 함께하는 중계 / 96
소승과 함께하지 않는 중계 / 96
소의所依 / 192
소전所詮 / 189
소조오경所造五境 / 256
소지장所知障 / 192
손감損減 / 167
손감견損減見 / 226
손감분별견損減分別見 / 225
손감시설견損減施設見 / 225
손감진실견損減眞實見 / 225
수다라修多羅 / 80
수도위修道位 / 44
수미산須彌山 / 199
수범수제隨犯隨制 / 85
수법數法 / 76
수사차별제隨事差別諦 / 180
수습위修習位 / 44
수염본각隨染本覺 / 190
수受와 수隨 / 108
승계僧戒 / 87
승乘을 급하게 행하고 계戒를 느슨하게 행

하는 대중 / 154
승의세속제勝義世俗諦 / 180
승의승의제勝義勝義諦 / 180
승의제勝義諦 / 70, 178
승잔죄僧殘罪 / 83
승해勝解 / 64, 220
시바라밀尸波羅蜜 / 266
식악息惡 / 51
『신기서해新記序解』 / 49
신론新論 / 76
신상응지信相應地 / 184
신업身業과 구업口業에 속하는 칠지七支 / 74
신태神泰 / 239
심사尋思 / 230
심사방편尋思方便 / 186
심소心所 / 177
심왕心王 / 144, 176
심자재지心自在地 / 188
심학心學 / 144
십견十見 / 192
『십문화쟁론十門和諍論』 / 217
십사十使 / 192
십선계十善戒 / 261
십수면十隨眠 / 192
십중계十重戒 / 89, 90
십지十地 / 169

아뢰야식阿賴耶識 / 177
아비달마阿毗達磨 / 76
아비달마장阿毗達磨藏 / 76

아사리阿闍梨 / 256
아사세왕阿闍世王 / 156
아승기겁阿僧祇劫 / 66
아집我執 / 168, 174
악취惡趣 / 201
악취공惡取空 / 201, 231, 238
암라과菴羅果 / 63
『양론梁論』 / 285
『양섭대승석론梁攝大乘釋論』 / 282
『양섭론梁攝論』 / 285
업식業識 / 189
여덟 가지 전도顚倒 / 261
여래지如來地 / 189
여량지如量智 / 193
여리지如理智 / 193
연각정성緣覺定性 / 233
연려緣慮 / 268
『연화면경蓮花面經』 / 142
『열반경涅槃經』 / 88, 156
염오가 아닌 경죄를 범한 것 / 124
염오인 것과 염오가 아닌 것 / 109, 110, 113
염오인 경죄를 범한 것 / 124
오범취五犯聚 / 72, 116
오분법신五分法身 / 64
오위五位 / 43
오종제계五種制戒 / 72
오편칠취五篇七聚 / 71
『옥편玉篇』 / 252
요의了義 / 278, 280
요익유정계饒益有情戒 / 58
요인了因 / 219
욕망(欲) / 105
우바새優婆塞 / 97

『우바새계경優婆塞戒經』 / 90
우바이優婆夷 / 97
운타죄隕墮罪 / 130
원성실성圓成實性 / 168, 174, 176
원측圓測 / 224, 234
원행지遠行地 / 187
『유가론기瑜伽論記』 / 76, 81, 234
『유가사지론瑜伽師地論』 / 60, 73, 76, 85, 107, 110, 179, 194, 195
『유가사지론석瑜伽師地論釋』 / 47
『유가사지론약찬瑜伽師地論略纂』 / 238, 242
유도 아니고 무도 아닌 계(非非戒) / 261
유명무실제有名無實諦 / 180
유사唯事 / 230
유식관唯識觀 / 186
유신견有身見 / 192
육법계六法戒 / 83
육염심六染心 / 184
육중계六重戒 / 90
율의계律儀戒 / 58, 84
은덕恩德 / 59
은밀문隱密門 / 194
은현제隱顯諦 / 178
응신應身 / 59
의도(意樂) / 60
의문현실제依門顯實諦 / 180
의미(義) / 173
의상 법사義湘法師 / 51
의식意識 / 184
의적義寂 / 47, 60, 88, 97, 107, 128
의타기성依他起性 / 168, 174, 176
이승과 함께하는 근본중죄(共根本重罪) / 94

이승과 함께하지 않는 근본중죄(不共根本
　重罪) / 94
이승二乘의 해탈 / 184
이양利養과 공경恭敬 / 126
이언법성離言法性 / 240
이언자성離言自性 / 240
『이장의二障義』 / 193
이학異學 / 60
인과차별제因果差別諦 / 180
인근석隣近釋 / 144
인연因緣 / 255
『인왕경소仁王經疏』 / 195
『인왕반야경仁王般若經』 / 81
『입도장入道章』 / 177
입성종立性宗 / 205

자도심계自度心戒 / 158
자량위資糧位 / 43
자비(悲) / 105
자성自性 / 170
자성분별自性分別 / 170
자은종慈恩宗 / 52
자찬훼타계自讚毁他戒 / 120
작계作戒 / 270
작범作犯 / 45
작의作意 / 140
작지作持 / 45
『장자莊子』 / 209, 210, 250
재가보살의 여섯 가지 중계 / 97
적정업寂靜業 / 148
전纏 / 129

전다라旃陀羅 / 148
전방편前方便 / 136
점기漸機 / 72, 85
정신定身 / 64
『정심계관법발진초淨心誡觀法發眞鈔』 / 206
정심지淨心地 / 185
정정취正定聚 / 233
정학定學 / 144
제6식 / 168
제7식 / 168
제8지 / 188
제10지 / 189
제바提婆 / 200
『제법무행경諸法無行經』 / 212
제일의제第一義諦 / 178
조달調達이 지킬 것을 주장한 다섯 가지 법
　/ 153
『주범망경註梵網經』 / 73
『주보살계경註菩薩戒經』 / 74
중계重戒 / 83
『중관론中觀論』 / 172, 196
중도中道 / 167
『중론中論』 / 173
『중루계경重樓戒經』 / 127
중송重頌 / 280
중여죄취衆餘罪聚 / 130
『중의경衆義經』 / 214
중이重夷 / 123, 128
중죄를 범한 것 / 125
증득세속제證得世俗諦 / 180
증득승의제證得勝義諦 / 180
증상만增上慢 / 150, 200
증상연增上緣 / 255
증익增益 / 167

지공誌公 / 54
지덕智德 / 59
지범止犯 / 45
지식智識 / 187
지애智礙 / 183, 193
지엄 선사智儼禪師 / 53
지지止持 / 45
지키는 것(持)과 범하는 것(犯) / 45
진명眞明 / 194
진제眞諦 / 178, 206
질애質礙 / 268
집상응염執相應染 / 184

차별差別 / 170
차별분별差別分別 / 170
차죄遮罪 / 77
찬탄하는 것과 비방하는 것 / 127
참慚·괴愧 / 132
처처해탈處處解脫 / 83
체용현현제體用顯現諦 / 180
추분별집麁分別執 / 184
칠중계七衆戒 / 85
칠지七支의 성죄性罪 / 76
침범약의불사계侵犯若疑不謝戒 / 117

타불여처墮不如處 / 71
타승죄취他勝罪聚 / 130
타승처他勝處 / 71

타심지他心智 / 146
태현太賢 / 61, 107, 128, 190
택산 여함澤山與咸 / 73
통달위通達位 / 44

파상종破相宗 / 205
파성종破性宗 / 205
「팔만위의품八萬威儀品」 / 73
팔식八識 / 168
팔재계八齋戒 / 83
팔중계八重戒 / 90
폐전담지제廢詮談旨諦 / 180
포살설계布薩說戒 / 198

학림鶴林 / 207
학처學處 / 83, 237
함식含識 / 201
해신解身 / 64
『해심밀경解深密經』 / 168, 220
『해심밀경소解深密經疏』 / 226, 228
해탈신解脫身 / 64
해탈지견신解脫知見身 / 64
현료문顯了門 / 194
현색불상응염現色不相應染 / 188
현식現識 / 188
현실종顯實宗 / 205
『현우경賢愚經』 / 63
현장玄奘 / 52

혜경惠景 / 234, 240
혜신慧身 / 64
혜학慧學 / 167
호법護法 / 174, 201
화상和上 / 194, 256
화신化身 / 43, 59
『화엄경華嚴經』 / 210, 212
후득지後得智 / 183

『희초熙鈔』 / 73

4전錢 / 128
28경계 / 81
44경계 / 76
246경계 / 82, 83
250계상戒相 / 83
8만 4천 경계 / 73

한글본 한국불교전서

신·라·출·간·본

신라 1 인왕경소
원측 | 백진순 옮김 | 신국판 | 800쪽 | 35,000원

신라 2 범망경술기
승장 | 한명숙 옮김 | 신국판 | 620쪽 | 28,000원

신라 3 대승기신론내의약탐기
태현 | 박인석 옮김 | 신국판 | 248쪽 | 15,000원

신라 4 해심밀경소 제1 서품
원측 | 백진순 옮김 | 신국판 | 448쪽 | 24,000원

신라 5 해심밀경소 제2 승의제상품
원측 | 백진순 옮김 | 신국판 | 508쪽 | 26,000원

신라 6 해심밀경소 제3 심의식상품 제4 일체법상품
원측 | 백진순 옮김 | 신국판 | 332쪽 | 20,000원

신라 12 무량수경연의술문찬
경흥 | 한명숙 옮김 | 신국판 | 800쪽 | 35,000원

신라 13 범망경보살계본사기 상권
원효 | 한명숙 옮김 | 신국판 | 272쪽 | 17,000원

신라 14 화엄일승성불묘의
견등 | 김천학 옮김 | 신국판 | 264쪽 | 15,000원

신라 15 범망경고적기
태현 | 한명숙 옮김 | 신국판 | 612쪽 | 28,000원

신라 16 금강삼매경론
원효 | 김호귀 옮김 | 신국판 | 666쪽 | 32,000원

신라 17 대승기신론소기회본
원효 | 은정희 옮김 | 신국판 | 536쪽 | 27,000원

신라 18 미륵상생경종요 외
원효 | 성재헌 외 옮김 | 신국판 | 420쪽 | 22,000원

신라 19 대혜도경종요 외
원효 | 성재헌 외 옮김 | 신국판 | 256쪽 | 15,000원

신라 20 열반종요
원효 | 이평래 옮김 | 신국판 | 272쪽 | 16,000원

신라 21 이장의
원효 | 인성두 옮김 | 신국판 | 256쪽 | 15,000원

신라 25 집일 금광명경소
원효 | 한명숙 옮김 | 신국판 | 636쪽 | 31,000원

고·려·출·간·본

고려 1 일승법계도원통기
균여 | 최연식 옮김 | 신국판 | 216쪽 | 12,000원

고려 2 원감국사집
충지 | 이상현 옮김 | 신국판 | 480쪽 | 25,000원

고려 3 자비도량참법집해
조구 | 성재헌 옮김 | 신국판 | 696쪽 | 30,000원

고려 4 천태사교의
제관 | 최기표 옮김 | 4X6판 | 168쪽 | 10,000원

고려 5 대각국사집
의천 | 이상현 옮김 | 신국판 | 752쪽 | 32,000원

고려 6 법계도기총수록
저자 미상 | 해주 옮김 | 신국판 | 628쪽 | 30,000원

고려 7 보제존자삼종가
고봉 법장 | 하혜정 옮김 | 4X6판 | 216쪽 | 12,000원

고려 8 석가여래행적송·천태말학운묵화상경책
운묵 무기 | 김성옥·박인석 옮김 | 신국판 | 424쪽 | 24,000원

고려 9 법화영험전
요원 | 오지연 옮김 | 신국판 | 264쪽 | 17,000원

고려 10 남명천화상송증도가사실
□련 | 성재헌 옮김 | 신국판 | 418쪽 | 23,000원

조·선·출·간·본

조선1 작법귀감
백파 긍선 | 김두재 옮김 | 신국판 | 336쪽 | 18,000원

조선2 정토보서
백암 성총 | 김종진 옮김 | 4X6판 | 224쪽 | 12,000원

조선3 백암정토찬
백암 성총 | 김종진 옮김 | 4X6판 | 156쪽 | 9,000원

조선4 일본표해록
풍계 현정 | 김상현 옮김 | 4X6판 | 180쪽 | 10,000원

조선5 기암집
기암 법견 | 이상현 옮김 | 신국판 | 320쪽 | 18,000원

조선6 운봉선사심성론
운봉 대지 | 이종수 옮김 | 4X6판 | 200쪽 | 12,000원

조선7 추파집·추파수간
추파 홍유 | 하혜정 옮김 | 신국판 | 340쪽 | 20,000원

조선8 침굉집
침굉 현변 | 이상현 옮김 | 신국판 | 300쪽 | 17,000원

조선9 염불보권문
명연 | 정우영·김종진 옮김 | 신국판 | 224쪽 | 13,000원

조선10 천지명양수륙재의범음산보집
해동사문 지환 | 김두재 옮김 | 신국판 | 636쪽 | 28,000원

조선11 삼봉집
화악 지탁 | 김재희 옮김 | 신국판 | 260쪽 | 15,000원

조선12 선문수경
백파 긍선 | 신규탁 옮김 | 신국판 | 180쪽 | 12,000원

조선13 선문사변만어
초의 의순 | 김영욱 옮김 | 4X6판 | 192쪽 | 11,000원

조선14 부휴당대사집
부휴 선수 | 이상현 옮김 | 신국판 | 376쪽 | 22,000원

조선15 무경집
무경 자수 | 김재희 옮김 | 신국판 | 516쪽 | 26,000원

조선16 무경실중어록
무경 자수 | 성재헌 옮김 | 신국판 | 340쪽 | 20,000원

조선17 불조진심선격초
무경 자수 | 성재헌 옮김 | 신국판 | 168쪽 | 11,000원

조선18 선학입문
김대현 | 성재헌 옮김 | 신국판 | 240쪽 | 14,000원

조선19 사명당대사집
사명 유정 | 이상현 옮김 | 신국판 | 508쪽 | 26,000원

조선20 송운대사분충서난록
신유한 엮음 | 이상현 옮김 | 신국판 | 324쪽 | 20,000원

조선21 의룡집
의룡 체훈 | 김석근 옮김 | 신국판 | 296쪽 | 17,000원

조선22 응운공여대사유망록
응운 공여 | 이대형 옮김 | 신국판 | 350쪽 | 20,000원

조선23 사경지험기
백암 성총 | 성재헌 옮김 | 신국판 | 248쪽 | 15,000원

조선24 무용당유고
무용 수연 | 이상현 옮김 | 신국판 | 292쪽 | 17,000원

조선25 설담집
설담 자우 | 윤인호 옮김 | 신국판 | 200쪽 | 13,000원

조선26 동사열전
범해 각안 | 김두재 옮김 | 신국판 | 652쪽 | 30,000원

조선27 청허당집
청허 휴정 | 이상현 옮김 | 신국판 | 964쪽 | 47,000원

조선28 대각등계집
백곡 처능 | 임재완 옮김 | 신국판 | 408쪽 | 23,000원

조선29 반야바라밀다심경략소연주기회편
석실 명안 엮음 | 강찬국 옮김 | 신국판 | 296쪽 | 17,000원

조선30 허정집
허정 법종 | 성재헌 옮김 | 신국판 | 488쪽 | 25,000원

조선31 호은집
호은 유기 | 김종진 옮김 | 신국판 | 264쪽 | 16,000원

조선 32 월성집
월성 비은 | 이대형 옮김 | 4X6판 | 172쪽 | 11,000원

조선 33 아암유집
아암 혜장 | 김두재 옮김 | 신국판 | 208쪽 | 13,000원

조선 34 경허집
경허 성우 | 이상하 옮김 | 신국판 | 572쪽 | 28,000원

조선 35 송계대선사문집 · 상월대사시집
송계 나식·상월 새봉 | 김종진·박재금 옮김 | 신국판 | 440쪽 | 24,000원

조선 36 선문오종강요 · 환성시집
환성 지안 | 성재헌 옮김 | 신국판 | 296쪽 | 17,000원

조선 37 역산집
영허 선영 | 공근식 옮김 | 신국판 | 368쪽 | 22,000원

조선 38 함허당득통화상어록
득통 기화 | 박해당 옮김 | 신국판 | 300쪽 | 18,000원

조선 39 가산고
월하 계오 | 성재헌 옮김 | 신국판 | 446쪽 | 24,000원

조선 40 선원제전집도서과평
설암 추붕 | 이정희 옮김 | 신국판 | 338쪽 | 20,000원

조선 41 함홍당집
함홍 치능 | 성재헌 옮김 | 신국판 | 348쪽 | 21,000원

조선 42 백암집
백암 성총 | 유호선 옮김 | 신국판 | 544쪽 | 27,000원

조선 43 동계집
동계 경일 | 김승호 옮김 | 신국판 | 380쪽 | 22,000원

조선 44 용암당유고 · 괄허집
용암 체조·괄허 취여 | 김종진 옮김 | 신국판 | 404쪽 | 23,000원

조선 45 운곡집 · 허백집
운곡 충휘·허백 명조 | 김재희·김두재 옮김 | 신국판 | 514쪽 | 26,000원

조선 46 용담집 · 극암집
용담 조관·극암 사성 | 성재헌·이대형 옮김 | 신국판 | 520쪽 | 26,000원

조선 47 경암집
경암 응윤 | 김재희 옮김 | 신국판 | 300쪽 | 18,000원

조선 48 석문상의초 외
벽암 각성 외 | 김두재 옮김 | 신국판 | 338쪽 | 20,000원

조선 49 월파집 · 해붕집
월파 태율·해붕 전령 | 이상현·김두재 옮김 | 신국판 | 562쪽 | 28,000원

※ 한글본 한국불교전서는 계속 출간됩니다.

원효元曉
(617~686)

신라 진평왕 39년 경상북도 압량군押粱郡에서 태어났다. 속성은 설薛씨이다. 대략 15세 전후에 출가했다. 낭지朗智·혜공惠空·보덕普德 등의 여러 스승에게서 두루 배웠다. 특정 경론이나 사상에 경도되지 않고 다양한 사상과 경론을 두루 학습하고 연구했다. 의상義湘과 함께 현장玄奘에게 유식학을 배우기 위해 당나라 유학을 감행하였지만 "마음이 모든 것의 근본이며 마음 밖에 어떤 법도 있지 않다."라는 깨달음을 얻고 되돌아왔다. 총 80여 부 200여 권의 책을 집필하였는데 이 가운데 계율 관련 저술로는 아직까지 위찬 논란이 진행 중인『범망경보살계본사기』가 전해지고 있다. 686년 혈사穴寺에서 입적하였다.

진원眞圓

생몰 연대 및 자세한 행적은 알 수 없다. 홍안 5년(1282)에『보살계본지범요기』의 강의를 시작했다는 기록에 의해 활동 연대를 추정할 수 있을 뿐이다.『본조고승전本朝高僧傳』과『율원승보전律苑僧寶傳』에 따르면 대화大和 반야사般若寺에 주석하였고 자字는 존도尊道이며 흥정보살예존興正菩薩叡尊(1201~1290)의 제자이다. 본서 이외의 저술로『교계율의현문초敎誡律儀顯文鈔』 1권이 있다.

옮긴이 한명숙

고려대학교 철학과를 졸업하고 동대학원에서「길장吉藏의 삼론사상연구三論思想研究 : 무득無得의 전오방식轉悟方式을 중심으로」라는 논문으로 박사학위를 받았다. 현재 동국대학교 불교학술원 조교수로 재직 중이다. 논문으로「淨土敎의 종지는 불교의 근본사상과 공존이 가능한 것인가?」,「원효元曉『범망경보살계본사기梵網經菩薩戒本私記』의 진찬여부 논쟁에 대한 연구(1)·(2)」 등이 있고, 역주서로『유심안락도』·『범망경술기』·『범망경보살계본사기』·『범망경고적기』·『법구경』 등이 있으며, 공저로『인물로 보는 한국의 불교사상』·『동서철학 심신관계론의 가치론적 조명』 등이 있다.

증의
은정희(전 서울교육대학교 윤리교육과 교수)